U0136247

Gua

Sindy

陳支平

臺灣史研究名家論集

(初編)

蘭臺出版社

陳支平，廈門大學兩岸關係和平發展協同創新中心教授

作者簡介（依姓氏筆劃排序）

王志宇　1965 年出生於臺灣彰化縣田中鎮，1988 年移居臺中。現為逢甲大學歷史與文物研究所專任教授長，曾任逢甲大學歷史與文物研究所所長、臺灣古文書學會理事長、臺灣口述歷史學會理事等職。專攻臺灣史、臺灣宗教及民俗、方志學，並對近代中國史頗有涉略，著有《臺灣的恩主公信仰》、《苑裡慈和宮志》、《儒家思想的實踐者－廖英鳴先生口述歷史》、《寺廟與村落－臺灣漢人社會的歷史文化觀察》等書，編有《片雲天共遠》、《傳承與創新－逢甲大學近十年的發展，1998-2007》、《閩臺神靈與社會》、《大里市史》等書，並著有相關論文三十餘篇，也參與《集集鎮志》、《竹山鎮志》、《苑裡鎮志》、《外埔鄉志》、《臺中市志》、《南投縣志》、《新修彰化縣志》、《大村鄉志》、《續修南投縣志》等方志的寫作，論述豐碩。

汪毅夫　男，1950 年 3 月生，臺灣省臺南市人。曾任福建社會科學院研究員，現任中華全國臺灣同胞聯誼會會長，福建師範大學社會歷史學院兼職教授、博士生導師，享受國務院特殊津貼專家。撰有學術著作《中國文化與閩臺社會》、《閩臺區域社會研究》、《閩臺緣與閩南風》、《閩臺地方史研究》、《閩臺地方史論稿》、《閩臺婦女史研究》等 15 種，200 餘萬字。曾獲福建省社會科學優秀成果獎 7 項。

卓克華　文化大學史學碩士，廈門大學歷史博士。曾先後兼任過中山、空中、新竹師範、中原、中國醫藥、中國技術、文化等等大學教職，現在佛光大學歷史系所為專職教授。先後擔任過臺灣眾多縣市的古蹟審查委員，現為文化部古蹟勞務主持人之一。早年專攻臺灣經濟史，近二十年轉向古蹟史、宗教史、社會史，撰寫古蹟調查研究報告書超過八十本，已出版學術著作有《清代臺灣行郊研究》、《從寺廟發現歷史》、《寺廟與臺灣開發史》、《古蹟・歷史・金門人》、《竹塹媽祖與寺廟》、《民間文書與媽祖廟之研究》、《臺灣古道與交通研究—從古蹟發現歷史卷之二》，著作等身，為臺灣知名學者。

周宗賢　臺灣臺南市人，生於 1943 年。文化大學史學碩士。曾任淡江大學歷史系教授、系主任、主任、所長，內政部暨文建會古蹟評

鑑委員。現任淡江大學歷史系榮譽教授，臺北市、新北市文化資產審議委員。學術專長為臺灣史、臺灣民間組織、臺灣文化資產研究、淡水學等，著有《逆子孤軍——鄭成功》、《清代臺灣海防經營的研究》、《黃朝琴傳》、《臺南縣噍吧哖事件的調查研究》、《淡水輝煌的歲月》等。是臺灣知名的臺灣史、臺灣文化資產研究的學者。

林仁川 1941 年 10 月出生於龍岩市。1964 年復旦大學歷史系本科畢業，1967 年研究生畢業。教育部文科百所重點研究基地——廈門大學臺灣研究中心首任主任、教授、博士生導師，享受國務院特殊津貼專家。曾兼任福建省人大常委會常委、廈門市政協副主席。現任兩岸關係和平發展協同創新中心教授，廈門市炎黃文化研究會會長。主要著作有《大陸與臺灣歷史淵源》、《閩台文化交融史》、《臺灣社會經濟史研究》、《明末清初私人海上貿易》、《閩台緣》等多部專著。編寫十三集大型電視專題片《海峽兩岸歷史淵源》劇本和國家級博物館《中國閩台緣博物館》、《客家族譜博物館》展覽文本。在國內外各種刊物上發表學術論文近百篇。多次承擔國家文化出版重點工程、國家哲學社會科學重大項目、教育部文科重點項目，均任課題組長。主持編寫《現代臺灣研究叢書》、《圖文臺灣》、《中國地域文化通覽——臺灣卷》、《臺灣大百科全書——文化分冊》。曾多次榮獲全國及省部級哲學社會科學優秀成果獎。

林國平 歷史學博士，兩岸協創新中心福建師範大學文化研究中心首席專家，福建師範大學社會歷史學院教授、博士生導師，福建省高等院校教學名師，享受國務院特殊津貼的專家。主要從事閩臺民間宗教信仰研究，代表作有《林兆恩與三一教》、《福建民間信仰》、《閩臺民間信仰源流》、《籤占與中國社會文化》等。

韋煙灶 學歷：國立臺灣師範大學文學博士【地理學】（2003）
現職：國立臺灣師範大學地理學系教授
學術專長：鄉土地理、水文學（地下水學）、土壤地理學、地理教育
主要著作（專書）：《鄉土教學與教學資源調查》（2002）、《臺灣全志：卷二土地志（土壤篇）》【與郭鴻裕合著】（2010）、《與海相遇之地：新竹沿海的人地變遷》（2013）
研究領域：早期的研究偏向於自然地理學，奠定後來地理研究之厚實知能。2004 年以後的研究重心逐漸轉向鄉土地理、歷史

地理（閩客族群關係）與地名學研究，已發表相關學術期刊論文約 40 篇。

徐亞湘　臺北藝術大學戲劇系教授、中國文化大學戲劇系兼任教授、《戲劇學刊》主編、中華戲劇學會理事、華岡藝校董事。學術專長為臺灣戲劇史、中國話劇史、中國戲劇 及劇場史。著有戲劇專書《日治時期中國戲班在臺灣》、《日治時期臺灣戲曲史論──現代化作用下的劇種與劇場》、《Sounds From the Other Side》、《臺灣劇史沉思》等十餘冊。

陳支平　1952 年出生，歷史學博士。現任廈門大學人文與藝術學部主任委員、國學研究院院長，兩岸關係和平發展協同創新中心首席專家，兼任中國西南民族學會會長、中國明史學會常務副會長、中國朱子學會副會長、中國民族學與人類學研究會副會長等學術，職務。主要著作有《清代賦役制度演變新探》、《近 500 年來福建的家族社會與文化》、《明史新編》、《福建族譜》、《客家源流新論》、《民間文書與明清賦役史研究》、《歷史學的困惑》、《透視中國東南》、《民間文書與明清族商研究》、《臺灣文獻與史實鉤沉》、《史學水龍頭集》、《虛室止止集》等，編纂大型叢書《臺灣文獻彙刊》100 冊等。2006 年胡錦濤總書記訪問美國時，曾把《臺灣文獻彙刊》作為禮品之一贈送給耶魯大學。是書 2009 年入選「建國 60 周年教育成就展」。

陳哲三　1943 生，南投縣竹山鎮人，東海大學歷史系歷史研究所畢業，逢甲大學歷史與文物研究所教授，退休。先治中國現代史，著有：《中華民國大學院之研究》（臺北，商務印書館，1976）、《鄒魯研究初集》（臺北，華世出版社，1980）、《中國革命史論及史料》（臺北，商務印書館，1982）、《問學與師友》（臺中，大學圖書供應社，1985）等書。後治臺灣史，著有《竹山鹿谷發達史》（臺中，啟華出版社，1972）、《臺灣史論初集》（臺中，大學圖書供應社，1983）、《古文書與臺灣史研究》（臺北，文史哲出版社，2009）。教學研究之餘，又主修《逢甲大學校史》（未刊稿，1983）、《集集鎮志》（南投，集集鎮公所，1998）、《竹山鎮志》（南投，竹山鎮公所，2001）、《南投縣志》（南投縣政府，2010）、《南投農田水利會志》（南投，南投農田水利會，2008）等書。

陳進傳　1948 年生，台灣宜蘭人。淡江大學歷史系、歐洲研究所畢業，

曾任宜蘭大學副教授、教授，嶺東科技大學教授，現為佛光大學文化資產與創意學系教授。早年先治明史，著有論文多篇，其後研究轉向宜蘭史，並曾擔任宜蘭縣文化、文獻、古蹟、藝術各種委員會委員及宜蘭縣政府顧問，撰述《清代噶瑪蘭古碑之研究》、《宜蘭傳統漢人家族之研究》、《宜蘭擺厘陳家發展史》（合著）、《宜蘭本地歌仔—陳旺欉生命紀實》（合著）、《宜蘭布馬陣—林榮春生命紀實》（合著）、《宜蘭的傳統碗盤》（合著）等及論文約 80 篇。

鄭喜夫　台南市籍澎湖人，民國三十一年生。財校財務科畢業、興大歷史所碩士。高考會審人員考試及格。曾任臺灣省及北、高二市文獻會委員，內政部民政司專門 委員。編著有臺灣史管窺初輯、民國連雅堂先生橫年譜、民國邱倉海先生逢甲年譜、清鄭六亭先生兼才年譜、重修臺灣省通志財稅、文職表、武職表、武職表三篇、南投縣志商業篇、臺灣當代人瑞綜錄初稿等書十餘種。

鄧孔昭　1953 年生，福建省三明市人。1978 年廈門大學歷史系畢業。後留系任教。1982 年轉入臺灣研究所。先後任助理研究員、副研究員、研究員、教授。1996 年起，兼任臺灣研究所副所長，2004 年改為副院長。2012 年退休。現為兩岸關係和平發展協調創新中心成員。
已經出版的著作有：《臺灣通史辨誤》、《鄭成功與明鄭在臺灣》等。

戴文鋒　1961 年生，臺南人，國立臺灣大學歷史學學士、國立成功大學歷史語言研究所碩士、國立中正大學歷史研究所博士，日本國立一橋大學言語社會研究科客員研究員，國立臺南大學臺灣文化研究所教授兼所長。學術領域為臺灣史、臺灣民俗、臺灣民間信仰、臺灣文化資產，重要專著有《府城媽祖行腳》、《萬年傳香火、世代沐法華——萬華寺廟》（以上 2002）、《萬華觀光案內》（2004）、《走過‧歷史‧記憶——鏡頭下的永康》（2008）、《萬年縣治所考辨》（2009）、《東山鄉志》、《在地的瑰寶——永康民俗祭儀與文化資產》、《永康的歷史遺跡與民間信仰文化》（以上 2010）、《九如王爺奶回娘家傳統民俗活動之研究》（2013）、《重修屏東縣志‧民間信仰》（2014）、《山谷長歌——噍吧哖事件在地繪影與歷史圖像》（2015）等十餘冊。

目　錄

臺灣史研究名家論集——總序

　　《臺灣史研究名家論集》（初編）即將印行，忝為這套叢刊的主編，依出書慣例不得不說幾句應景話兒。

　　這十幾年我個人習慣於每學期末，打完成績上網登錄後，抱著輕鬆心情前往探訪學長杜潔祥兄，一則敘敘舊，問問半年近況，二則聊聊兩岸出版情況，三則學界動態及學思心得。聊著聊著，不覺日沉西下，興盡而歸，期待半年後再見。大約三年前的見面閒聊，偶然談出了一個新企劃。潔祥兄自從離開佛光大學教職後，「我從江湖來，重回江湖去」（潔祥自況），創辦花木蘭出版社，專門將臺灣近六十年的博碩論文，有計畫的分類出版，洋洋灑灑已有數十套，近年出書量及速度，幾乎平均一日一本，全年高達三百本以上，煞是驚人。而其選書之嚴謹，校對之仔細，書刊之精美，更是博得學界、業界的稱讚，而海峽對岸也稱許他為「出版家」，而不是「出版商」。這一大套叢刊中有一套《臺灣歷史文化叢刊》，是我當初建議提出的構想，不料獲得彼首肯，出版以來，反映不惡。但是出書者均是時下的年輕一輩博、碩士生，而他們的老師，老一輩的名師呢？是否也該蒐集整理編輯出版？

　　看似偶然的想法，卻也是必然要去做的一件出版大事。臺灣史研究的發展過程，套句許雪姬教授的名言「由鮮學經顯學到險學」，她擔心的理由有三：一、大陸學界有關臺灣史的任務性研究，都有步步進逼本地臺灣史研究的趨勢，加上廈大培養一大批三年即可拿到博士學位的臺灣學生，人數眾多，會導致臺灣本土訓練的學生找工作更加雪上加霜；二、學門上歷史系有被社會科學、文學瓜分，入侵之虞；三、在研究上被跨界研究擠壓下，史家最重要的技藝——史料的考訂，最後受到影響，變成以理代証，被跨學科的專史研究壓迫的難以喘氣。中研院臺史所林玉茹也有同樣憂慮，提出五大問題：一、是臺灣史研究受到統獨思想的影響；二、學術成熟度仍不夠，一批缺乏專業性的人可以跨行教授臺灣史，或是隨時轉戰研究臺灣史；三、是研究人力不足，尤其地方文史工作者，大多學術訓練不足，基礎條件有限，甚至有偽造史料或創造

歷史的情形，他們研究成果未受到學術檢驗，卻廣為流通；四、史料收集整理問題，文獻資料躍居成「市場商品」，竟成天價；五、方法問題，研究者對於田野訪查或口述歷史必需心存警覺和批判性。

十數年過去了，這些現象與憂慮仍然存在，臺灣史學界仍然充滿「焦慮與自信」，這些焦慮不是上文引用的表面問題，骨子裡頭真正怕的是生存危機、價值危機、信仰危機，除此外，還有一種「高平庸化」的危機。平心而論，臺灣史的研究，不論就主題、架構、觀點、書寫、理論、方法等等。整體而言，已達國際級高水準，整個研究已是爛熟，不免凝固形成一僵硬範式，很難創新突破而造成「高平庸化」的危機現象。而「高平庸化」的結果又導致格局小，瑣碎化、重複化的現象，君不見近十年博碩士論文題目多半類似，其中固然也有因不同學門有所創見者，也不乏有精闢的論述成果，但遺憾的是多數內容雷同，資料重複，學生作品如此；學者的著述也高明不到哪裡，調研案雖多，題材同，資料同，析論也大同小異。於是乎只有盡量挖掘更多史料，出版更多古文書，作為研究創新之新材料，不過似新實舊，對臺灣史學研究的深入化反而轉成格局小，理論重複，結論重疊，只是堆砌層累的套語陳腔，好友臺師大潘朝陽教授，曾諷喻地說：「早晚會出現一本研究羅斯福路水溝蓋的博士論文」，誠哉斯言，其言雖苛，卻是一句對這現象極佳註腳。至於受統獨意識形態影響下的著作，更不值得一提。這種種現狀，實在令人沮喪、悲觀，此即焦慮之由來。

職是之故，面對臺灣史這一「高平庸化」的瓶頸，要如何掙脫困境呢？個人的想法有二：一是嚴守學術規範予以審查評價，不必考慮史學之外的政治立場、意識形態、身份認同等，二是返回原點，重尋典範。於是個人動了念頭，很想將老一輩的著作重新整理，出版成套書，此一構想，獲得潔祥兄的支持，兩人初步商談，訂下幾條原則，一、收入此套叢書者以五十歲（含）以上為主；二、是史家、行家、專家，不必限制為學者，或在大專院校，研究機構者；三、論文集由個人自選代表作，求舊作不排除新作；四、此套書為長期計畫，篩選四、五十位名家代表

作，分成數輯分年出版，每輯以二十位爲原則；五、每本書字數以二十萬字爲原則，書刊排列起來，也整齊美觀。商談一有結論，我迅即初步擬定名單，一一聯絡邀稿，卻不料潔祥兄卻因某些原因而放棄出版，變成我極尷尬之局面，已向人約稿了，卻不出版了。之後拿著企劃書向兩家出版社商談，均被婉拒，在已絕望之下，幸得蘭臺出版社盧瑞琴女史遞出橄欖枝，願意出版，才解決困局。但又因財力、人力、市場的考慮，只能每輯以十人爲主，這下又出現新困擾，已約的二十幾位名家如何交待如何篩選？兩人多次商討之下，盧女史不計盈虧，終於同意擴大爲十五位，並不篩選，以來稿先後及編排作業爲原則，後來者編入續輯。

我個人深信史學畢竟是一門成果和經驗累積的學科，只有不斷累積掌握前賢的著作，溫故知新，才可以引發更新的問題意識，拓展更新的方法、理論，才能使歷史有更寬宏更深入的研究。面對已成書的樣稿，我內心實有感發，充滿欣喜、熟悉、親切、遺憾、失落種種複雜感想。本叢刊初編自有遺珠之憾，也並非臺灣史名家只有這十四位，此乃初編，將有續編，我個人只是斗膽出面邀請同道之師長友朋，共襄盛舉，任憑諸位自行選擇其可傳世、可存者，編輯成書，公諸同好。總之，這套叢書是十四位名家半生著述精華所在，精采可期，將是臺灣史研究的一座豐功碑及里程碑，可以藏諸名山，垂範後世，開啓門徑，臺灣史的未來新方向即孕育在這套叢書中。展視書稿，披卷流連，略綴數語以說明叢刊的成書經過，及對臺灣史的一些想法，期待與焦慮。

卓克華

2016.2.22 元宵　於三書樓

臺灣史研究名家論集——推薦序

　　臺灣史研究的興盛，主要是從二十世紀八十年代開始的。臺灣史研究的興起與興盛，一開始便與政治有著密切的聯繫。從大陸方面講，「文化大革命」的結束與「改革開放」政策的實行，使得大陸各界，當然包括政界和學界，把較多的注意力放置在臺灣問題之上。而從臺灣方面講，隨著「本土意識」的增強，以及之後的「臺獨」運動的推進，學界也把較多的精力轉移到對於臺灣歷史文化及其現狀的研究之上。經過二三十年的摸索與磨練，臺灣歷史文化的學術研究，逐漸蔚為大觀，成果喜人。以大陸的習慣性語言來定位，臺灣史研究，可以稱之為「臺灣史研究學科」了。

　　由於二十世紀八十年代以來臺灣史研究的興起與興盛，大體上是由此而來，這就造成現今的中國臺灣史研究的隊伍，存在著兩個明顯的特徵。其一，大部分的所謂臺灣史研究學者，特別是大陸的學者，都是「半路出家」，跨行或轉行而來，並沒有受過比較系統而嚴格的臺灣史學科的基礎訓練，各自的學術參差不齊，惡補應景和現買現賣的現象頗為不少。其二，無論是大陸的學者，還是臺灣的學者，對於臺灣史的研究，似乎都很難擺脫政治性的干擾。儘管眾多的研究者們，依然希望秉承嚴正客觀的歷史學之原則，但是由於各自政治立場的不同，大家對於臺灣歷史文化的關注點和解讀意趣，還是存在著諸多的差異，有些差異甚至是南轅北轍的。

　　儘管如此，從學術發展的立場出發，臺灣史研究的這兩個特徵，也未嘗不是一件好事。不同的政治立場、學術立場；不同的學術行當、學術素養，必然形成多視野、多層次、多思維的學術成果。即使是學術立場、觀點迥異的學術成果，也可以引起人們的不同思考與討論。借用大陸的一句套話，就是「百花齊放」，或者「毒草齊放」了。百花也好，毒草也罷，正是有了這般林林總總的百花和毒草，薈兮蔚兮，百草豐茂，在兩岸學者的共同努力之下，形成了臺灣史研究的熱潮。

　　蘭臺出版社有鑑於此，聯絡大陸和臺灣的數十位臺灣史研究學者，

出版了這套《臺灣史研究名家論集》。在這部洋洋大觀的名家論集中，既有較早拓荒性從事臺灣史研究的鄭喜夫、周宗賢、林仁川等老先生的論著，也有諸如如王志宇、戴文鋒等年富力強的中生代的力作。在這眾多的研究者中，各自的政治社會立場姑且不論，僅以學術出生及其素養而言，既有歷史學、語言文學的，也有宗教學、戲劇學、地理學等等。研究者們從各自不同的學術行當和研究意趣出發，專研各自不同的研究專題，多有發見，多有創新。因此可以毫不誇張地說，這套《臺灣史研究名家論集》，在一定程度上體現了當今海峽兩岸臺灣史學術研究的基本現狀與學術水平。這套論集的出版，相信對於推動今後臺灣史研究的進一步開拓與深入，無疑將產生良好積極的作用。

陳支平

2016 年 3 月于廈門大學國學研究院

序言

在近年來，或許是因爲我居住的廈門市距離臺灣比較近的緣故，我在從事明清歷史教學與研究的同時，也兼及閩台歷史文化的研究工作。特別是對於涉及閩台兩岸關係的歷史文獻，懷有較大的興趣。堅持若干年下來，竟有不少的收穫，先後主編出版了《臺灣文獻彙刊》100 冊、《閩台族譜彙刊》50 冊、《民間遺存臺灣文獻選編》30 冊、《閩南涉台族譜彙編》100 冊、《台海文獻彙刊》60 冊等等。在搜集整理出版以上這些文獻叢書的同時，不免要對某些自己感興趣的問題，作些專題性的研究，提出自己的意見。積累下來，也有不少的分量。承蒙出版界朋友的好意，我的《臺灣文獻與史實鉤沉》一書，正在由大陸的商務印書館出版印行。而其餘的部分，即現在這本集子，則由臺灣的蘭臺出版社出版印行。

本集子收進的文章，大體可以分爲三類。一，關於閩台文化的泛論，即《閩台文化的歷史構成及其基本特質》。這篇文章是我應比我還老的何少川先生主編洋洋五百萬字的《閩台文化大詞典》所寫的「導言」。這些年來，大陸的學者喜歡奢談「文化」，但是泛論性的奢談「文化」，不免漏洞百出。我的這篇泛論，相信有許多臺灣朋友大不以爲然。不過退一百步想，既然是漏洞百出，那就需要高明者出來圓場，更何況至今還沒有出現過篇幅如此之長的關於閩台文化的泛論。因此，我的這篇文章，就大可以抛磚引玉了。

我的這本集子中的第二類文章，是我利用這些年來在福建沿海地區搜集到的有關閩台兩地的移民、墾殖、經商等方面的民間文書，對海峽兩岸的民間社會經濟關係以及郊商等問題，所進行的深入細部性的考察。集子的第三類文章，是我利用在臺灣所見到的民間文書，對台中楊氏家族的族商問題和臺北蘆洲李氏家族的土地關係等問題，所進行的個案性分析。這兩類的文章，與第一類泛論性的文章相比，又過於專注於某一鄉族或某一小區域，不足以揭示閩台歷史文化的整體概貌，但是作爲幾片孤葉，也多少可以猜測出秋天的若干景色。

以上這些文章，大多已經在大陸的雜誌、書籍中發表過。這次承蒙蘭臺出版社的好意，予以結集出版，使得同好者可以方便閱讀，免去檢索之苦。因此於我個人而言，還是覺得很有意義的。至於同好朋友們的高見，那就只能靜候列位批評指正了。

陳支平

於廈門大學國學研究院

2014.10.29

第一章　閩台文化的歷史構成及其基本特質

閩台區域文化是中華文化的一個重要組成部分，同時又是中華文化中一個極具鮮明特色的地域文化。中華文化的核心價值培育了閩台文化的茁壯成長，而深具地域特色的閩台文化又使得中華文化的整體性顯得更加豐富多彩。

福建和臺灣，分處臺灣海峽的東西岸，我們之所以把隔海相望的福建與臺灣，從區域文化的概念上合稱為「閩台文化」，這是因為閩台文化的形成及其發展，是經過了漫長的歷史演變與文化磨合，以及東南沿海地帶獨特的地理環境、閩台兩地的家族血脈相連等多種因素所逐漸造就的。臺灣島內的主流社會文化，無論是從社會經濟的開發歷程、基層社會鄉族組織、方言結構、宗教與民間信仰、民風習尚、草根藝術，以至學校教育、儒學教化、民族國家認同等等的層面，幾乎都是從福建傳承而來。正因為福建和臺灣有著密不可分的文化源與流的關係，海峽兩地所呈現出來的文化內涵，無論是其表徵還是本質，都有著高度的承繼性和共通性，我們就不能不把福建與臺灣的區域文化，統稱之為「閩台文化」。

一、閩台文化的多源複合

文化的主體是人，閩台文化是由祖祖輩輩繁衍生息在這兩塊土地上的人民所創造、演進和傳承的。

上古時期的福建稱「閩」，是土著越人的居住地。秦漢以前，閩中土著居民與中原的交往不多，土著民俗自成體系，史稱他們傍水而居，習於水鬥，善於用舟，盛行原始巫術。到了漢代，中原人士依然認為閩中及其居民為「方外之地，劗髮紋身之民也。」漢晉至五代，中原漢人開始不斷向東南沿海遷徙。隨著漢人大批入閩，漢文化在閩中由北向南

迅速傳播，漢族的生產習俗、生活習俗、人生禮儀、歲時節慶、宗教信仰等民俗逐漸取代土著民俗而占主導地位。[1]同時，一些漢族與土著通婚，或土著為適應新的社會環境，自動轉化為漢族，閩越族的一些習俗風尚及其人文特點也沉澱下來，成為福建區域文化特徵的一個重要組成部分。

上古時期的臺灣島內同樣繁衍生息著與閩越人同屬於「南島系民族」的原住民，這也是我們後來稱之為「高山族」的臺灣土著人。目前從考古學的調查研究所知，從距今五萬年前的舊石器時代晚期臺灣開始就已經有人類居住，歷經新石器時代、金屬器及金石並用時代，長時間發展過程中有很多時空分佈不一致的史前文化單位。漢人可能早在唐末或唐宋之間便已進入澎湖開發拓殖；西元 1620 年代以來荷蘭、西班牙相繼佔領臺灣，歷經南明鄭氏政權和清朝時期，以福建為主體的漢民大量移民，逐漸在臺灣建立一個完整的社會，並與原住的南島系民族及高山族之間產生長期的社會與文化互動關係。[2]

閩台現有居民的絕大部分，在追溯先祖的時候，大多聲稱自己是來源於華夏的中原地區，其實這只是一種對於中華核心文化的向心追尋而已。從民族人類學的角度來考察，福建和臺灣等中國南方的居民來源是多方面的。即以最重要的北方來源而言，也並不是如一般研究者所說的那樣，來源於河南中州，或來源於所謂的「河洛文化」，而是來源於中國的所有區域。[3]這些天南海北不同地域的人民，經歷了不同時代的遷移，匯合於福建，成了福建與臺灣現有居民最主要的組成部分。而古代閩越人、臺灣原住民對閩台兩地現有漢民系統形成的重要性，古代閩越族人、臺灣原住民以及其他少數民族在現有福建漢民血緣中所占的重要地位，也是我們研究閩台民系及其文化時所不應忽視的。

---

[1]　以上均見林國平等主編：《福建省志·民俗志·概述》，方志出版社 1997 年版，第 2-3 頁。

[2]　以上參見臺灣劉益昌：《文化史跡衝擊評估》，1988 年度環境影響評估講習班講義，臺北：中華環境工程學會印行。

[3]　參見楊緒賢：《臺灣區姓氏堂號者》，臺灣新生報社 1981 年版；陳支平：《福建族譜》，福建人民出版社 2009 年修訂版。

　　閩台民系統多源的複合，造就了福建地區眾多的方言類別。各個民系在南遷定居於福建各地之後，由於各自所處的自然人文環境不同，又各自在不同程度上吸取了當地土著即古代閩越族的一些語言特點，從而形成了各自的方言區域。甚至與其他少數民族的畬語、壯語、瑤語等，也都存在著一定的傳承關係和相互滲透影響的關係。[4]語言是民族、民系最能表現自身特徵的文化現象之一，而在閩台地域方言中佔有重要一席的閩南方言和客家方言，更是聯絡、凝聚，以至於傳播閩台區域文化的一個不可替代的人文紐帶。

　　閩台民系的組成部分，還不僅僅只是北方移民與古代閩越族、臺灣原住民這兩種，復由於福建面臨大海，自漢唐以來都是中國海上交通的重要地點，海外民族尤其是阿拉伯人的內移定居及其血緣在福建漢人中的流播，也應當引起我們的高度重視。海外民族尤其是阿拉伯人對於福建漢人民系的影響，又集中體現在與臺灣關係最為密切的閩南區域之內。因此可以說，福建與臺灣的民系血緣複合是多方面的，由此而造就的文化特徵與人文性格，無疑是多源的複合體。

　　研究中國文化史的學者們，往往把中國文化的模式分為中國北方文化與南方文化這兩大類型，認為中國文化的南、北之異大於東、西之別的格局，時至今日並沒有太大的改變。這種概述，從整體的情景而言，當然有一定的道理。但由於閩台區域民系是一種多源的複合體，它的人文性格吸取了不同的地域、不同民族，甚至不同國家的多種文化成分，並經過閩台特定地域和社會的不斷磨合、揚棄，以及歷史時代的千錘百煉，最終形成了一些兼備南北、糅合漢回越各族的人文性格特徵。

　　雖然說閩台兩地民系，是由上古時期的閩越人、臺灣南島系民族、來自北方中原的漢人，以及阿拉伯人等海外民族的多源因素所融合而成，但是由於從漢唐以來北方漢人的不斷南遷，其數量畢竟在現有的閩台民系中佔有絕大部分的比例，更為重要的是，從漢唐以至宋代，北方

---

[4]　參見陳支平：《推展客家民系與其他民系的比較研究》，載臺北中央研究院民族學研究所主編《第四屆國際客家研討會論文集》，1998 年 11 月。

南遷的漢民，給邊陲地帶的閩台區域帶來了先進的文化意識和生產方式，迅速地促進了福建地區的社會經濟開發。尤其是唐末五代時期河南固始等地以王審知為代表的北方移民，在福建建立了第一個地方性政權，對福建地區社會經濟、文化教育等產生了深遠的影響。[5]在這樣的歷史背景下，福建的地域文化，基本上成為中國中原文化在邊陲地帶的複製品，福建地域文化中充滿著對於中原文化的崇拜與向心，源自於黃河流域的中國傳統文化，是福建文化以及明清以來臺灣文化的核心結構。

在當今的閩台民間社會，人們在談論自己家族的演變歷史時，大都認同祖先源自於中原地區，特別是中原的光州固始縣一帶。光州固始成了閩台民間社會的一個家族溯源的永久性記號。豈止閩台，在華南的珠江三角洲一帶，以及散佈於南中國各地的「客家」民系，也都有其各自的家族從北方中原溯源的永久性記號，譬如珠璣巷、石壁村、山西洪洞縣大槐樹下、河洛等等。現在東南地區的一些家族史研究，人們根據自家族譜的記載，可以非常自豪地對外聲稱自己的家族是中國最純正的中原漢民族世家望族的嫡傳血統。我們現在有些區域文化史的研究學者，往往把當地家族變遷史的這一歷程，作為本區域文化有別於其他區域文化的主要表徵之一。再如關於中國南方地區方言的研究，長期形成的思維慣性模式是現存的南方方言，是北方中原正統語言的傳承。絕大多數的研究者們幾乎都是從現在的東南方言是從北方移植過來的這一前提作為出發點來研究這一問題的。其結果是不論是哪種方言，所得出的研究結論全部是：我們的方言保存了最豐富的上古、中古時期中原的古音；中原古音在中原已經逐漸消失，我們的方言是中原古音的活化石，諸如此類。北方中原語言作為當時政治核心的語言，對於南方新開發區域的影響是不容置疑的，然而，原先流傳在南方各地的地方語言，是否也在現在的東南方言中被部分地傳承了下來？

閩台文化史研究中所出現類似於以上觀點雷同、一廂情願研究結論

---

[5] 參見陳支平《福建六大民系》，福建人民出版社 2006 年出版。

的根本原因，就在於深受文化思維定式和文化情感投入兩種因素的干擾。那麼，我們應該如何來認識和理解這一文化思維定式在中國南方文化史研究中所產生的歷史影響力呢？

如上所述，中國上古時期的南方地區，是眾多少數民族散居的區域。而在其北方地區，則是社會經濟與文化均呈現出先進的所謂「華夏文明」。先進的「華夏文明」對於南方少數民族的影響是不可阻擋的。然而值得引起人們的注意。有關華夏文明及中國古代史的傳統闡述，從總體上看，是以北方中原地區的歷史發展為主要闡述脈絡的，甚至可以表達為一種「北方中心論」或「中原中心論」。長期以來，我們和學界的大部分研究者一樣，相信傳統文獻中有關南方社會、經濟、文化乃至環境等方面的記載，藉以研究問題。但是在北宋中期以前，有關南方地區歷史的記載，可以說主要出自北方士人或持華夏正統觀念的南方士人之手，他們對南方地區的描述，主要是立基於華夏正統觀念以及中原士人觀念的。[6]

在這種「中原中心論」文化觀念的支配下，宋以來，中國南方的士子及知識份子們在繼承和補強中國正統的倫理文化規範上作出了傑出的貢獻，以朱熹為代表的南方理學家群體對於中國後世的文化貢獻成為眾所周知的事實。然而我們在閱讀早期南方士子們求道為學的著述時，不難從中看出他們津津樂道於自己已經成為一名「正統文化者」的心態。而這種「正統文化者」，自己已經不知不覺地演化成為一名亦步亦趨的北方文化中心標識的追隨者。

「中原中心論」的文化影響力並不僅僅局限在南方的士大夫和知識份子層面，它對於中國南方民間社會的演變以及民族關係的調適都產生了不可估量的深刻影響。研究中國家族史的學者都注意到宋明以來中國的家族制度及其組織，南方地區普遍發達於北方地區。朱熹在重構宋以來中國家族制度的理論和實踐上都作出了極為重要的貢獻。顯然，如果說早先的中國南方民族歷史文化是由北方中原人基於「中原中心論」而

6　參見魯西奇：《人群、聚落、地域社會》，廈門大學出版社 2011 年出版。

塑造出來的，那麼其文化的影響所及，到了宋代以至明清，乃至於現在的許多南方漢民，在已經在其潛意識裡根深蒂固地根植了自己是源於中原的文化認同。在這樣的文化認同之下，「中原中心論」的南方家族史、民族史以及各種與此相關的歷史文化命題，就由南方人自己創造出來了，而再也無需由北方中原人代勞了。

這種源於「中原中心論」的文化思維定式，滲透到中國南方社會史、民族史研究的各個主要的層面，包括語言、風俗、藝術、文學、宗教的許多領域，甚至於近年來剛剛興起的民族基因學，也在一定程度上受到這種先入為主的思維慣性的影響。顯然，這種文化思維慣性在很大程度上體現了不同民族間文化相互影響力擴展，特別是北方文化對於閩台區域文化影響力擴展的必然趨勢。

由文化崇拜、文化向心所形成的文化思維慣性，或許在一定程度上誤導了人們對於中國南方文化史以及閩台文化的本來面目的全面認識，但是它卻能夠始終引導一代又一代的閩台人，潛意識地堅持弘揚和傳承中華文化的核心主流價值觀，堅持對於中華民族與國家的認同，從而使得閩台文化雖然歷經歷史的曲折與磨練，都不能偏離於中華文化的整體結構之外。而閩台文化的多源複合，則可以更為包容地吸取多元的文化元素，促使閩台文化在遵循中華文化整體價值觀的基礎上，綻放出更加多姿多彩的光芒。

二、閩台文化的二元結構

福建區域文化的形成，受到中原華夏文明的深刻影響，這是毫無疑問的歷史事實。閩台區域文化特徵不是一朝一夕形成的，而是經歷了一個漫長的歷史演化過程。自漢唐以來北方漢人大量遷移入閩之後，漢族文化逐漸取代土著民俗而占主導地位。宋代是福建社會經濟得以全面發展的一個重要時期，也是福建區域文化特徵的形成和演化的一個重要轉折時期。在中國經濟重心南移的歷史條件下，福建社會經濟在短時間內

躋身於全國發達地區行列。特別是宋代閩學的興起，對於福建文化以及民間的習俗風尚起到了重要的引導作用。經過唐宋時代的錘煉，作為一種具有某些獨特性格的福建區域文化已經基本形成。元明時期，福建區域經歷了海洋社會經濟與文化的強烈衝擊。明代中後期，中國商品市場經濟繁榮，士農工商的界限漸趨模糊，傳統的農業經濟更加摻雜混合了多元的經濟成分。與此同時，思想文化界醞釀著求新求變的思潮衝動，更是對於福建區域文化特徵的走向成熟，起到了積極的推動作用。明清以來，福建的居民不斷向臺灣遷移，在臺灣島內形成了與福建祖籍地保留著千絲萬縷聯繫的新的鄉族社會，福建的區域文化也隨著移民的墾殖和繁衍，迅速在臺灣島內複製並擴散開來，到了清代中期，一個有著共同地域特徵的閩台文化圈，最終形成了。

　　福建區域文化的形成與成熟定型雖然是伴隨著中原文化在福建的傳播而向前發展的，中華主流文化對於福建區域文化的形成與成熟定型有著主導性的影響力。中原華夏主流文化由北向南而向各個邊陲地帶傳播的歷史，造就了人們認知地地域文化的思維慣性與定式，即邊陲等晚開發區域的文化是由中原華夏主流文化移植傳承而成的。然而我們不能不看到，中原華夏主流文化南傳的同時，原來生長於福建以及臺灣區域的土著文化、外來的海洋文化等不同源流的文化，對於閩台區域文化的最終形成，同樣產生了重要的影響力。由於受到文化思維慣性及其定式的限制，這種土著文化、海洋文化的合力在以往的研究中被有意無意地低估了。人們過多地關注於北方中原士民對於南方區域開發的壓倒性作用，中國南方原有土著對於南方區域的開發與貢獻被大大忽視了。事實上，所謂核心與邊陲的文化概念是相對性的，在中國大一統國家的邊陲地帶，各自所處的自然地理位置差異很大，文化淵源的多樣化，因此各個邊陲地帶接受中原主流文化的程度以及其所形成的地域文化特徵也將是各自不同、多姿多彩的。[7]

---

[7]　參見陳支平：《中國東南民族史的三大特徵》，見陳著：《史學碎想錄》，福建人民出版社 2012 年 5 月出版。

　　我們通常所說的中華主流文化，其實是一個比較籠統的宏觀性概念。中華的主流文化，並不是一成不變的，而是隨著時代的變遷在潛移默化之中。先秦時期，是中華文化中「諸子百家」爭相輝映、充滿生機活力的年代，隨著秦漢時期大一統中央集權政治體制的確立，儒家文化逐漸成了這種政治體制「獨崇」的主流意識形態。儒家文化的獨尊地位為維護中華大一統的中央集權政治體制以及融合吸納多民族的文化因素起到了無可替代的歷史作用。唐宋以降，中國的大一統中央集權體制日益朝著極權專制的方向邁進，因循守舊、虛偽逢迎、營私舞弊的官僚惡習，逐漸成為司空見慣的社會風氣。與之相對應的思想文化意識形態，也出現了兩極分化的嚴重變異。一方面，空談高調的道德標準往往令人可望而不可即，而另一方面，迷信權勢、唯利是圖又成了許多士大夫安身立命的行為準則。可以說，從宋代以後，雖然還有一部分士大夫和知識份子力圖堅守先秦儒家的道德規範，但是從整體上看，圍繞著政治統治核心的中原主流文化，日益出現了空疏凝重與抱殘守缺的異化傾向。

　　中原主流文化基本上是由北向南而向各個邊陲地帶傳播的。相對而言，越是邊陲地帶，其所受到的中原主流文化影響就會越弱小一些。中國大一統國家的邊陲地帶，各自所處的自然地理位置差異很大，文化淵源也多有不同，因此各個邊陲地帶接受中原主流文化的程度以及其所形成的地域文化特徵也將是各自不同、多姿多彩的。

　　就福建的情景而言，福建地處東南一隅，東面朝海，西北面是武夷山脈，在古代交通工具很不發達的情況下，它把福建與浙江、江西以至北方中原各地天然地阻隔開來，形成一個自成體系的社會經濟區域。這是造成福建區域文化特徵與浙江、江西、廣東等相鄰區域有所差異的一個重要的地理因素。而在福建內部，著名的河流閩江、九龍江、晉江、木蘭溪等，都是發源於西北部山區而流向平原，是北方漢人入閩後定居繁衍的最主要的棲居地。但是這些江溪與江溪之間，大多被山脈隔開，交通比較困難。這種以不同江溪流域所形成的相對獨立的小經濟區域，

把福建分隔成許多不同的小民系。這樣的地理環境特徵，自然而然地使得福建區域有著「天高皇帝遠」的潛在意識。[8]

遠離中國的政治文化中心並不一定就可能造就獨特變異的區域文化。事實上，正如我們在上面所提到的，隨著唐宋時期北方漢族移民文化的大量進入，福建社會一直把接受儒家正統文化作爲社會文化建構的核心位置。中華儒家主流文化始終對於閩台區域文化的形成與成熟定型有著主導性的影響力。然而所不同的是，當宋明以來中原主流文化日益走向空疏保守的時候，福建特別是閩南區域的遠離政治文化中心的邊陲性的自然地理位置，以及面向海洋、勇於接納外來文化的傳統，都使福建與臺灣這種邊陲性的區域文化，較少或較緩受到中原地區主流文化歷史變遷的影響和制約，從而在明清時期的閩台區域文化中，能夠較多地體現儒家早期許多具有生命力的因素。甚至於許多中原古文化已在其發源地逐漸式微甚至湮沒，而在閩臺地區卻被較完整地保存下來。這種文化變異的歷程，大概就是孔子所說的「禮失求諸野」。

在這樣有所差異的歷史變遷中，閩台區域文化就顯現出一些與中原主流文化不同的獨特表現形式。在文化思想方面，科舉制度的羈絆及官僚體制的束縛，固然促使許多士大夫和知識份子隨波逐流，成爲政治文化的殉葬品，但是也有一部分富有社會文化責任心的知識份子，其摒棄因循守舊、追求革新變化的思潮往往能夠比中原地區的士大夫和知識份子更能先聲奪人；在社會行爲方面，不尙空談高調，腳踏實地，務實做事，努力進取，是民眾的基本價值取向；追求效益，商品意識較強，對外來文化和民俗採取較爲寬容的態度。這種情況又與中原內地人民的淳樸、守成和不輕易冒險的保守性格形成了一定的反差。

閩台區域文化作爲中華核心與邊陲的文化變異的一種產物，在一定程度上大大補強了中華整體文化的多樣性。而在其自身的結構上，她能夠較好地吸收中華核心文化以及其他區域文化，甚至外來文化的精華成分，來強化自身的文化特徵。這種潛移默化式的、帶有一定文化變異意

---

[8] 參見陳支平：《福建六大民系》，福建人民出版社 2006 年 1 月出版。

味的區域文化變遷歷程，是閩台區域文化得以在不同的歷史時代適應新的時代需求的最本質的力量源泉。

　　透過對於閩台區域文化歷史變遷及其與中華核心主流文化的相互關係的分析，我們似乎可以對於閩台區域文化的本質作出這樣的總結：閩台區域文化是一種二元結構的文化結合體。這種二元文化結合體既嚮往追尋中華的核心主流文化，又在某種程度上頑固地保持邊陲文化的變異體態；既遵循中華民族大一統政治文化體制並積極為之作出貢獻的同時，又不時地超越傳統與現實的規範與約束；既有步人之後的自卑心理，又有強烈的自我表現和自我欣賞的意識；既力圖在邊陲區域傳承和固守中華文化早期的核心價值觀念，卻又在潛移默化之中造就了諸如鄉族組織、幫派仁義式的社會結構；既堅持慎終追遠、以農為本的社會傳統觀念，又勇於犯難涉險，挑戰與包容外來的文化碰撞。這種二元結構的文化結合體，可以把許多看似相互矛盾、相互排斥的人文因素，有機地磨合和交錯在一起。也許正是這種二元文化結合體，在一定程度上滋生了閩台區域文化及其社會經濟的持續生命力，從而使得閩台社會及其文化影響區域能夠在堅守中華文化核心價值的同時，有所發揚，有所開拓。我們通過對於閩台二元結構文化結合體的研究，應該有助於對於中華文化演化史的宏觀審視。

三、閩台文化的兩大特徵：鄉族性與國際性

　　閩台文化的多源複合與二元結構鑄就了閩台文化中的鄉族性和國際性的兩大特徵，換言之，鄉族性與國際性特徵是表現閩台文化最為核心的兩大要素。

（一）閩台文化的鄉族性

　　一千多年來北方移民的不斷入閩，以及宋明以來福建居民向臺灣遷移，不僅主導了福建與臺灣社會的轉型與建構，而且也給閩台社會留下

了永遠難以磨滅的「移民記憶」，這種歷史的記憶促使鄉族觀念與鄉族組織成為閩台社會的堅固基石。

福建民間聚族而居的傳統由來已久，這一傳統的形成和發展，是與福建地區經濟、文化的開發緊密地結合在一起的。雖然說，北方人的南遷促進了福建邊陲地帶的開發，北方士民遷移福建取得生存空間和地方上的統治權，但是經歷這一漫長的過程遠不是一帆風順的。在早期的遷居過程中，北方士民的活動往往遭到當地閩越土著的頑強反抗，即使是北方士民之間，由於缺乏應有的社會秩序，他們為了取得自己的生存空間和政治社會利益，相互之間往往也要經過激烈的爭奪甚至相互殘殺。正因為如此，北方士民不斷移居福建並取得生存空間，在一定程度上，必須以宗族的實力作為後盾。在渡江南遷的過程中，他們每每統率宗族鄉里的子弟們，舉族、舉鄉地移徙，在兵荒馬亂的惡劣環境和交通困難的條件下，加強了相互扶助，鞏固了血緣關係。「當其在新墾地定居下來的時候，又為著從事生產，防禦外來者的入侵，常採取軍事的組織。」所以在福建的聚落形態，其名為塢、堡、屯、寨者甚多，這正是北方士民入遷福建時的那種濃厚的軍事戰鬥的性質在聚落形態上的反映。在這些屯堡寨塢中，有的為一村一姓的村落，也有一村多姓的村落，從而形成了相當牢固的聚族而居的社會習俗。[9]

從東漢末至唐末五代，正是北方士民大規模遷居閩中的時代，他們的遷入，切斷了閩中越人土著的固有文明，帶來了中原地區的政治、軍事、經濟和文化制度，對福建地區社會經濟的開發，起著決定性的作用。然而，中州士民遷居閩中雖然有相當一部份是為著避亂而來的，但他們在當地瀕臨滅亡的土著文明面前，中原先進的文明，自然而然地顯出了他們的自豪感和優越性。尤其是在他們遷居福建的三次高潮中，都是以統治者的身份進入閩中社會的。這樣，正當中原地區門閥士族制度土崩瓦解的時候，福建的巨家大族們以門第相高，以世閥自豪，卻有著十分

---

[9]　傅衣淩：《論鄉族勢力對中國封建經濟的干涉》，載《明清社會經濟史論文集》，人民出版社 1982 年版第 80 頁。

重要的現實意義和時代使命感。在某種意義上可以說，血緣家族關係促進了福建文明的開發和進步。再加上北方士民入閩之初和福建早期的開發，缺乏應有的政府控制力和社會秩序，人們獲取生產和生活空間，大多依仗自身的勢力甚至於軍事實力，弱肉強食，強欺弱，眾暴寡，這種局面，不能不進一步加強了血緣家族內部的團結，促使人們借助於家族的力量，為自身謀求更多的政治、經濟利益而奮鬥。這種歷史的因素，無疑是宋明以來福建民間家族制度較中原地區更加嚴密和完善的一個重要原因。[10]明代中葉以後，福建地區以至整個中國的社會經濟開始出現了向多元經濟轉型的趨向，福建民間的販海墾山等工商業活動得不到政府和法律的應有保護。與此同時，福建沿海的居民迫於生活的壓力，逐漸向臺灣遷移，尋早新的生產生活空間，在很長的時間內也完全處於無序的狀態之下。在這樣的情況下，福建民間所相信的是自身的實力，自身實力的強弱，將直接關係到社會、政治、經濟諸方面權益的佔有。當然，在法制不健全的社會裡，人們僅僅依靠自身的力量是遠遠不夠的，於是，福建先民移居福建時那種家族互助的傳統，又在明中葉以後得到了新的認識。人們迫切地認識到，只有增強家族的團結，發展家族的勢力，才能與機械相爭、弱肉強食的外部世界作有效的抗爭。

歷史的積澱為福建地區家族制度和家族組織的盛行創造了堅實的溫床，其間又經過宋代理學特別是以朱熹為代表的「閩學」對於重構宗法制的大力宣導，到了明清時期，福建地區以及由此延伸的臺灣地區的民間家族、鄉族制度及其組織，就得到了空前的繁盛發展。面對著中國王朝的殘酷更替和社會的動盪不安，閩台區域的家族制度、鄉族制度及其組織幾乎成為一種永恆性的社會組織。中國的政治、經濟、社會諸方面的身份地位是變幻不定的，中國的家庭經濟以及個人貧富榮辱是起落無常的，但是唯有依託於血緣關係和地緣關係的家族制度、鄉族制度及其組織是相對穩定的。它不為政治上的風暴所觸動，不因頻繁的改朝換

---

[10] 參見陳支平：《近500年來福建的家族社會與文化》第一章，三聯書店上海分店1991年出版。

代而變化，維繫糾結而不愈疏，穩似經常搖動的不倒翁。清代理學名臣福建安溪人李光地在告誡子孫時指出：「夫世無百年全盛之家，人無百年平夷之運，興衰罔極。……吾生七十年間，所聞鄉邦舊家，朝者顯籍多矣，榮華枯殞，曾不須臾」。[11]毫無疑間，這種具有相對穩定性的家族制度，既成了社會動盪和階級矛盾的平衡器與調節器，也是處在升降榮辱富貴貧窮不斷激盪變化中的社會各階層的共同避風港和最終歸宿。

現當代學者談到中國家族、宗族制度及其組織的時候，往往把之理解為以祭祀祖先敬宗收族的一種社會行為。然而在閩台區域，家族制度、鄉族制度及其組織的內涵大多超出了這一以血緣追尋為核心的範圍，而是幾乎涵蓋了基層社會的方方面面。到了近現代時期，閩臺地區民間祠堂、族譜、族田等所謂的家族組織三要素之完備，自不待言。家族制度及其組織已經向宗教與民間信仰、社會經濟活動、社會控制與管理、民間啓蒙教育等各個方面延伸。在閩臺地區，崇拜神明的寺廟，教育孩童的私塾，成人讀書的書院，地方水利、道路等公共設施的修建，乃至地方事務糾紛、民間械鬥等，大多是以家族或者鄉族的名義進行的。

閩台家族制度、鄉族制度及其組織體現在閩台社會上的作用同樣是二元結構的，多種矛盾同時存在並且相互結合在一起。在組織觀念上，它既是精神道德的，又是實用功利的；在經濟形態上，它既有家族的公共所有制，又有個體家庭的私人所有制，二者界線不清；在階級關係上，它既奉行和宗睦族的家族平等權利，但又強調「以宗以爵，以年以德」，造成族長的權威及其控制族人的合法化；在與官府的關係上，它既有割據、對抗的一面，又有相互利用、密切配合的一面，在家族的對外關係上，家族間、鄉族間的和諧相處與眾暴寡、強凌弱交織在一起，等等。這些相互依存而又不可克服的內在矛盾，在其不斷鬥爭和相互牽制中得以運轉，從而使家族制度始終處於一種可塑能動的「彈性」而又可塑能動的狀態[12]，處在一種能夠順應外部社會變化的平衡狀態。它不但可以

---

[11] 李光地：《榕村別集》卷五，《戒子孫》。
[12] 參見傅衣淩《中國傳統社會，多元的結構》，載《中國社會經濟史研究》1988 年第 3 期。

保存許多落後的、陳舊的政治、經濟和文化因素，同時又可以吸取、扶植、利用各種新的社會因素，來擴充和加強家族組織的社會時代適應性，以保持一定的活力和進取精神。

閩台家族、鄉族制度及其組織作爲一種基層社會組織，對於地方政治所產生的影響，更是不可忽視。閩臺地區的家族、鄉族觀念雖然是以血緣、地緣關係爲基礎的，但是這種界限往往是模糊的，它可以根據現實的需求而變動這種界限，呈現出無限擴大化的趨向，從而使家族制度對整個社會的政治、經濟、文化生活各個方面產生深刻的影響。人們可以隨時隨地根據實用功利的需求，擴展家族和鄉族觀念的外延：家庭之外，以各房爲界，各房以外，家族爲界；家族之外，可以擴展爲鄉族；鄉族之外，可以擴展到行政區域、方言區域（但絕少擴展到經濟區域）；而對外縣而言，鄉族的觀念又可以擴展到全省。其對地方政治上的影響，封建專制思維和官僚機構的家長式作風以及官僚士紳間的鄉土觀念、拉黨結派，始終貫穿整個明清以來閩台社會的演變過程。其在思想上的反映，則是鄉族團夥主義，個人依附於群體，隨波逐流，理性屈從於意氣。不僅如此，狹隘的家族、鄉族觀念以及幫派仁義觀念，往往使人們囿於一己之利，對國家、民族和人民的最高利益麻不木仁，缺乏應有的社會責任感，從而對社會的進步帶來了諸多負面的影響。時至今日，閩台家族、鄉族制度及其組織的這種負面效應，依然時有所見。尤其是在當今臺灣的政治生態環境裡，從表面上看，政治人物的公開選舉是一種民主進步的現象，但是在選舉的過程中，鄉族小集團的利益牽扯、幫派仁義式宣傳誤導，都給臺灣的所謂「民主選舉」打下了深刻的鄉族性的烙印。

家族制度及其組織在中國的大部分地區普遍存在，當代學者的研究表明，到了近代，中國南方地區的家族制度及其組織普遍盛於北方地區。即以南方地區言之，當今閩臺地區祠堂、族譜之盛並且不時得到修整，鄉族所擁有的寺廟之多，以及修建裝飾之華麗堂皇，顯然是其他南方省份所無法比擬的。更有甚者，家族、鄉族制度及其組織對於當今閩

台社會各個領域的影響力，尤為不可等閒視之。我們有充分的理由這樣表述：作為閩台社會基石和文化特徵的鄉族性，還將在今後很長的時期內繼續發揮其正、負兩個方面的重大作用。

（二）閩台文化的國際性

長期以來，人們對於世界文明發展史的思考，往往局限於「歐洲中心論」的格局之中。隨著二十世紀下半葉世界多元化進程的加快，近年來，國內外的許多學者，都進一步認識到中華文明發展對於世界文明發展史的重要貢獻。有一部分學者進而提出了「大中華文化圈」的概念。這些研究和思考，無疑對於繼承和弘揚中華文化，起到了十分積極的作用。

然而，許多學者也認識到，中華文化的另一個重要特徵，是相對內斂型的。從上古社會來考察，中華文明的對外交流，主要是通過西域的所謂「絲綢之路」和東南沿海的海上交通。唐宋以後，通西域的「絲綢之路」已經凋零，中華文明的對外視窗，就主要集中在東南沿海的海上交通之上。

東南沿海的海上交通史可謂由來已久，但是在唐宋之前，一是以政府的「朝貢」貿易為主，二是其規模數量都比較有限。宋末元代，阿拉伯商人基本控制了世界大港泉州一帶的對外貿易，閩臺地區的海上貿易活動盛極一時。入明之後，東南沿海地帶的海上走私貿易得到空前的發展，東南沿海的商人們，逐漸把經營活動的範圍，轉移到從內地組織貨源而走私販運到東西洋各地。商人們的活動空間結構重心，已經不再局限於國內的市場，而是跨越出政治與國家行政的藩籬，尋求著跨地域的經營網路。到了明後期及清代，情景又有了新的變化。一方面，西方殖民勢力已經在亞洲建立了比較穩固的商業貿易體制，亞洲的商業貿易格局已經突破了原有的亞洲本土的限制，逐漸納入到國際商業貿易的大市場之中；另一方面，大量沿海居民遷移臺灣寶島促進了臺灣社會經濟的迅速開發，不僅使臺灣成為中國市場的一個不可或缺的組成部分，同時

也使臺灣成爲中國市場連接海外東南亞市場乃至西方市場的一個重要據點。在以上國內外經濟貿易格局的變化之下，東南區域特別是福建沿海的商人們，也迅速地順應著這一變化的趨勢，把自身經營活動的空間，轉移到以閩台海峽兩岸間的商業貿易爲核心，進而連接國內市場以至國際市場的海洋格局之上。[13]

　　從比較世界史的立場來觀察，明初中國國力的鼎盛時期，正是歐洲「黑暗」的中世紀。西方透露出資本主義的曙光，和明中葉以降中國社會經濟與文化思潮的新舊交替的衝動幾乎同時。隨著歐洲資本主義原始積累的步步推進，早期殖民主義者也跨越大海，來到了亞洲及中國的沿海，試圖打開中國的社會經濟大門，謀取原始積累上的最大利潤。差不多在同樣的時期，伴隨著明代中期社會經濟特別是商品市場經濟的發展，中國的商人們也開始萌動著突破傳統經濟格局和官方朝貢貿易的限制，犯禁走出國門，投身到海上貿易的浪潮之中。[14]

　　十六世紀初葉，西方葡萄牙人、西班牙人相繼東航，他們各以滿剌加、呂宋爲根據地，逐漸伸張勢力於中國的沿海。這些歐洲人的東來，刺激了福建等東南沿海商人的海上貿易活動。於是嘉靖、萬曆時期，民間私人海上貿易活動，衝破封建政府的重重阻礙，取代朝貢貿易而迅速興起。福建等沿海海商的足跡幾乎遍及東南亞各國，其中尤以日本、呂宋、暹羅、滿剌加等地爲當時轉口貿易的重要據點。他們把內地的各種商品，其大宗者有生絲、絲織品、瓷器、白糖、果品、鹿皮以及各種日用珍玩等，運銷海外，而換取大量白銀以及胡椒，蘇木、香料等回國出售。由於當時的歐洲商人已經染指東南亞各國及我國沿海地區，因此這一時期的海外貿易活動，實際上也是一場東西方爭奪東南亞貿易權的競爭。中國的沿海商人，以積極進取應對的姿態，擴展勢力於海外各地。據許多外國商人的記載，在十七世紀前後，中國的商船曾遍佈於南海各地，從事各項貿易，執東西洋各國海上貿易的牛耳。嘉靖前後，福建等

[13] 參見陳支平、詹石窗：《透視中國東南》第五編《海商貿易：東南文化經濟的陰陽錯綜》，廈門大學出版社 2003 年出版。
[14] 參見楊國楨、陳支平：《明史新編》，北京，人民出版社 1993 年出版。

沿海經商者眾多，且分佈相當廣泛。嘉靖、萬曆年間，橫行於東南沿海的海商海盜集團，福建商人佔有重要部分。到了明代後期，以閩南人鄭芝龍爲首領的海商集團，更是成爲中國海上力量的霸主。鄭氏集團不僅掌握了中國對外貿易的大權，而且還敢於與荷蘭、西班牙等西方殖民者抗衡，屢屢挫敗他們的侵略，積極爭奪東方世界貿易的權益，維護本國商人的利益，爲維護中國在東方市場上的主動地位，作出了不可磨滅的貢獻。[15]

萬曆時期，即十五世紀末、十六世紀初，歐洲陷入經濟蕭條，大西洋貿易衰退，以轉販中國商品爲主的太平洋貿易發展爲世界市場中最活躍的部分。中國商品大量進入世界市場，在一定程度上緩和了世界市場貴金屬相對過剩與生活必需品嚴重短缺的不平衡狀態；由嗜好中國精美商品而掀起的「中國熱」，刺激和影響了歐洲工業生產技藝的革新，促進了經濟的發展。中國商品爲十七世紀西方資本主義的興起作出了不可磨滅的貢獻。

十四世紀至十七世紀，固然是西方殖民主義者向世界各地擴展的時期，從而也逐漸推進了「世界史」的涵蓋空間。但是其時東方的明代社會，福建、臺灣等東南沿海的商人們以積極進取應對的姿態，同樣也把自己的活動範圍向海外延伸進展。這種雙向碰撞交融的歷史進程，無疑在另一個源頭促進了「世界史」大概念的形成與發展。因此可以說，十四世紀至十七世紀的中國明代社會，同樣是推進「世界史」格局形成的一個重要組成部分。

明代中後期不僅是中國的商人們積極進取應對「東西方碰撞交融」的時期，而且還隨著這種碰撞交融的深化，中國的對外移民也形成了一種常態的趨向。唐宋時期，雖然說中國的沿海居民，也有遷移海外者，但是一是數量有限且非常態，二是尙不能在遷移的地方形成具有一定規模的華僑聚居地。而具有真正意義上的海外移民並且形成華僑群體的年

---

[15] 參見陳支平：《從世界發展史的視野重新認識明代歷史》，載於《學術月刊》2010 年第 6 期。

代，應該說是在明代中後期以後才大量興起的。而這種海外的移民，同樣也是以福建、臺灣等東南沿海的人民爲主體的。根據史料的記載顯示，明清時期的福建、臺灣等沿海商民，甚至有遠到歐洲、美洲定居的。

明清時期福建、臺灣等沿海居民的海外移民，同樣具有十分明顯的鄉族性特徵。這種帶有家族、鄉族連帶關係的海外移民，必然促使他們在海外新的聚居地，較多地保留著祖家的生活方式。於是，家族聚居、鄉族聚居的延續，民間宗教信仰的傳承，風尚習俗與方言的保存，文化教育與藝能娛樂偏好的追求，都隨著一代又一代移民的言傳身教，艱難存繼，而得到了頑強的生命力。這種由民間傳播於海外的一般民眾生活方式，逐漸在海外形成了富有中國特色的文化象徵。可以說，中國沿海商民特別是閩台區域商民向外移民的一個重要特徵，就是能夠在相當高的程度上保留和傳承其在祖籍的生活方式。於是，經過數百年來中華海外移民的艱難掙扎、薪火相傳、生生不息，世界各地逐漸形成了具有顯著特徵而又不可替代的「唐人街」、「中國城」。我們走遍世界各地的「唐人街」、「中國城」，其充滿著中華文化濃郁氣息的建構與特徵，幾乎都是一致性的。這種一致性的建構與特徵，正顯示了由閩台沿海商民遷移海外所傳播過去的一般民眾生活方式基層文化在海外的成功傳播與發展。到了二十世紀上半葉，在一般西方人眼裡的中華文化，基本上就是等同於分佈在世界各地的「唐人街」、「中國城」了。即使到了今天，遍佈海外各地的「唐人街」、「中國城」，依然在傳播中華文化的道路上，發揮著極其重要的橋樑紐帶作用。而這一重要橋樑紐帶的形成與發展，是由明代社會奠基起來的。因此，我們在回顧中國以儒家經典爲核心的意識形態文化在明代後期向西方傳播的同時，絕不能忽視明代中後期以來一般民眾生活方式對外傳播的文化作用及其意義。[16]

從文化傳播史的視野，我們或許可以這樣表述：明代中後期以來中國文化對外傳播具有兩個層面與兩種途徑，即由西方傳教士及中國上層知識份子翻譯介紹到歐洲的以儒家經典爲核心的意識形態文化，以及由

---

[16] 陳支平：《從文化傳播史的角度看明代的歷史地位》，載於《古代文明》2011 年第 3 期。

沿海商民特別是福建、臺灣等沿海商民遷移海外所傳播過去的一般民眾生活方式的基層文化。隨著時間的推移和世界文明格局的變化，這兩種文化傳播層面與途徑，並沒有殊途同歸，形成合力，而是經歷了不同的艱辛掙扎的發展歷程。

以儒家經典爲核心的意識形態文化對外傳播，經歷了明清易代之後，其開放的局面，還繼續維持了一段時間。然而到了清代中期，政府採取了較爲保守封閉的對外政策，尤其是對於思想文化領域的交流，逐漸採取壓制的態勢。在這種保守封閉的政策之下，中國文化的對外傳播，受到了一定的阻礙。更爲重要的是，隨著西方資本主義革命的不斷勝利和工業革命的巨大成功，「歐洲中心論」的文化思維已經在西方社會牢固樹立。歐洲一般的政治家和知識份子們也逐漸失去了對於中華文化的那種平等的敬畏之心，延至近代，雖說仍然有一小部分中外學人繼續從事著中國文化經典的對外翻譯介紹工作，但是在絕大部分西方人士的眼裡，所謂的中華文化，只能是落後民族的低等文化。儘管他們的先哲們，也許在不同的領域提及並且讚美過中國的儒家思想，然而到了這個時候，大概也沒有多少人肯於承認他們的高度文明思想，跟遠在東方的中國儒家文化有著什麼樣的瓜葛。時過境遷，從十九世紀以後，中國以儒家經典爲核心的意識形態文化在世界文化整體格局中的影響力大大下降，其對外傳播的作用日益衰微。

反觀由沿海商民特別是福建、臺灣等沿海商民遷移海外所傳播過去的一般民眾生活方式基層文化的這一途徑，則相對的通暢一些。清代政府雖然採取了較爲保守封閉的對外政策，但是對於海外貿易，一方面是相對寬容，另一方面也無法予以有效的禁止。在這種情景之下，沿海居民從事海外貿易和移民的活動一直被延續了下來。特別是在向海外移民方面，隨著國際間交往的擴大和資本主義市場的網路化，其數量及所涉及的地域均比以往有所增長。到了近現代，中國東南沿海向外移民特別是福建、臺灣人的移民足跡，已經深入到亞洲之外的歐洲和美洲各地，甚至於非洲。當清代以來中國以儒家經典爲核心的意識形態文化在世界

文化整體格局中的影響力大大下降，其對外傳播的作用日益衰微的艱難時刻，以福建、臺灣等東南沿海商民爲主體的海外移民所傳播的一般民眾生活方式基層文化，成了十七、十八世紀以來中華文化對外傳播的主要途徑，它在促使中華文化對外傳播上的重大貢獻，是無論如何不能被長期忽視的。

我們今天探討閩台文化的歷史地位與基本特徵，閩台文化的開放性、輻射性、世界性，無疑是中國其他大多數區域文化所難於比擬的（當然，廣東沿海的一些地區有著相類似的狀況，而廣東東部的潮州、汕頭地區，其文化特徵更多的是福建閩南文化的延伸，在早期的行政區劃裡，二者也往往混淆在一起）。從地理概念上說，所謂閩台區域，指的是現在的福建與臺灣這兩個行政區劃裡面。然而從文化影響力的角度說，閩台文化的影響所及，遠遠超出了以上的區域。由於面臨大海的自然特徵與文化特徵，使得閩台文化在長期的傳承演變歷程中，不斷地向東南的海洋地帶傳播。不用說中國大陸的浙江溫州沿海、廣東南部沿海、海南沿海等區域，深深受到閩台文化的影響，形成了帶有變異型的閩台方言社會與鄉族社會，即使是在東南亞地區以及海外的許多地區，閩台文化的廣泛影響，都是不可忽視的社會現實。因此，閩台文化既是地域性的，同時又帶有一定的世界性的。這樣飽含開放性、包容性，又勇於面對世界挑戰的文化特徵，才是我們今天所值得自豪的本質精神，應當予以繼承發揚。在當今世界一體化的趨勢之下，深入探索閩台文化的這一國際性特徵，無疑尤其顯得深具意義。

四、閩台文化氛圍下的人文性格

俗話說：「一方水土養一方人」。閩臺地區經過了漫長的歷史演變與文化磨合，以及東南沿海地帶獨特的地理環境、閩台兩地的家族血脈相連等多種因素所逐漸造就的閩台文化，其所呈現出來的表現形態，雖然從整體上講是屬於中華文化的一個重要組成部分，但是這種表現形態與

中國其他區域性文化的表現形態，卻也存在著許多特異之處。在這樣的文化氛圍下，與之相伴相隨的是必然要造就出一些有別於其他區域特徵的人文性格。我們只有瞭解了閩台區域的這些富有特色的人文性格之後，才能更為全面地把握閩台文化的多元性。

概略地說，閩台區域的人文性格，可以分為冒險拼搏、求新求變、崇尚科學與鬼神並存的三個基本要素。

（一）冒險拼搏

閩台文化的形成和發展，在很大程度上是與移民社會聯繫在一起的。無序的移民遷徙，本身就充滿著冒險的因素。一千多年來，無論是從中國北方不斷地南遷入閩，還是跨越海峽，墾殖臺灣，乃至移居東南亞及世界其他地方，閩台人的足跡所至，無不充滿著危險和未知的結局。然而，這就是閩台人的人文性格，它已經成為閩台人生活方式的一個重要組成部分。

中國傳統農業社會的一個基本特點是固守家園，與土地結下不解之緣。但是，由於閩台社會的形成是與遷徙擴展緊密相連，因此，在福建人特別是閩台人的社會心理中，安土重遷的觀念相對不那麼牢固，只要有利於拓展生產和生活的空間，搬遷移民就成了順理成章的舉動。發源於黃河流域的中原文明，一直以農耕經濟作為文明發展的經濟基礎，數千年來始終奉行「以農為本」的立國之道。而邊陲地帶的福建地區，農業環境相對惡劣，農耕經濟所能為社會發展提供的資源比較有限。早期閩越族的土著先民，其生計就不是以農耕為主。漢唐以來，從北方中原等地遷移來的漢人，雖然把農耕傳統移植到福建各地，致使福建各地的農業經濟得到迅速發展。但是在另一方面，受到農業資源的限制，人們不得不在農業之外尋找更多的生產方式。閩台區域以其面對大海的便利，很早就形成了與海外通商的傳統。隨著宋代泉州各地海外貿易的發展以及大量阿拉伯人的來閩經商，閩台區域文化習尚中增添了許多新的因素。百姓商品意識較強，為商從賈的意願比較強烈。一旦有了適宜的

社會環境，閩台人可以在農業的困境中迅速崛起，從工商業的領域尋找到更好的生產和生活空間。

福建人多地少，素有「三山六海一分田」之說。明清以來，在福建本地的生產生活空間隨著人口的增長而顯得日益狹窄的情況下，福建居民便毅然背井離鄉，到新的地域去謀求發展。而閩台區域則以其面臨大海的便利，居民向外搬遷移民的情景更為頻繁，閩台人擴遷的足跡遍及國內外的許多區域，其中尤以南中國及東南亞地區為主要的擴遷方向。

在明清時期私人海上貿易興盛的吸引下，福建沿海居民又紛紛下海謀生，犯禁賈販海內外。其具有的冒險開拓精神，還體現在「亦商亦盜」的具體行為上。如明代福建海商的興起，便是因為與政府的禁海政策所不相容的福建沿海人民所固有的冒險反叛精神，促使他們走上「亦商亦盜」的道路。他們既是做買賣的商人，又是殺人越貨的強盜，當海禁較為鬆馳或開放海禁時，他們往來販鬻於東西洋之間和中國沿海各地，主要從事商業貿易活動，是商人的身份；一旦禁海，他們當中的一部分人就不得不轉商為盜，成為海寇。這種狀況雖然有起有伏，但一直到清代後期以至現代還時有所見，嘉慶年間震動數省的蔡牽之亂及近代福建沿海的大規模走私活動，都是其中較為突出的例子。「亦商亦盜」的行為是福建人民富有冒險進取精神受到傳統政治的壓制而異化出來的一種畸形物。激烈的海盜行動，對於社會經濟的正常發展，無疑帶來一定的負面影響。但是在當時的政治社會環境裡，這種過激的行為，為衝破傳統政治的束縛起到了積極作用。尤其是當 15、16 世紀西方殖民者東來，其本身就帶有十分明顯的海盜性質，西方海盜的出現給中國沿海地區和海商的活動造成了很大的威脅，而中國的政府對此幾乎無能為力，以鄭芝龍為首的福建海商力量，勇敢地拿起武器，採取武裝貿易的方式，一方面繼續維持與荷蘭人的貿易關係，另一方面又對荷蘭海盜行徑進行了針鋒相對的對抗，一直到 17 世紀上半葉，福建海商依然能夠控制住東南海上的貿易權。可惜的是，福建海商的這種強悍而又進取的作風，得不到中國政府的正確扶持和引導，而是處於內外交攻的困難境地，終於

到了清代中期以後，國際貿易的主導權日益喪失於西方殖民者的手中。然而福建海商並沒有因此消沉，而是努力在逆境中尋求新的機遇。時至今日，閩台區域特別是泉州沿海一帶，依然是中國市場經濟最爲活躍的區域之一。自唐宋明清以來，中國各地出現了不少相當著名的地域性商人，但是大部分地域性商人集團都衰落了，明清時期名盛一時的「徽州商人」和「山西商人」，也在近代社會的歷史變遷中消失了，唯有閩台區域的海商集團，經歷了千年的歷史變遷和近現代的種種磨難之後，浴火重生，在當今的改革開放大潮中發揮越來越重要的影響力。

正因爲閩台人普遍具有某種冒險開拓的人文性格，所以到了現代，福建籍的華僑華人已經遍佈世界各地。據 20 世紀四五十年代的統計，分佈於世界各地的中國移民至少有 2000 萬，其中 90%以上僑居在東南亞。而在這數千萬的華人華僑，大多數是來源於閩臺地區。[17]從這些統計數字中，可以十分清楚地看出閩台人勇於離鄉離井、開拓異邦的冒險進取精神和漂泊堅韌的苦難歷程。

（二）求新求變

閩台區域文化作爲中華核心與邊陲的文化變異的一種產物，她能夠較好地吸收中華核心文化以及其他區域文化，甚至外來文化的精華成分，來強化自身的文化特徵。但在另一方面，地處邊陲區域的某種自卑感，又往往滋生出某些不安於現狀的複雜心態，從而衍生出某些超越傳統規範約束的社會心理，特別是由邊陲變異文化觀念中所表現出來的頑固的區域本土認同感、遠離政治文化中心的那種自我表現、自我欣賞的社會文化心態，都可能在一定程度養成對於傳統與現實的叛逆反抗作風。這種叛逆反抗作風，在特定的社會條件下既可以成爲大一統政治文化的某些障礙，同時又可能是突破傳統束縛、催發新生事物的思想搖籃。

漢唐時期，福建遠離中國的政治文化中心，其文化學術事業理所當

---

[17] 參見陳支平、詹石窗：《透視中國東南》第十四編《移民僑居：東南文化的網路衍擴》，廈門大學出版社 2003 年出版。

然地落後於中原地區。這種狀況不能不給邊陲地帶的移民社會帶來一定的自卑心理，由此而產生的直接後果是素以中原士族後裔相標榜的福建士民，十分珍惜自己的祖先從中原不斷南遷帶來了重視文化教育的優良傳統，把接受和推廣儒家文化作爲建構福建社會的首要任務。加上唐宋以來中國經濟中心的逐漸南移，致使福建地區的文化教育，經過漢晉、唐代的醞釀初創之後，到了宋代，已經迅速趕上中原的先進地區。尤其是閩南地區，在山多地少的福建堪稱農業生產環境優良，與海外的經濟文化聯繫密切，發展文化學術事業的條件比起福建的其他區域顯得優越，儒家文化的教育和普及更是走在福建的前列。這一點從宋明清時期福建中進士及其在全國進士人數中所占的比例較高上可以十分清楚地看出。

　　但是，福建畢竟偏隅於東南海濱，地方文化教育再怎麼發展，也較難成爲中國政治文化學術的主流。不過福建山清水秀，其所孕育的靈俊人才與海洋文化所薰陶的進取性格，往往使福建的人才群體在中國人才的群星璀璨中脫穎而出，形成異軍突起的局面。步中原之後的自卑心理一方面可以催人奮進，然而邊陲文化的變異，又往往能夠產生一定的自賞自傲的心態。這兩極心態的交融作用，在得到其他社會因素的配合下，閩台區域文化中就會形成一種恥爲人後的領風氣之先的思想追求。

　　唐代的福建處於初開發時期，雖然陸續有一批士子登進士第，但在全國取得突出地位的人物並不多。到了宋代，不必說如興化的蔡氏、閩北的曾氏、泉州的呂氏，在當時的政治權力舞臺上炙手可熱，顯赫一時，即以文化學術而言，以興化蔡襄爲首的福建書法家群體和以閩北朱熹爲首的理學學派，其文化與學術地位在當時無疑足以傲視中華，無人可以與之比肩。應當指出的是，被後世尊奉爲「中國理學之集大成者」的朱熹，其在世時是以清議的本色而屹立於閩中的。南宋時期，中央政府偏安於半壁江山，政治、軍事、思想、文化學術，均彌漫於腐敗昏庸之中，以朱熹爲代表的一批福建學人，目擊國家的衰敗與世道的沉淪而痛心疾首。他們著書立說，批評朝政，很快引起了國內正義之士的注目與擁戴，

而朱熹本人也成了一些當權者的眼中釘，被斥為「偽學」，屢屢遭到政治迫害。朱熹的學術思想雖然擺脫不了「托古改制」的老路，但是他那種敢於面對權貴，堅持自己的道德標準而與當權者相抗衡的性格，無疑是福建文化學術能夠異軍突起的精神支柱。至於朱熹生前歷經磨難，身後卻備受推崇，被明清統治者奉為理學正宗，支配中國思想界達六七百年之久，這是出於後世統治者的政治需要，與朱熹堅持「清議」的人文精神毫不相干。而朱熹本人對於閩台區域的過化及其學說對於閩台區域所產生的巨大影響，至今處處可見。宋明時期閩台區域湧現出來的一批具有全國性影響的理學家和學者，無不與朱熹的影響緊密聯繫。

明清時期，福建籍人士為中央政要者不乏其人，這與其他省份的政治人物大同小異，本不足道。難能可貴的是，當明代中葉以後中國的社會經濟特別是商品經濟發展到一個新的階段時，中國的思想文化界出現了一股反抗傳統理學、追求個性解放的思潮，其中最具代表性的人物就是福建泉州的李贄。李贄出身於一個典型的漢回結合的商人家庭，從小在沿海濃厚的海商氣氛中受到薰陶。作為一個進步的思想家，他敢於衝破當時傳統網羅的束縛，卑孔叛聖，對傳統儒家經典著作採取批判態度，重新評價歷史人物，提倡童心，要求思想解放，這對於中國傳統政治道德的「禁錮人心」是一個大膽的衝擊，在嚴密思想封鎖的歷史長流中，迸發出一股活潑、開朗、新鮮的時代氣息。可是引人注意的是，李贄等人的這種新的人文思想，並不能在當時的時代裡得到順利的滋長，李贄本人被迫害致死。但是他的影響卻在外國或在數百年後的祖國發揮進步作用。日本明治維新運動的先驅吉田松陰，自謂在生死觀上頗得力於李贄《焚書》的啓發，在日本民主革命中發揮一定的作用。後至五四運動時期，吳虞等人也曾引用李贄的學說作為反傳統鬥爭的思想武器。[18]這一切都說明了作為福建人的李贄，有著極為執著而深遠的求新求變的人文性格。在明清易代之時，清兵南下幾乎佔領了整個中國，而出生

---

[18] 參見傅衣淩：《明清社會經濟史論文集》卷1《論明清社會的發展與停滯》，人民出版社1982年版。

於海商、海寇之家的鄭成功，毅然棄儒從軍，率領福建子弟兵稱雄海上，與清王朝周旋達數十年之久，並且果斷決策進兵臺灣，驅逐荷蘭殖民統治者，並把中國的文化傳統傳佈於臺灣島。歷史可以這樣毫不誇張地說：如果沒有明末清初的鄭成功及其家族集團的收復臺灣，很可能就沒有祖國的寶島臺灣。不論是抗清，還是收復臺灣、開發臺灣，尤其是對於臺灣寶島文化教育的提倡和儒家文化的傳播，鄭成功及其部屬的歷史貢獻都是無人可以替代的。

閩台人求新求變的性格並不僅僅體現在朱熹、李贄這些在中國思想文化史上具有里程碑意義的高峰人物上，事實上它體現在民間日常生活的方方面面。如前所述閩台人勇於冒險犯禁，閩台人敢於拓殖於千里之外，宋明以來福建和臺灣民間生業的多樣化等等，都從另一個角度同樣反映了求新求變的人文性格。正因為如此，當中國試行改革開放之初的時候，福建人很快就成為改革開放的排頭兵，為中國的改革開放和外向型經濟的發展作出了不懈的努力。這種求新求變的人文性格，是推進閩台社會與文化向前不斷進步的重要動力之一。

（三）崇尚科學與鬼神並存

閩台人冒險拼搏和求新求變的性格，以及重視文化教育的社會傳統，又使得他們有著更為寬闊的胸懷來接受和包容新的文化元素，其中包括來自海外的文化元素。唐宋元時期由於海外貿易的進步，福建沿海吸引了眾多的中東阿拉伯人前來經商謀生，福建人從來就不曾排斥過他們，阿拉伯伊斯蘭文化最終成為閩台文化的組成部分之一。[19]

明代後期，隨著西方殖民者的東來，一部分傳教士帶來了西方較為先進的科學技術，福建由於地理之便，自然而然成為西方先進科學傳入中國的首經之地。明代中後期歐洲耶穌會士東來交流西方科學技術，受到了以中國南方為主體的包括福建地區傳統知識份子及士大夫的積極

---

[19] 參見陳支平：《福建六大民系》第四章《漢人民系與少數民族的血緣文化融合》，福建人民出版社 2006 年 1 月出版。

回應，其可貴之處就在於當時的福建社會，是以一種包容開放的心態來與西方的思想文化科技展開交流的。這種包容開放的接納心態，即使是比較於中國的盛唐時期，也是有過之而無不及。譬如耶穌會士艾儒略在天啓年間來到福建的時候，當地集結了幾乎所有當時著名的士大夫與學者，與之展開了積極的對話討論，從而成爲明末福建的一宗文化盛事。類似的情景，在中國的古代歷史上，屈指難數，難能可貴。與此同時，以鄭芝龍、鄭成功爲代表的福建海商集團，爲了抵禦西方殖民者的入侵，敢於打破中國傳統的軍事觀念，大力引進和仿造西方的熱兵器，增強海上艦隊的戰鬥力，縮短了中國傳統水師與掌握熱兵器技術的西方軍隊的差距，並且屢屢打敗荷蘭、西班牙等東來艦隊，維護了國家與沿海海商的海上權益。

　　到了近代，面對著國家民族的生死存亡，許多有社會責任心的知識份子和士大夫們圖強救亡，極力向西方學習並且引進先進的文化思想與科學技術。福建籍的知識份子和士大夫們，更是走在了崇尚科學與民主的前列，爲近代中國的思想與科技革新，作出了重大的貢獻。林則徐的開眼看世界，嚴復的「物競天擇，適者生存」，成了近代中國圖強救亡、崇尚科學的永久性符號。

　　然而，正是這樣一個有著崇尚科學和求新求變的地域內，卻又同時瀰漫著鬼神崇拜的強烈氣氛。閩台民間宗教信仰的雜亂無序，與古代閩越土著的信仰崇拜有一定的繼承聯繫。古代閩中社會生產力低下，又遠處邊遠偏僻之地，故土著閩越人有「信巫尙鬼」的習俗。當時的「越巫」頗聞名於中原地區，《史記》載西漢王朝中央盛稱「越人俗信鬼，而其祠皆見鬼，數有效。……乃令越巫立越祝祠，安台無壇，亦祠天神上帝百鬼，而以雞卜，上信之。」[20]漢晉時期北方漢民開始入遷閩中，閩中不少地方尙處於山高林深、瘴霧瀰漫的原始狀態。爲了解決生存問題和解釋一些難以理解的自然、社會現象，人們在積極開發生產的同時亦不得不寄託、求告於神靈的護佑和指示。這樣，閩越土著「信巫事鬼」的

---

[20] 參見黃仲昭：《八閩通志》卷3，《地理‧風俗》；司馬遷：《史記》卷12，《孝武本記》。

傳統便被入遷的漢民部分地繼承了下來。再加上北方漢民入閩以後的生存競爭以及宋元以後的冒險犯禁活動，使人們普遍產生了功利主義即「有求必應」的宗教觀念。於是，就逐漸地形成了福建極為怪異的民間宗教信仰現象。

宋明以來，閩台區域的商品經濟繼續進步，社會經濟有了顯著的發展。本來，社會經濟的進步將有效地促進文化的進步，但是宋明以來閩台區域社會經濟的發展，卻為民間的鬼神崇拜提供了更為良好的經濟條件，閩台區域的民間宗教信仰有著愈演愈烈的趨向，神靈鬼怪崇拜比比皆是，千奇百怪，荒誕不經。雖然如此，福建各地在修建這些荒誕不經的神靈寺廟時，卻是不吝貲財，極盡鋪張，以至於宮廟林立。並且，廟會祭祀的場面招搖壯觀，演戲宴飲雜陳並備。而由民間宗教信仰雜亂無序所引起的信風水、祈陰福、信巫不信醫等惡習，都表現得十分突出。根據近人的研究，明清以來閩台的民間宗教信仰，大體可以分為自然崇拜、祖先崇拜、道教俗神崇拜、瘟神與王爺崇拜，以及畫符念咒、卜告抽籤、扶乩降神、跳神問亡、驅邪治病、祈風祝雨、齋醮普渡、迎神賽會等等名目。[21]

就世界宗教發展史而言，宗教信仰的一般發展規律是從多神教發展到一神教，但在福建則不同。人們可以根據自己不同的文化傳統和現實功利的需求，隨時隨地創造出許許多多新的神靈，使鬼神的隊伍越來越龐大，越來越繁雜。這其中既有閩越族及其他原始土著殘存下來的鬼神崇拜，又有從中原傳入的道教、佛教、民間信仰所崇拜的各種神靈，還有從鄰省以及印度、阿拉伯國家、歐洲、日本等國家傳入的各種神靈。同時，閩台區域及臺灣區域土生土長的神靈數量也非常多，構成了十分龐雜混合的神鬼體系。中國再也沒有任何一個地區的民間宗教信仰可以與閩台區域相比擬的。閩台區域以及臺灣區域，如今可以說是中國經濟甚至於世界經濟最具有生命力的區域之一，但是這兩個有著共同文化特徵的閩台文化圈區域，卻成了中國在民間宗教信仰方面最為繁盛和雜亂

---

21 參見林國平：《閩台民間信仰源流》，臺灣幼獅出版社 1996 年出版。

無章的區域。

閩台民間宗教信仰的興盛，在一定程度上反映了閩台民間基層鄉族社會的組織形式和文化特徵。民間宗教信仰的盛行，固然起到了團結家族內部、鄉族內部甚至民系內部的某些社會作用，但是他們之間的割據性和排他性也是十分明顯的。明清兩代乃至於現代，閩台各地因迎神賽會所引起的宗族械鬥和民間糾紛屢屢發生，它進一步加深了人民狹隘的家族鄉土觀念，不利於民間基層社會的穩定和協作。同時，龐雜而無休止的民間信仰活動，浪費了社會的大量資源。時至今日，福建的一些地方，仍然存在著蓋廟拜神一呼百應，建校勸學則冷冷落落的可悲現象。臺灣的許多鄉族寺廟，往往成為地方勢力推行政治意願和控制地方社會的策劃聚集場所。閩台文化的這種劣根性，必然對這一區域社會經濟和文化的進步，以至於社會的穩定，產生一定的不良影響。

從文化形成史的角度來探討閩台區域文化中的民間宗教信仰，我們顯然不能把閩台及臺灣雜亂無章的民間宗教信仰簡單地看成一種社會現象而已。正如我們在上面所講到的，邊陲文化變異的一個重要表現形式，是文化的自卑心理與文化的自我表現和自我欣賞心理的重疊結合。唐宋以來，福建特別是閩台的士民，固然一方面孜孜不倦地從中華主流文化特別是儒家文化中吸取塑造自我的文化營養，從而使自己融入到中華文化的整體共同圈內；但是在另一方面，文化的自我表現心理又促使自己在不知不覺當中把有別於他人的文化成分顯露張揚出來，儘管其中的有些文化成分是相當另類的。我們在探討閩台及臺灣的民間宗教信仰的時候，無疑應當通過這種社會現象的表像，而從文化特徵上去尋求其存在的價值所在。

以上是我們對於閩台文化的基本情況所作出的一般性概說。正如前面所論述過的，福建特殊的地理環境，各個內部區域之間，也多有阻隔，從而形成了若干個相對而言有所差異的小民系，如閩南民系、興化民系、客家民系、閩都福州民系、閩北民系等等，各自的文化表徵或多或少有些不同。特別是臺灣區域，曾經經歷過荷蘭、日本等外族的侵佔，

文化因素較爲複雜，與外族文化聯繫的情況也不同，多少造成了與福建等大陸東南沿海地區之間在文化上呈現出了若干差異。儘管如此，我們還要看到，各歷史時期外來文化的影響有限，其衝擊不足以改變臺灣文化的基本內核，臺灣文化呈現的種種差異也不足以構成臺灣文化的核心和主體部分。各歷史時期臺灣人民都保存了中華文化傳統，臺灣文化的內核和文化特質仍然屬於閩台文化的範疇，建立在共同文化基礎之上的民族意識成爲臺灣人民及臺灣與大陸聯繫的精神紐帶。

顯而易見，閩台文化中包含的積極向上的因素是主流，但是我們也不能因此就忽視了它的負面成分。文化的偉大意義，就在於她能夠在一定程度上超越政治、經濟、社會的種種局限性，呈現出其較有永恆性的跨時空的功能。文化的傳承及其弘揚，雖然也將受到不同時期政治、經濟及社會等種種因素的干擾，但是其所承載的中華文化的核心價值觀，卻往往能夠穿越政治、經濟、社會等因素的干擾，沿著自己發展的應有軌道向前邁進。正因爲如此，我們今天來探討閩台傳統文化的當代意義，無疑具有十分積極的時代必要性與緊迫性。

當然，我們在談到文化傳承的時候，往往會有意無意地忽視文化的負面成份。閩台區域文化也不例外，需要我們予以正視。例如，宗族鄉族觀念是保持和加強大陸與臺灣交流的無形紐帶，宗族鄉族組織在閩台地方事務中發揮重要的積極作用，這是值得肯定的一面，但是它畢竟還有愚昧、落後的一面。每當其消極面惡性膨脹時，各勢力經常爲了局部的、小集團的榮譽、權益而大動干戈，形成危害地方社會經濟的械鬥。閩台人民的文化心理還包含著重義氣、急相助的內容。崇尚義氣是中華民族傳統文化的一部分，應該說這種文化心理在移民互助協作開發建設臺灣中發揮了積極作用。但是當族群義氣受到家庭、鄉族利益局限時，便有可能朝極端化的方向發展，暴露出消極的一面。我們需要清醒認識的是，閩台區域文化中存在著某些負面的內容，畢竟只是閩台文化中的非主流因素。我們需要予以正視，更需要予以正確的引導。特別是我們對台政策的制定者和執行者們，應該深入瞭解閩台文化的方方面面，包

括其中負面的內容，因勢利導。切不可高高在上，以一成不變的面孔，指責臺灣當今政治與社會所表現出來的奇異現象，其效果必然適得其反。而只有在充分理解閩台文化的基本特徵之後，才能對當今的臺灣政治、經濟與社會，做出合符區域文化實情的決策，從而推進海峽兩岸社會經濟的繁榮與祖國的統一大業。

第二章　清代泉州沿海商人與臺灣中部的跨海峽經營

第一節　清代泉州晉江沿海商人的鄉族特徵[1]

　　研究明代社會經濟史、中國對外貿易史及福建商業史的學者，特別關注明代泉州府安海（即安平）鎮商人的事蹟。這是因為泉州安海商人，在明代私人海上貿易史上佔有重要的地位。[2]事實上，當明代安海商人縱橫於海上之時，與之鄰近的泉州府晉江縣沿海地帶，也出現有許多從事海上貿易及各種商業活動的商人群體。入清以來，隨著鄭芝龍、鄭成功集團的衰亡，安海商人也出現了衰退的局面。而與此同時，泉州府晉江縣沿海地帶的商人們，卻能夠依仗海洋交通便利的地理優勢，因時而起，得到較快的發展，成為清代福建區域最具影響力的地方商幫。近年來，我們在泉州及臺灣等地從事社會調查時，獲見一批有關清代泉州晉江沿海鄉族與商人的民間文獻，頗為珍貴。茲略加整理分析，以期對於清代泉州府晉江縣沿海的鄉族商人群體，有一個比較深入的瞭解。

一、以海峽兩岸交流為核心的商業活動

　　所謂泉州晉江沿海，主要指的是現在的石獅市與晉江市的東石、永寧、深滬、蚶江、祥芝、金井等鄉鎮。由於海洋交通的便利，這一地帶的居民，至少從宋代開始，就依託泉州港的區位優勢，陸續有人從事商業貿易活動。清代初期，晉江沿海的海上私人貿易活動倍受挫折，但是長年形成的經商傳統，並沒有由此而中斷，而是得到頑強的承繼，許多鄉族外出經商的風氣依然相當興盛。

---

[1] 本節部分內容曾在中國人民大學清史研究所：《清史研究》2008 年第 1 期中發表。

[2] 參見傅衣凌：《明清時代商人及商業資本》，《四、明代福建海商》，北京，人民出版社 1956 年出版；又《明代泉州安平商人史料輯補》和《〈安海志〉序》二文，現收入《傅衣凌治史五十年文編》，廈門大學出版社 1989 年出版。

　　深滬的尤氏家族，「開基我族焉歷歷世紀、萬代源流已彰彰可考，⋯⋯伏以木本水源彌深追遠只緒，故計久修輯我族之譜，而族眾多服賈遠方，⋯⋯非眾力共策者不能，故遲遲未舉延至於今。」尤從善，「少失怙，⋯⋯家無恆產，業于漁得錢輒以奉母，識者咸目以穎異，蓋由天性然也。長而藝精舟師，所入頗饒家計外，便以贏餘學計然，而所獲益裕，由是買宅建船，居然素封。」[3]粘氏家族，第二十四世族人粘世纏，「字綿侯，⋯⋯世業亦淡，二弟幼弱，出入必偕，一身支持內外周至，凡百經營，無不努力勇往。⋯⋯及遊氓邦，多方謀望，心力交瘁，而手足胼胝，頻年錙積，悉贍弟婦子侄輩。」粘世瑤，「即世遙，字遠侯，號平川，又號慎侯，奕花公之三子，即奕刺公嗣子也。甫周歲而失怙，六歲失怙，出入惟二胞兄是依，其孤苦為尤甚。十歲便曉經營，然志在遠方，遂往氓邦，依炙胞兄世纏，將展驥足。凡事努力向前，冀幸大振家聲。」第二十五世粘傳庫，「世纏公之長子也，有兼人之才，懷遠大之志。甫成童，見家計無聊，老父幼弟，不勝其任，乃往氓省父並營財利，遂就父所建之業，紹其箕裘，俾父得家居養老焉。所積餘資盡寄奉父弟，以為伯仲叔母之用，無敢私積，念季壯未有室，愈加經營，幸遂其志焉。」傳庫之弟傳榮，「少穎敏，有大志，凡諸事物一見而會於心，一聞而喻其意。及長也，孜孜經營，一切虛花妄費毫不染及，若老成人，然而無少年煙火氣，為鄉中富饒者所器重，故家無錙積，而一預商賈物皆捆載往返；時或困乏，則一轉換而股實如故矣。又長於會計善意料，尤為朋儕所推許。」[4]東石周氏家族，清代中期的周仕泰、周仕榮等兄弟，「胼手胝足，勞力風霜，⋯⋯持籌握算，經營四方謀財貨，無敢怠情」、「奔走衣食，竭力營生，上省垣，下鷺門，持籌握算，積少成多。」周佐昌，「生於雍正庚戌，卒于嘉慶戊辰年。少習水務，以操艦為生業，竭力經營。⋯⋯險阻艱難倍嘗者三十餘年。」[5]古西吳氏家族的子孫們，也遠赴南洋各地經商，「吾宗端莊叔母蔡太君之孝勤儉知

[3] 尤善祖：民國《滬江尤氏族譜》，尤善祖：《族譜序稱》；又《世系》。
[4] 光緒《粘氏族譜》，《世系・第二十四、二十五世》。
[5] 民國《鰲江周氏五福堂家譜》，《世系》。

大義具遠識，以相其夫，以教其子，以充大其門，閨者胥是道也。……
其子樸光、汶光、森光，僑商南洋，將於是日張筵海外。」[6]

石龜（石崖）的許氏家族，根據雍正年間的族譜記載，族人們父子
相繼、兄弟連袂從事經商者大有人在，如：

> （二世）諱福，字本實，別號潛溪，小字福官，南橋公長子，冠
> 帶壽官，敦行孝友。南橋公所遺薄產居室，盡畀厥弟，自力于廢
> 著，家政豐饒。獨購大平埔山一所，開築雙親壽藏，並割其餘穴
> 以葬弟婦。而慷慨尚義，有魯連季布之風，鄉鄰多倚伏焉。
>
> （三世）諱國華，字爾登，別號仰潛，乃南橋公長孫，潛溪公長
> 子。……生而聰明，稍長就傅，書過目輒成誦，師奇，謂青紫可
> 立待。竟以父老居長任重，總角即棄儒業賈，佐吾祖經營秉家政，
> 內外咸厭意無間言。
>
> （四世）廷棉，字世沾，別號元齋，小字惠官。……淳雅質直，
> 弱冠攻舉業，尋以家清學計然，而綽有儒風。嘗與商家販包頭，
> 客誤減直值十余金，公弗之昧也，日：君誤算矣。如直備還，不
> 少銖黍，作事較然不欺類如此。
>
> 廷標，字准呂，別號瑩峰，小字德官。……少代父支家，輟舉業
> 逐什一，能以誠信感人，市貨者雲集，家業一振。友愛弟姪，不
> 設私橐。後為郡邑橡；三考侯選經歷，不就仕，逃跡桃源，仍逐
> 什一。
>
> 亨民，字世嘉，小字亨官。……丁亥戊子滄桑，與其兄各竄外所，
> 民後獨歸，暉潛公喜不自勝，謂可續奕橋。公後畜之於家，送就
> 機房學治絲之事。
>
> （五世）祚昌，字克衍，別號瞻弼，小字拔官。弼甫公之長子，
> 少受父叔之蔭，弱冠棄舉業營生，辛勤儉嗇以自支撐，上孝養節
> 母，下課子讀書，是亦志行之可嘉者。[7]

宋元以來，特別是明代中後期，安海等晉江沿海商人是以從事海上
貿易而聞名於世的，雖然也有一部分商人往來於內陸地區，但不是這裡

---

[6] 《溫陵晉邑古西吳氏疊軒公派下分支家譜》，《誥封宜人宗老叔母蔡太宜人七席旬壽序》。
[7] 以上均見雍正《石崖許氏族譜》卷4，《紀實篇》、《狀志錄》。

的商業主流。隨著鄭芝龍、鄭成功集團的衰亡和清政府對於海外貿易活動控制的加強，晉江沿海商人于清代前期不失時機地轉移經營的方向，以從事國內特別是華東地區的貿易為主。如上舉的石龜許氏家族，其所經營的地點基本上是以江蘇、浙江一帶為主，在這個家族的第五世「昌」字輩族人中，許㣎昌，字克敬，「駐居江寧」；禕昌，字克珍，「駐居江寧」；儈昌，字克會，「駐居江寧」；祀昌，字克吉，「駐居江寧」；祁昌，字克安，「駐居江寧」。許眉昌，「字克保，別號純軒，小字受官，良齋公第二子。……幼聰穎，亦奮發學力，家傾困頓，乃棄舉業，從事計然，克盡子職，周曆于江寧之間，以供菽水。」江蘇、浙江一帶是我國著名的絲綢和棉布的產地，許氏家族的許多族人在清代前期因而以經營絲綢布匹聞名，如許為昌，「字克協，別號瞻元，小字遺官，元齋公次子。性行坦直，常以三代待人，不逆不億，而每受人欺詐。承叔父店務；開鬻綢緞，市情熱鬧甲于同行，亦坦誠所致。」許亮昌，「字克凝，別號撫軒，小字贊官，瑩峰公第二子。賦性溫厚，一毫無私，家庭中孝且友，與人交久且敬。……兄弟協力經營絲房。為人善睦族，喜賓客。」許綸昌，「字克掌，別號理軒，小字閏官，瑩峰公第四子。素性敦篤，謀事近理，少時凜習規模，朝夕勤慎。從二兄治絲之藝，雖無大才，頗堪供用。」[8]再如第六世的許其崑，因長年往來於江浙與福建區域，經營有道，頗著聲名於浙閩兩省間。《族譜》云其崑：「字思瑤，別號西原，小字天官，瞻弼公長子。……弱冠初年銳志舉業，實有體先人之遺志。家世清白，公居長，每告於人曰：『為人子者安可不代父治辛勤治家政乎？』遂輟業旅客于浙江之內。……乃從事計然，上供甘旨，下資友于，走燕齊魯衛，不憚勤勞，後擇木浙東，遂寓而經營焉。……雖棄舉業，亦留心書史。至於濱海跋涉渡險波濤，挈囊金以回家，極無營利，亦必先治家資而後圖諸市貨。家雖三珠，殊無爾我聲名。其友愛弟姪，莫可逭也。家書往返，惟戒二弟讀書為首，則課兒姪勤儉為規模，視姪猶子，冠笄嫁娶，無異親生。夏葛冬裘，年年是賴，歷肩三十多年，一釜盡供三十

---

[8] 雍正《石崖許氏族譜》卷4，《紀實篇》、《狀志錄》。

餘口，誠無齒。及家費浩繁，樂從無異。不凡親戚朋友，善有繾綣交迎，或緩急相告，傾囊而與之。雖極勞苦經營，無設有私橐之念。此古今百見其人，是以浙閩兩省傳齒聞風，薦紳先生皆咸奇之曰：『真可謂孝友之大丈夫也』。」[9]

清代康熙二十二年（1683年），臺灣統一於清朝版圖，福建沿海居民遷移臺灣者逐漸增多，特別是到了雍正、乾隆年間（1723—1795年），福建沿海居民遷移臺灣進入高峰期，臺灣島內的社會經濟因而得到迅速的發展，臺灣與福建之間的貿易往來也隨之興盛起來。由於地理上的便利，以及兩岸之間語言文化及血緣、鄉緣上的緊密聯繫，經營閩台間的往來貿易，往往利潤豐厚，所謂「商船往來台洋一次，販貨之獲利，與船戶之水腳，所得凡數千金。」[10]，正因為如此，泉州府晉江縣沿海地帶的商人們，自清代前中期開始就逐漸把經營貿易的重心從內陸地區轉移到臺灣與福建的兩岸貿易上來。晉江縣滬江《尤氏族譜》中關於尤伯萬祖孫數代往來於泉州、臺灣海峽兩岸之間經營謀生的記載，比較有代表性地反映了這一時期泉州沿海居民探詢閩台經濟交往之路的艱辛歷程，該族譜略云：

> 十三世祖伯萬公由魯東遷滬之東垵，迄今二百餘年、歷八世，枝葉繁榮、子孫茂盛，從茲生產日盛。……伯萬公生而穎異，少懷壯志，常自謂曰：丈夫子志在四方，豈可株守故園終老于樵蘇之間乎？時適明社已屋，臺灣版圖歸附滿清，閩人移徙其間實繁有徒。伯萬公乘時而興，辭家東渡，寓於台之淡水。奈天不賦其志，事業未成，而身先隕。凶耗傳來，舉家哀痛。吾祖子參公尚未冠年，聞兇信悲泣將日，淚以繼血，跪求太高祖母許其渡台，求父骨與歸。……族人稱其孝，有口皆碑。弱冠廢讀習操舟，藝精。……曾祖揚清公克繼父業，家道日隆，於茲八代。[11]

正是如尤氏祖孫這樣的沿海居民，一代又一代的前赴後繼，篳路籃

---

[9] 雍正《石崖許氏族譜》卷4，《紀實篇》、《狀志錄》。

[10] 連橫：《臺灣通史》卷20，《糧運志》。

[11] 尤善祖：民國《滬江尤氏族譜》，十九世孫奕爵：《伯萬公》。

縷，寶島臺灣在清代中期得到了迅速的開發，海峽兩岸之間的人員往來和商業貿易也得到了較快的發展。有著悠久經商傳統的泉州府晉江縣沿海家族商人，很快就控制了福建與臺灣兩地間商業航運經濟的主要部分，紛紛在大陸晉江祖家與臺灣新經營地開設各種經濟經營設施，特別是專營海峽兩岸間商業貿易活動的商行、商號，並且把這種經營海峽兩岸往來貿易的商行、商號，稱之爲「行郊」或「郊行」，亦即「台郊」、「鹿（指鹿港）郊」、「泉（指泉州）郊」等等[12]。如上文所提及的石龜許氏家族，從清代中期始就逐漸經營於海峽兩岸，到了清代後期，成了專營閩台貿易的重要商人。關於許氏家族在清代後期經營海峽兩岸貿易往來的情景，我們還將在後面詳細論及。這裡引述其他一些家族的記載爲例。

錢山郭氏家族族人，是赴臺灣經商較早的晉江沿海居民，康熙後期，有郭于蘭者，就跟隨其父親郭文察在台經營，「公諱于蘭，字友香，……竭力經營成家，豐裕持家，不尚紛華，處世常行施濟，鄉有盛舉，不惜多金。……因念（父親）文察公久客於外，不能時承色笑，遂輟舉子業，隨父服賈東寧（即臺灣），凡借□籌畫，皆公爲之贊佐。文察公常語人曰：他日恢吾門者，必此子也。文察公沒，遵遺命習會計，自時厥後豐亨豫大，居然素封。」。[13]霽江高氏家族的高啓根，「字培庇，號秉維，恩賞軍功職員銜。生乾隆辛醜年十二月初九日，卒嘉慶戊寅年四月廿六日巳時。……公之生平忠信爲懷，在淡營運五十餘年，其結納於人也，然諾不欺；其貿易於人也，詐虞弗事。其于綦功強近之親，則爲之修築墳墓、爲之娶婦傳嗣。他如我本支祖耳順公墳前，亦嘗崩壞，公乃首倡我支之人鳩工庀材，頓復舊觀。當夫在淡營運之時，於乾隆五十三年間適林爽文作亂，公爲出力助糈、招集義民，累月之夜協力巡城，衣不解帶。蒙巡撫部院徐爲詳部紀功剳賜軍功職銜候用。」[14]粘氏家族

12　參見卓克華：《清代臺灣的商戰集團》，臺北，台原出版社 1990 年出版；黃福才：《臺灣商業史》，江西人民出版社 1991 年出版。
13　郭應元：康熙五十七年《錢山三房郭氏宗支家譜》，《世系・第十三世》。
14　高鍾秀等：道光《霽江高氏三房第六支譜》，《世系・第十二世》。

第二十三世的粘奕剌，「字秀生，號質源。……見世業零落，思欲振起宏觀，乃久遊臺地，百計營謀。」[15]溜江吳氏家族的吳鴻藻，號敏齋，「穎慧嗜學，因貧輟學治生。年十三從王父服賈，日則會計簿書，夜則兼習文事。至十八爲人記室，嘗以筆墨見稱閭閻間。嗣是之廈及台，暨浙甯壟川安南等處，奔波幾數萬里，經營近五十年。艱苦備嘗，不敢稍懈。……少時之窮苦，奔走之焦勞，創業之艱難，貽謀之遠大，以及遭家不造、處置得宜，經營出於萬死一生之中，財利盡爲敦本篤親之用，苦思勞身，創垂美備。」[16]

東石的周氏家族，也是清代中期以來經營閩台貿易的著名家族之一。據族譜載，乾隆間有周佐昌，首先從事閩台及貿易，族譜稱周佐昌，諱昇觀，「爲人方正不阿，黜奢崇儉。少習水務，……竭力經營，至辛苦也。……綜公生平險阻艱難備嘗者三十餘年。」[17]開創了周氏家族經營閩台貿易的事業基礎，其後的族人們紛紛效尤，往來海峽兩岸者大有人在。如蔡仕鼎，號遜成，「篤於色養而家極清苦，甫弱冠即渡東瀛（臺灣），泛舟貿易，以爲甘旨之奉。繼又往來南浦，鯨濤颶浪，不避艱險，實有古人肇牽服賈之風焉。」蔡維甯，「少從父習計然，遊三山（福州），抵東陵（東寧，即臺灣）。身先少長，不辭勞頓。處兄弟如手足，事無大小必詢諸父，毫不曲私。」[18] 其他又如晉江的黃氏家族，有黃鍾地者，「自十七歲往臺北奔波經營，勤儉粒積二十外載。……在臺北之時，經營米穀商號，曰嘉發商行也。」[19]

終清之世，雖然末季經歷了日本侵略臺灣並且佔據寶島的變故，晉江沿海商人對台貿易一度受到影響和限制，但是一直到第二次世界大戰結束、臺灣光復的這段時期裡，晉江沿海商人經營貿易往來於閩台海峽兩岸的基本格局，沒有太大的改變。

---

[15] 光緒《粘氏族譜》，《世系·奕剌》。

[16] 民國《溜江吳氏家譜》，《世系附皇清誥授奉政大夫同知職銜敏齋吳公墓志》。

[17] 民國《鼇江周氏五福堂家譜》，《世系》。

[18] 民國《鼇江周氏五福堂家譜》，《世系》。

[19] 民國《晉江紫雲黃氏族譜》，《世系》。

二、商人們所涉及的經營領域

　　泉州晉江沿海商人從清代中期始大多從事於閩台兩岸之間的往來貿易，這是與船運業分不開的。自宋元以來，造船操舟一直是晉江沿海居民謀生的優勢行業。當明代中後期私人海上貿易得到迅速發展的時候，晉江沿海居民的這一傳統行業優勢無疑在其中發揮了重大作用。即使是清代前期的內陸貿易，晉江商人之所以經常往來於江浙沿海等華東地帶，顯然也是立足於善於造船操舟的這一傳統行業優勢之上的。正是有著這一傳統的行業優勢，清代閩台海峽兩岸間的商業貿易，首先就必須是商業活動與船運活動的緊密結合。離開了船運活動，商業貿易活動便無從談起。我們從晉江沿海的許多民間族譜中，都看到了他們既經營兩岸商業貿易又經營船運業的記載。

　　晉江沿海各鄉鎮有許多自然條件相當優越的港口，其中如東石、梅林、深滬等，爲這一帶居民從事船運業和外出經商提供了莫大的便利。根據 1980 年東石港史研究會的調查資料，以蔡氏、周氏等家族爲核心的東石船運業，興起於清代的雍正、乾隆年間。爲了適應日益興起的閩台兩岸經濟往來關係的發展，雍正元年（1723 年），東石蔡氏爲凝聚力量，開發海港，由蔡達光發起，聯結原來不同支派的蔡氏爲一族，在蔡襄祠的故址上，同建東石蔡氏大宗祠，下分三房十柱份。並且帶動其他各姓，疏浚一條長兩公里，闊六十公尺的海關港，使航道從村前經過，「開新港，建大宗，號十房」，成爲一時盛舉。[20]

　　新港疏浚之後，附近的各姓、各房的商人紛紛在新港邊開鑿船塢。船塢邊建有棧房，船駛入其中，便利裝卸貨物。至今仍然可以追憶的船塢，沿新港自東至西就有礱穀橋塢（陳氏）、鹽倉橋塢（周氏）、源利塢（後轉售源茂）、玉記塢（蔡氏二房）、中心港（蔡氏）、盛記塢（蔡氏珠澤房）、德泰塢（蔡氏西霞房）、源遠塢（蔡氏）、雙金塢（蔡氏）、周益興塢（吳氏、周氏）、泰興塢（黃氏含記轉售玉記，又轉售周氏）、雞

---

[20] 參見粘良圖：《清代泉州東石港航運業考析-------以族譜資料爲中心》，載泉州市《海交史研究》2005 年第 2 期。

母石塢（楊氏）、合寶塢（黃氏）、石墓口（黃氏）、路仔頭港（葉氏、黃氏、蔡氏）、石蛇尾碼頭（地近大港，爲公共使用的碼頭）。到了清代後期，僅東石港一地，商號郊行就不下五十家，商船多達二百餘艘。其中周氏家族有「仁」、「義」、「禮」、「智」、「信」五行號，最盛時期置船九十九艘。蔡氏家族的商行就更多了，約有三十家。西行蔡圭實是其中規模最大的，置有「正豐」、「安定」、「順利」、「金瑞豐」、「金福嶼」、「金鳳」、「金福茂」、「金瑞隆」等三十餘艘大木帆船。[21]

　　清代中期以來晉江沿海的船運業，是爲了滿足閩台海峽兩岸的往來貿易而隨之發展起來的。因爲從當時福建與臺灣島內的商業貿易結構看，臺灣是福建以及內陸一些地區的糧食供應地，而臺灣島內對於貨物的需求則更爲廣泛，許多商品貨物如絲綢棉布等，並不是臺灣本島甚至福建所能生產的。於是，作爲晉江沿海商業的主體——閩台郊行，必須備齊盡可能多的商品，才能在最大限度上滿足臺灣島內對於商品貨物的需求。而歸屬於郊行所有的商船，便承擔起四出採購貨物和轉運貨物的多種任務。這樣，晉江沿海的商船，除了以往返於閩台海峽兩岸的商品貨物運輸作爲最主要的業務之外，還必須根據閩台郊行的商業需要，擴大活動的，經常行駛於華東沿海甚至日本、南洋等地。據稱這些隸屬於商行、郊行的船隻，川走於福州、沈家門、天津、牛莊、煙臺、青島、臺灣、新加坡、實叻、仰光等埠。每年二、三月乘南風往北方，八九月乘北風往南方。《吳氏家族》載有一組贊詩，道出了晉江沿海船運商的四海行徑，「開先航業達津沽，無定風波覆遠圖。任是家貧教子讀，一編貨殖薄陶朱。迢迢一水盼齊雲，矍鑠如君迥不群。……壯志梯航記昔年，津沽七二路三千。風波一笑歸來後，樓隱龐公陸地仙。晚景汾陽福更賒，精神龍馬鬢霜華，膝前不數燕山桂。玉樹雙開六出花，功名事業付兒曹。……台陽一舸乘風去，歲盡翩翩好遠遊。家到當年已小康，不因征逐等尋常。膏粱文繡渾閑視，泛海歸來福梓桑。此身雖不位儒林，倚頓陶朱世所欣。……青年夫子習蠡舟，中饋全憑主婦謀。孝敬奉姑勤

---

[21]　參見 1980 年東石港史研究會編印：《東石港史研究資料》未刊本；又粘良圖上揭文。

育子，持家有道協坤柔。……男兒志四方，一年幾喚台陽渡。……乘風仍萬里，橐載而歸來，居然陶倚。」[22]

商郊行所運銷的商品貨物有鹽、杉木、紅料、煤炭、糧食、食糖、水果、藥材、煙葉、鹹魚、傢俱，還有棉花、棉布、油料、豆餅、日用百貨等。各商號、郊行營運的貨物也不盡相同，或設鹽棧、油坊，或設杉行、米鋪，各有側重。所走的埠頭也不相同，有福郊、台郊等分別。「主要是以東石等港口為中轉站，溝通臺灣與大陸之間的貨物。」[23]

清代泉州晉江沿海的商人，不僅在開辦商行、郊行的同時兼營船運業，而且大多一身而多任，從事多種行業，甚至於從事生產的行業。晉江沿海的商人雖然有著廣泛的活動範圍，但是他們的基本立足點，仍然是在本土即晉江的鄉族上，或者是在海峽對岸臺灣的同族人聚居的地方，並且在這兩個基本立足點而向外輻射的。所以，這裡的經商者們，大多沒有脫離鄉族的土地，同時經營土地和農業生產的現象相當普遍。以石龜許氏家族為例，其福建祖家坐落於農村自不待言，即使是部分族人遷移到臺灣之後，定居於鹿港一帶，經過幾代人的繁衍與努力奮鬥，不但族人數量不斷增加，田地的擁有數量也是與日俱增。因此我們從清代後期許氏家族商人的記載中，可以看到他們既經商又收取地租的事實。許家在鹿港的產業，除了「以春盛號和謙和號經營進出口貿易之外，也在台置有不少店面和大小租田園。其土地範圍除了鹿港店屋外，大概分佈於今彰化縣鹿港鎮、福興鄉以及秀水鄉內，年收租穀二千餘石。……坐收大量土地租穀的許家，除了在合理價錢之下直接將米穀賣給外來的採米客之外，亦自行『做挨』（礱米），再以帆船配運到大陸發賣。因此，許家既是地主、米割，也擁有土礱鍵。許家也具有放貸主的身份，往往將米穀或是現金借貸予其他商號和民人。……在商業經營上也採取多種投資的策略，除了自家經營的郊行謙和號和春盛號之外，許家也將多餘

---

[22] 民國《吳氏族譜》，蘇大山等撰：《藹堂吳先生玉照》。

[23] 參見粘良圖：《清代泉州東石港航運業考析——以族譜資料為中心》，載泉州市《海交史研究》2005 年第 2 期，第 86 頁。

的商業資本投資於其他商號，或是直接與人合夥生意。」[24]

西霞蔡氏家族的商人們，也是農、商、工諸行業而兼而有之。如族譜記載的蔡樹澹，早年跟隨父親往臺灣謀生，往南路蚵仔寮村，以販魚為業。有所積蓄之後，轉而開設米鋪、鹽丘等。繼而建造油坊、鹽棧，建造興隆、興晉、德發等海鹽船，成為當地著名的富豪。[25]玉井長房蔡氏商人所開設「源利郊行」也是如此。其先祖蔡文由於乾隆後期從晉江來到臺灣布袋嘴一帶，替人幫工開挖魚塘（塭），稍有積蓄，於他人合夥開船魚塭。贏利之後，投資商業，出資讓人在嘉義縣樸仔腳開張苯泉郊生理，又出資與人在鹽水港合開生理。生理擴展之後，開始購置船隻，行走大南大北。先後置有瑞玉、瑞珠、瑞瑛、瑞裕、瑞隆、瑞琨、瑞豐、同昌、長慶、廣裕、廉成、勝發、復吉、復安、復慶、復順、復發、復益、復青、金湖發、金順利等船號。商業貿易獲利之後，蔡家又購置土地、鹽埕、油車、磨房、起蓋店屋，創辦源昌織布局。其家遂稱巨富。玉井蔡氏家族二房的章灣諸兄弟，先是經營鹽場、牛磨、糕果店等生意，之後於咸豐年間開創了「玉記行」，生意日隆，購置了十餘艘船隻，行走於天津、牛莊、煙臺，以及南洋新加坡各地貿易，並且開張了「泰源典鋪、泰興杉行」等[26]。其中泰興杉行是專門為供應臺灣對於建築木材的需求而經營的。蔡氏玉記號經營杉木可稱為閩南首家，經銷一條龍。在閩北山區有杉行，負責砍伐採購，再由閩江放流而下至福州；在福州有船頭戶，有專門派工人配運；運到東石後，除了供應泉州當地的木材需求外，就直接運往臺灣各地銷售。我們曾經在當地搜集到一些商人經營的契約文書，有部分就涉及他們購買鹽埕與榨油作坊的內容，試引二紙如下：

---

[24]　林玉茹：《略論十九實際末變局下鹿港郊商的肆應與貿易：以許志湖家貿易文書為中心》，載林玉茹、劉序楓編：《鹿港郊商許志湖家與大陸的貿易文書》第53—54頁，臺灣中央研究院臺灣史研究所2006年9月印行。

[25]　光緒《東石西霞蔡氏族譜》，《世系‧樹澹》。

[26]　見民國八年（1919年）玉勝號合約文書，電子掃描本現藏廈門大學人文學院數據資料庫。本文所引契約文書，均由晉江市博物館粘良圖先生和廈門大學歷史系盧增夫研究生協助搜集，特此致謝。又關於晉江縣東石鄉蔡氏家族商人的具體情景，可參見下文專章。

（一）買賣油車契約

立賣盡根杜契人大欉榔保林內莊吳三陽觀，有承父起蓋油車瓦店一座三間半又二小間，帶油車一張，並家器鐵箍二付、大油桶七部、礵石二粒，並石盤門窗戶扇浮沉石磚，俱各在內。年帶陳和觀地租銀三十元。其店坐落土名在樸仔腳街新店尾，東至李家店，西至茂記店，南至街路，北至車路，四至明白，俱有竹圍竹籬為界。今因乏銀別置，願將此店並油車家器應份一半出賣。先盡問至親人等，不欲承受外，托中引就與樸仔腳街沈甯、李彩官出首承買。三面言議著下時價銀二百十元正。其銀即日全中親收完足，其油車店家器隨即點足交付銀主前去管業開張生理，或出贌收稅。日後重修翻蓋聽從其便。至及前後壙池築室，稅銀亦聽從收取抵納地稅，不敢阻當。一賣永盡，日後子孫不敢言貼，亦不敢言贖。保此店油車系陽承父起蓋物業，與房親人等無干，亦無重張典掛他人不明為礙，亦無拖欠舊稅。如有等情不明，陽自行抵當，不幹銀主之事。此系兩願，各無生端反悔。恐口無憑，立賣盡根契一紙付執為炤。
即日全中親收過契內佛面銀二百十元完足再炤。
道光十八年三月
日立賣盡根杜契人　吳三陽觀
（下略）

（二）買賣鹽埕、鹽間契約

立賣盡斷根並找底契字人東石鄉西郊房蔡寧良、造良、愴良，有自己應份鹽埕三十四坎，並塗垉三層，水井二個，土名坐在壁穀埭。東至禮記鹽庭，西至自己鹽庭，南至錯哥鹽庭，北至禮記鹽庭，四至明白。今因欠銀別置，托中引就向本鄉玉井房蔡由觀處邊出佛銀一百四十六員七角，即日同中收訖明白。其鹽庭聽銀主前去掌管永為己業，日後不敢言貼言贖生端等情。保此鹽庭系是自己應份物業，與房親伯叔兄弟侄無干，亦無重張典掛他人不明為礙。如有不明，賣主前去抵當，與銀主無干。此系兩願，各無反悔，恐口無憑，今欲有憑，立賣盡斷根字一紙付執為炤。

　　同治元年閏八月　日立盡根字人　蔡德造、德寧、德愴

（下略）[27]

　　顯然，商人們購買這些鹽埕、鹽間、油車的設施，主要是爲了生產食鹽、食油等產品，並且通過自己的運銷網路，直接作爲商品投入市場。從經營成本上看，商人們自己經營商品的生產，要比從他人手中批發產品，要合算得多。由此可見清代泉州府晉江縣沿海商人的經營方式，已經遠不止傳統意義上的賤買貴賣的商業一途，而是在一定程度上參與到商品生產的領域。特別是蔡氏族商在祖家晉江開辦「源昌織布局」，已經是比較純粹的工業生產行爲了。根據今人的調查材料，近現代時期的晉江東石一帶，已經形成了相當規模的棉布生產基地，「臺灣在日佔領下，一些男女中童、幼童一度無褲可穿，只得三二者合一。東石鄉親在臺灣者歷來上千上萬，借探親通商，運去東石布，頗受惠顧，年達 2 萬匹左右。高雄專營東石布的有布袋嘴協盛行、中南行，轉銷高雄、鳳山、屏東、台南等地。」[28]清代中後期以來，福建泉州一帶的紡布業，固然也同國內的其他區域一樣，基本停留在手工業生產的層面，但是到了清代後期，受到五口通商的影響和衝擊，廈門、泉州等沿海地區也出現了一些嘗試用機器紡織布匹的工廠。我們曾經在論述清末黃氏家族的經營方式時，注意到了這一變化[29]。而晉江沿海蔡氏家族的「源昌紡佈局」，顯然也是中國傳統商業及商人資本不甘落後、勇於進取的有益嘗試之一。

　　清代晉江沿海商人既從事商業貿易方面的多種經營，同時又涉足於農業生產、鹽業生產、手工業生產，甚至於近代化的工業生產。這一方面固然說明商人階層的多元身份組合，而在另一方面，這種多元身份的

---

[27]　以上契約文書電子掃描本藏廈門大學國學研究院資料庫。又關於買賣「鹽間」的契約，限於篇幅，茲不贅引。

[28]　《福建工商史料》第四輯，1989 年 9 月。轉引自福建省檔案館、廈門市檔案館合編：《閩台關係檔案資料》第 587 頁，廈門，鷺江出版社 1993 年出版。

[29]　陳支平：《從契約文書看清代泉州黃宗漢家族的工商業興衰歷史》，載北京《中國經濟史研究》2001 年第 3 期。

組合，也許更能促進商業資本吸納不同的經營理念和生產因素，從而擺脫株守單一經營的困境，尋求新的發展空間與道路。

三、商業行為中的鄉族互助關係

清代泉州晉江沿海商人雖然能夠盡可能地擴大商業的活動空間，尋求多方面的經營方式，但是他們經營與發展，鄉族的聯繫在其中發揮了極為重要的作用。

近年來，研究明清以來地方商幫的學者們，也許是出於弘揚地方文化的良好願望，幾乎都把自己所研究的地方商幫，描寫成注重誠信、不事欺詐的君子性的「儒商」。其實，對於歷史上中國商人作出這樣的解讀，顯然是一種對商人本質的有意或無意的曲解或粉飾。從明清時期大量的地方誌《風俗志》的記載中，我們可以瞭解到，隨著明清時期特別是明代中後期以來社會商品經濟的發展，以往那種建立在傳統農業經濟之上的淳樸民風，逐漸起了很大的變化。商品經濟的活躍，固然強有力地推動了社會經濟的進步，但是不可否認地也給處於變遷之中的社會風尚和社會價值觀念帶來許多複雜的因素，其中包括社會競爭趨向激烈、奢靡及拜金思潮泛起，甚至見利忘義、機械相爭等等的不良風氣[30]。就福建的情景而言，明中葉以來私人海上走私貿易活動的興起，社會風氣也隨之發生顯著變化。《海澄縣誌》云：「澄在昔為鬥龍之淵、浴鷗之渚，結茅而居者，不過捕魚緯蕭沿作生活。迨宋謝晞聖築海引泉而農務興；顏蘇諸君子倡學振人而文教啟。明興，治化翔洽，迄於海隅。建邑以來，文物衣冠頓與上國齒。……（明中葉）於是饒心計與健有力者往往就海波為阡陌，倚帆檣為耒耜，凡捕魚緯蕭之徒咸奔走焉。蓋富家以貲、貧人以傭，輸中華之產騁彼遠國，易其方物以歸，博利可十倍，故民樂之。雖有司密網間成竭澤之漁，賊奴煽殃每奮當車之臂，然鼓枻相續、吃苦仍甘。亦既習慣，謂生涯無逾於此耳。方夫趨船風轉、寶貨塞途，家家

歌舞賽神，鐘鼓管絃連飆響答，十方巨賈競騖爭馳，真是繁華地界。然事雜易淆，物膻多覬，釀隙搆戾。職此之由，以舶主中上之產，轉盼逢辰容致巨萬，顧微遭傾覆，破產隨之。」[31]清代中期，《晉江縣誌》是這樣描寫商業經濟發展後社會風俗的變化的：「自逐末風勝，而敦本意衰，婚嫁頗尚侈觀，而巧匠導其流，……此近俗之不古若者也，……而漸成為風尚，欲其不狥俗者難矣。更有一種遊蕩年少，相誘局戲，袖挾銖兩，冀倖雉盧，一墮術中，如落陷阱，得無父兄之教不先所致乎！又見鄉曲之中，每因細故起釁，釀成大獄。搆難爭勝，連年不解。……傾家蕩產，前車既覆，後車不鑒，可勝浩歎！」[32]清代末期，泉州士人吳增有感於民間風尚的惡化，曾寫成《泉俗激刺篇》，也對當時社會上見利忘義以及競爭相軋的行為進行了針砭，如所謂用「呆錢」，「呆錢薄於馬口鐵，風吹能飛去，著手恐破裂。奸商銀一元，買得三四千，販來流毒遍市廛。」又有「流差」者，「浪子變流差，飲博不顧家。人野蠻，性兇暴。強為劫，弱為盜。刺人慣用刺仔刀，硬砍頭顱如脫帽。狼群與狗友，翻雲覆雨須臾久。你飽我老拳，我厭你毒手，聚賭窩娼，取火接香，弄成械鬥數十鄉。」再如「洋客」，「洋客來鄉里，使用太奢侈。興土木，築大屋，神工鬼斧久雕琢。大妝奩，大聘金，一嫁一娶費沉吟。鄉人相驚羨，風俗靡靡從此變。」[33]這些記載，都反映了明中葉以來社會商品經濟發展之後所產生的錯綜複雜、強弱相爭的社會環境與民風習尚。而處身於這種社會環境裡的商人群體，所謂的誠信無欺，更多的只是一種精神層面的追尋而已。

有關商人們儒雅誠信無欺的記載，在清代泉州晉江沿海的商人群體中，也有不少。但是這種記載，大多出現在私家文獻諸如族譜家乘之中；地方誌書中偶有一些記載，其取材也往往來自私家的文獻。私家的文獻記錄私家的事情，對所記之人和所記之事多有溢美之詞是十分正常的。但是作為史料來採信，則應當有所取捨。事實上，清代晉江沿海商人所

---

[31] 崇禎《海澄縣誌》卷11，《風俗考》。

[32] 乾隆《晉江縣誌》卷1，《輿地志・風俗》。

[33] 吳增：《泉俗激刺篇》，手抄本，現藏泉州市文物管理委員。

從事的閩台商業貿易，以及其所必須兼營的船運業，是一種高風險的行業。在缺乏比較有商業秩序的社會環境裡，他們要面對隨時發生的競爭與欺詐行爲。我們曾看到一批關於晉江沿海商人與其他地區的商人相互爭奪船隻的訴訟文書，就十分典型地反映了晉江商人所面對的混亂相爭的商業局面。[34]

　　清代泉州晉江沿海商人不僅處在競爭比較激勵、缺乏有序的商人規範的社會環境裡從事經營活動，而且長年奔波於大海之中，往往生死難蔔。在機器輪船尚未使用的清代，船運業發生海難的事情是經常發生的。如在清代中後期泉州晉江縣及臺灣嘉義縣一帶頗爲著名的蔡氏家族商人，就曾經遭受海難的打擊，商業航運業的經營受到嚴重挫折。據《東石珠澤戶蔡氏族譜》記載：「當咸豐辛酉之歲秋七月廿六日，……既昏，陡起暴風異常，裡人驚悼，以爲往省船幫必難平安。不數日，兇信果至。鄉人蒙難卒者以數百計。吾族十餘人，猶其少耳。功弟國西亦於是不復相見。此瀕海居民從來未有之奇慘也。」當時東石航船十餘艘結伴前往福州販運，每船人員都有二十餘人。在福清五嶼洋海面遭遇颶風，全部沉沒。蔡氏家族珠澤戶房所屬「德泰行」有德泰、興隆、德發、捷盛四艘大木帆在內，死難者多達六十四人。再如東石鄉玉井長房所屬「源利號」的商船，也在光緒年間發生過海難。譜載光緒二年（1876 年）四月間，源利號一船沉沒於臺灣海峽，有蔡昭熊、蔡昭宣、蔡昭轉從兄弟三人溺亡。運柩回東石安葬途中其船又沉於澎湖海面。有蔡大概因扶其父棺木，載浮載沉，飄近金門，被人救起，方拾得一命。在現存所見的晉江沿海家族族譜中，族人死於海上的記載屢屢可見，風濤之險是從事海峽兩岸間商業貿易所不可避免的障礙。[35]

　　這些因素，都使得晉江沿海的商人，在從事閩台商業與船運業的時

[34] 關於清代泉州沿海商人的商業訴訟問題，可參見拙稿：《清代閩台商人間經濟糾紛的案例分析》，載《中國經濟史研究》（北京）2008 年第 3 期。

[35] 參見粘良圖：《清代泉州東石港航運業考析——以族譜資料爲中心》，載泉州市《海交史研究》2005 年第 2 期，第 86 頁。又以上蔡氏家族族譜資料，承蒙晉江市博物館粘良圖先生協助搜集提供，特此致謝。族譜電子掃描本藏廈門大學國學研究院資料庫。

候，必須緊密地依靠鄉族的力量，結合鄉族的各種資源，協作經營，才有可能在這種高風險而又缺乏秩序的社會環境裡取得商業上的成功。

我們在上引的資料中，已經可以看到許多關於同一個家族、同一個鄉族內族人、鄉人合夥經商的記載。同一個家族和同一個鄉族內的族人、鄉人，他們之間往往有著比較固定和悠久的鄉族鄰里關係，互相瞭解對方的社會經濟狀況以及人品行為等等。尤其是，福建地區是一個家族觀念和鄉族觀念比較濃厚的區域，從漢唐以來北方士民的南遷一直到福建的開發繁衍，各個家族和鄉族內都形成了相互扶助、相互依賴的習俗傳統。到了明清時期，隨著福建泉州沿海地帶商品經濟的發展和經商人數的增多，這種家族和鄉族內相互扶助、相互依賴的傳統也隨之滲入到商人的群體中去。他們外出謀生經商的過程往往是：當某一個或若干個族人、鄉人在外地某處謀生經營取得一定的立足點之後，就會招引其他的族人、鄉人一道前來。久而久之，聚集的族人、鄉人越來越多，經營的規模就得到較快的發展。而尚未外出的族人、鄉人，也因為有本族人、本鄉人在外面打下根基，前往經營自然也就覺得比較放心，有事也可得到照顧。正因為如此，我們在晉江沿海的民間族譜中，可以看到許多族人、鄉人相互偕引投靠經商，以及父子、祖孫、叔侄、兄弟相繼到某一地區經商的記載，茲摘引石龜許氏家族的數則記載如下為例：

> 為昌，字克協，別號瞻元，小字遺官，元齋公次子。性行坦直，常以三代待人，不逆不億，而每受人欺詐。承叔父店務；開闢綢緞，市情熱鬧甲于同行，亦坦誠所致。
> 亮昌，字克凝，別號撫軒，小字贊官，瑩峰公第二子。賦性溫厚，一毫無私，家庭中孝且友，與人交久且敬。……兄弟協力經營絲房。為人善睦族，喜賓客。
> 篤昌，字克厚，別號敦軒，小字周官，瑩峰公第三子。性情樸素，禮義誠實。自幼從兄協理絲務。後開鋪營生，貫之漳廈，交關財源。
> 綸昌，字克掌，別號理軒，小字閏官，瑩峰公第四子。素性敦篤，謀事近理，少時凜習規模，朝夕勤慎。從二兄治絲之藝，雖無大

才，頗堪供用。

廷桂，「少倜儻，讀書輒解大意，而遇事能斷，井然有條。……
不幸王母歿，王父年亦漸衰，父乃棄舉業，與伯父共持家政。……
叔祖暉潛公命與瑩峰伯同事計然，筆牽服賈。叔祖固子鞠吾父，
吾父亦祗祗父事叔祖。[36]

　　這種父子、祖孫、叔侄、兄弟相繼及族人、鄉人相互扶助、牽引外
出謀生經營的模式，一方面促進了族人、鄉人在外鄉的團結合作，另一
方面也使得不同的家族、鄉族在外地形成了各自的活動空間和經營範
圍。即以晉江沿海商人在臺灣的活動情景言之，自清代中期以來，逐漸
在臺灣形成了從臺北淡水、臺灣中部的鹿港、布袋港等重要經營據點。
尤其是鹿港，與泉州晉江隔海相望，船隻往來十分便利。清政府於乾隆
四十九年（1784 年）開放晉江縣沿海的蚶江港對渡臺灣的鹿港，規定
民間去臺灣的船隻必須從蚶江出海直駛鹿港。蚶江成了大陸對台貿易的
「泉州總口」，鹿港相應地也成了臺灣對閩商業貿易的最重要口岸。這
樣鹿港自然而然就成了晉江縣沿海地帶商民赴台活動的首選地點。族
人、鄉人們充分利用血緣和地緣的關係相互聯絡，不斷承繼擴展，聚集
在台中鹿港各地的晉江商民越來越多。當時泉州晉江一帶的商人在鹿港
等地開設貿易商行、郊行，一般稱之為「泉州郊」。「鹿港是泉州府郊商
聚集地，泉州郊商多達 200 餘家。」[37]商人們從臺灣運往蚶江港口的貨
物主要有糧食、糖、皮革、海產品、硫磺、黃蠟、樟腦、牛黃、冰片、
藤、水果等；從蚶江港運往鹿港等地的貨物主要有藥材、香菇、筍乾、
煙葉、紙張、茶葉、瓷器、工藝品以及建築材料等。這些運銷的貨物，
大部分為晉江沿海的商人所壟斷。

　　清代晉江沿海商人以本家族、鄉族為依託的外出經營方式，不僅可
以在經營的過程中相互聯絡、相互扶助，而且即使是發生某種商業上的
糾紛，由於有了家族與鄉族的情分與鄉族的協調，也比較容易解決。在

家族長輩及鄉親鄰里的斡旋勸說之下，爭議雙方往往能夠達成協議，得到比較平和的解決。如在一些家族協調合約文書中，我們經常可以看到諸如「二比原屬一本之親」、「二比分爭，勢所傷情」，幸得族內公親調解，事情得以解決，「兩無傷情」的記載。[38]甚至在鄉鄰關係的作用下，一些不同姓氏之間的商業糾紛，也可通過鄉族的協調得到比較圓滿的解決。我們曾看到一紙蔡氏商人因店鋪失火而懇求其他商號予以變通處理的所謂「懇章」，該懇章略云：「立懇章人苯北港人蔡溪、蔡憨、蔡城等在本港橫街開張泉吉號生理，素與廈郊交關貨物。所有掛欠期限賬項，均照約還無異。不意此十月間卻突遭火災，其店被焚，內有貨物有些損失，至此銀結尚欠廈郊貨銀二千零員，不得仍前清理。爰懇諸寶號俯念遭災店物損失交關日久，從寬分還。懇自來歲二十七年正月起，每月每百員應還□銀十員。既蒙諸寶號許諾，如憨等不敢負約，逐月清還。」[39]這種鄉族關係無疑對於舒緩商人們的不時之需起到一定的效果。

家族、鄉族內的商業糾紛能夠通過公親的調解而得到比較圓滿的化解，一方面固然是因為家族勢力、鄉族勢力在其中發揮了一定的作用，而在另一方面，家族和鄉族相互扶助的基本特徵，也促成在家族、鄉族的框架之下，已經初步形成了族人、鄉人之間的某種商業經營上的誠實信用機制。這種族人、鄉人之間的商業經營信用機制，在石龜許氏家族的閩台貿易過程中得到了比較良好的發揮。

如前所述，石龜許氏家族在清代前期，其族人大多在江浙一帶經商，從雍正、乾隆年間開始，由於海峽兩岸經濟往來關係的迅速發展，石龜許氏家族的許多族人也紛紛改變經營方向，投身於閩台之間的商業貿易活動中去。乾隆初，有許高赤渡台謀生，幾經奮鬥，在臺灣中部一帶有所發展。至清代後期，其裔孫輩許志湖、許志坤兄弟在鹿港開設商郊行，並與內地祖家的族人保持緊密的家族聯繫和商業往來，從而得到較快的發展。到了清末民初，許氏郊商成為鹿港一帶首屈一指的富商之

---

[38]　參見拙稿：《清代閩台商人間經濟糾紛的案例分析》，載《中國經濟史研究》（北京）2008年第3期。

[39]　該懇章電子掃描本藏廈門大學國學研究院資料庫。

一。[40]

　　許志湖兄弟在鹿港開設了「謙和號」、「春盛號」等商郊行。這些商郊行主要從事泉州與鹿港之間的商業貿易活動。而在晉江沿海港口與之對應貿易的商郊行主要是許氏本家族及姻親戚友們所開設的，如「豐盛號」、「東益號」、「東成號」等。這些商號各自成為對方的異地代理商，關係十分密切。這些具有鄉族特徵的商郊行的商業合作關係，不僅可以相互委託配運、採購和賣出商品，互通市場訊息，而且還可以相互插股或共同投資其他的商號等等。這裡略舉關於商行相互委託辦理的貨單、貨函及商業書信三份如下為例[41]：

（一）東益號的貨單和貨批

　　順列吉號代付金豐順寶舟高禁官出海：

　　二六・七五元，源興、品蘭赤煙上四・〇擔；六五八平，一四〇・八一二兩；

　　二七・七五元，福粦赤煙上四・〇擔，六五八平，七三・〇三八兩；

　　二〇・七五元、二一・二五元，玉珍、福記烏厚煙四・〇擔、五・〇擔，六六八平，一二六・四一九兩；

　　二三・〇元，長福春赤煙五・〇擔，六五八平，七五・六七兩；

　　二七・二五元，仁信烏厚煙六・〇擔，六六八平，一〇九・二一八兩；

　　二〇元，泉粦赤煙上八・〇擔，六五八平，一〇五・二八兩；

　　加單禮卜力平七・〇兩，並銀平六三七・四三七兩。

　　至祈如額向駁檢收註冊，載資照還，鱗便複示為佩。昨蒙貴東湖兄外撥委敝代售金豐順螺米五〇石，適市不善，姑為拾棧，以待轉局而活之耳。刻如棧鮮螺米四・三元，新萬米四・一〇元，北

40　參見林玉茹：《略論十九實際末變局下鹿港郊商的肆應與貿易：以許志湖家貿易文書為中心》，載林玉茹、劉序楓編：《鹿港郊商許志湖家與大陸的貿易文書》，臺灣中央研究院臺灣史研究所 2006 年 9 月印行。

41　本文所引許志湖家族貿易文書，均引自林玉茹、劉序楓編：《鹿港郊商許志湖家與大陸的貿易文書》，承蒙林、劉二君惠贈該書，深致謝忱。

生油一〇·五元，托埇（東洋）番火三·〇八元，氣油浮（漲價）五·六〇元，泉足花金七·二角，福泉二五金二·四〇角，錦成布八四元，余諸後申。此啟

春盛寶號照。

乙未（光緒二十一年，1895 年）十一月十七日封

東益兌貨支取不憑

（二）豐盛號貨函

敬啟者：查客蠟十七日由滬轉奉一劄，內述為配滬金寶順船北油拾籠。然該船幾番啟帆，為風所阻，況新正綿雨，是以致延未進，早晚抵鹿就貨向出。內封清總單，祈即過覆注賬。其油內地及膠價硬，扳企（上揚之意）。刻下永（寧）北油升一〇·四元。按油新出，日遠市價望分，必難到，祈觀局而沽。永（寧）中新正米價轉企，市尚平，迫正月杪，聞上海米獎（漲），泉州四處覓採，故價日兌日升，刻下螺米四·二九元，九芎種四·七元左，北術四·六元，北油一〇·四元，氣油分五·三四元，火察（火柴）唱廿元左。此奉

春盛大寶號、湖官老仁台足下。

丙申（光緒二十二年，1896 年）花月十七日

豐盛兌貨支取不憑

（三）高媽禁致許志湖商業書信

再啟者，因王元官漢墘股內所落小號一股，財本五〇〇元，並長利息，計共按有五五六元之額。渠之兄弟思欲外出，意決將此股份繳落別人。弟思欲請吾兄照落股額，前日承來手教，謂生理欲待來春，觀此定局，即要設法，無如他要抽去，乃是就此年終為止。以弟鄙思，足下亦有被他借去銀項，而況有項在於墜官處，此甚至妥，未卜貴意如何？乞示。如欲自落此股更妙，不則，或欲與友生兄合股亦可。與他相商如何？祈速示知，方好按額。千千勿外。餘不盡言，草此。再啟上

志湖老仁台大人升照。

　　丁酉（光緒二十三年，1897 年）十月初五日
　　高媽禁手書，永甯東成（號）書柬[42]

　　從上舉的晉江與鹿港兩地商郊行之間的商業書信及貨單、貨函中可以看出，雖然他們分屬於不同的地點及商號，遠隔大海，但是在商業的合作方面，已經相當地協調而有效。雙方不僅結算明白，交割及時，而且還能隨時通報商業資訊，提出下一步經營的設想，甚至在尚未征得對方授權的情況下，先替對方做好有利的決策。

　　我們在東石鄉蔡氏家族的家族文書中，同樣可以看到其族人在海峽兩岸間經商時，擁有他們自己的鄉族協作圈。在兩地親屬的來往信件中，相互交代經營業務，相互通報各地的商業行情。如在清末光緒年間黃姓商人寫與蔡氏商人的通信中寫道：「配瑞瑛寶舟來杉料，單囑淵兄與弟相商招商售脫，敢不效勞犬馬辦理，不須錦介。現臺地春間以來雨水不順，至今溪中乾淨，筏馱難通。茲元月至今郊客所托諸重載，以及收輕舟貨，俱倩車出入。此係旱情。兄台所托雲杉料俟招客在船，……臺地所出糖游米諸貨色，自古以來均配回內地銷售，全望求利為是。誰想內地春間以來南北糖油米盛到，價數隨而下，壓倒台之郊號無遺。……弟承『源利』台信，欲無嫌棄，依舊相知合作。『源德』生理，笨配重載，……皆賴仁兄，如有便輕貨或要辦重載者，則速回音，自當隨辦而行。」又如蔡氏甥舅的兩岸通信云：「咱號若有存布全煙絲，切切勤緊張進應售千萬！今多臺地芒蔗比前年更加豐羨，將來倚年糖價必然大賤，愚甥意欲採辦，無少守候新春，此未審妥否？覆祈賜息示知，方好進接，特此奉稟。」還有蔡氏商人表兄弟及甥舅之間的通信云：「前日鵝弟來信查臺地之田青子及番仔豆之價數，番仔豆市價罔知，田青子斤□□元，……何貨能知，祈速賜示。至於牛根無貨絕望，如若有貨，自當採辦免囑。前所記之電土，未卜兌否？文洗之大柴是拾箱，彼謂十一箱，尚失一箱。祈再向文洗斟酌，配某船若干，重再列單前來是禱。」

---

[42] 以上三件貿易文書分屬林玉茹、劉序楓編：《鹿港郊商許志湖家與大陸的貿易文書》之第 5、13、86 件。

[43]在這些通信中,也都十分清楚地反映了家族商人之間的經營協作關係。

　　經營於泉州晉江與臺灣鹿港之間的晉江沿海商人,之所以能夠建立起一種比較穩固的商業信任關係,在很大程度上是由於有著鄉族的血緣及地緣的紐帶。與許志湖家族商業聯繫最爲密切的永寧高氏和東石蔡氏,或有同鄉族之誼,如高氏家族的高媽禁,雙方稱爲「至愛之交」,許志湖的兒子許經煙回到祖家的時候,曾一度住在外高厝;而許經煙在外高厝寫信給身在臺灣的母親黃氏,本是家書不示外人,其中提及高媽禁時,敬稱爲「媽禁叔」[44],可見許、高兩個家族的密切鄉族關係。至於蔡家,與許家更有姻親之誼,蔡氏家族的蔡敦波娶許志坤女許米爲妻,兩家關係非同一般。

　　即使是許氏商郊行所聘用的商業活計,也往往與主家有著比較密切的鄉族聯繫。我們再此複引二紙許氏商郊行與店夥計的來往書信:

　　（一）許志湖給春盛號夥計書信

> 親誼之情,套語勿敘。啟者:茲五月二十八日登船,至六月四日午上陸,水陸各均安。而店中諸事,代爲料理。今現冬之時,以各莊數項及租穀並利穀,切爲留心,鼎力向討爲要。而欠用人者,可叫德隆、內溪兄,再欠用者,可叫菜園尾舊（舅?）全他料理。乃此冬所收之項,可以付錦義內厚澤舍多少,須當回錦義銀單,由唐支取。如有項要回之時,當即登明面會,當即刻賜息來知。現今之刻,不比前之時,如此冬之穀,在莊有客要採者,亦可兌之,不然,收入者可一盡挨米,亦配亦兌,可以挂裁。刻下永寧街新花螺米並袋四・四二元,市屯屯,余情後申。特此,並請近安不一。
>
> 丙申（光緒二十二年,1896 年）陸月十六日誌湖書

　　（二）春盛號夥計給許志湖的書信

> 茲承錦義號厚澤官云,據蔡春波官面諭,云志湖兄在內地向他支

---

[43] 以上蔡氏家族文書電子掃描本藏廈門大學國學研究院資料庫。
[44] 見林玉茹、劉序楓編:《鹿港郊商許志湖家與大陸的貿易文書》之第 2 件。

銀一千元，平七〇〇兩，未審有無支取，速息來知。咱號尚被錦
義號欠去一一八一・六六兩，扣支七〇〇兩，尚被欠四八一・六
六兩。此條彼會銀單一紙，加封信中呈電。至祈向他支取，如何，
回音通知，方好設法。其許錦盛號乃亨老欠去佛銀二百元，平一
四〇兩。此條彼經備母利銀要還咱，適逢志湖兄旋歸內地，原銀
帶回，故不能條直。現時乃亨老駕舟往蚶，就蚶向林勞齊稅厝居
住，祈到蚶向彼取討，辦理如何，並筆來知。承乃亨老令堂云，
乃亨此銀若無還者，囑伊子行信來鹿，交彼令堂，他就鹿還咱是
也。大橋頭莊田一・二甲，賣主要備契面銀八折贖回。此田未知
主裁如何，未便擅許。此言系米頭闊嘴兄向咱陳明。行兄欠咱之
銀項，母利經已清楚。借銀之契二宗，先付豐順舟來一宗，尚欠
一宗，祈複付來還他，免被屢屢來討此契是也。闊嘴兄云此數是
他經手，今已還清楚，要討三、八元，以為工資。設法如何，祈
即賜聞。鹿港現時頗安靜，因便並陳。此奉
志湖老東翁台照
丙申（光緒二十二年，1896 年）八月十二日弟鉗具[45]

　　以上二信中的許志湖與春盛號楊鉗等，雖然在名義上是所謂的東翁
與雇傭的店夥計，但是他們之間的另一層關係卻是鄉里親戚，如信中所
言：「親誼之情，套語勿敘」（在另外的信中，有「誼及姻婭，繁文弗敘」
的字樣），故在雙方來往的信件中，稱兄道弟，絲毫沒有雇主與雇傭者
的那種身份差別。再者，在第一封信中店夥計提及店中缺少幫手，許志
湖向他推薦的德隆、內溪兄及茱園尾舅（小舅），顯然也都是鄉里親戚
之屬。因為有本族、本鄉的鄉里親戚關係，才能比較可靠地託付商業經
營方面的事物，而不必擔心私下舞弊甚至卷款逃跑的事情發生。事實
上，在清代晉江沿海居民投身於商業貿易的過程中，剛剛走出家門的嘗
試者，往往是先投靠本族、本鄉在外地經營的親戚熟人，為其幫工當夥
計，稍有積蓄之後，在自行開張，謀求更好的發展。如西霞蔡氏家族的
蔡樹澹，是在其周姓姐夫的帶領下從事商業船運的：「父早歲渡台，往

---

[45]以上二件見林玉茹、劉序楓編：《鹿港郊商許志湖家與大陸的貿易文書》之第 26、44 件。

南路蚵仔寮村，以販魚爲業。……其周家姐夫吉官，有船東渡，聘爲出
海，往來數遭，不辭風波，彼時稍得贏餘矣。」[46]古西吳氏家族的吳進
銜，有戚家姓帶往臺灣學習經商的，其後得到較大的發展：「進銜，一
名光咸，字登品。……十四歲得戚家蔡姓之佐，挈往臺灣學商。至二十
一歲內渡省親，越三載完婚，即與族人合辦一商店於衙口市，複自營一
店於梅林鄉。……所業日以發達，由店而行，並自置輪船以運南北貨物，
積資漸厚。」[47]值得注意的是，這些鄉鄰親戚參加到家族商人的經營中
去，還曾經出現了以人力股的形式，參與到商行的資本結構中，從而更
加有效地發揮了這些相鄰親戚在商行中息息相關的作用，請看以下的契
約文書：

> 立繳字人晉江縣八都庵前鄉沈漢良，先父有蒙本縣十都東石鄉蔡
> 涼官傾資本付先父赴台嘉邑樸仔腳開張笨泉郊生理，號振盈及廣
> 盈。先父原無在本，惟樸當事，蔭份得利三分得一，營爲有年，
> 所有存樸之數，收未得入手。迨至道光壬寅年停止，連過廣盈並
> 振盈，□後數項未繳還。至道光二十六年除入外，漢尚收未入即
> 侵欠東石蔡涼官之項，延今不得照約，即將振盈樸所置店屋一座
> 三進，並後樓，四至俱載原契，估銀八百十九元，先按還蔡涼官
> 之項，候到台將店屋原契付交蔡涼官收管，仍有被欠數項，概及
> 油桶器俱等，應檢繳入至台核算，各應□額。恐口無憑，立繳字
> 一紙付執爲炤。
> 道光二十七年九月　日　立繳字人本縣八都庵前鄉沈漢良
> 代書人　漢自筆
> 知見人　胞叔光對[48]

在這紙文書中，東石鄉蔡氏商人涼官傾資本，在臺灣嘉義縣樸仔腳
開設笨泉郊而商號，聘請沈漢良之父加入經營。沈漢良之父「原無在本，
惟樸當事，蔭份得利三分得一，營爲有年」，一直到道光二十七年（1847

---

[46] 光緒《東石西霞蔡氏族譜》，《世系·樹澹》。
[47] 二十世紀五十年代編：《溫陵晉邑古西吳氏疊軒公派下分支家譜》，《藹堂公家傳》。
[48] 契約文書掃描本藏廈門大學國學研究院。

年），出資方蔡氏商人與出力經營方沈漢良之父才對雙方的得失收益進
行了結算。這種以人力股的形式加入到商行的資本結構和管理經營中的
情景，一方面固然可以使鄉鄰親戚關係在商業經營中得到良好的發揮，
而在另一方面，也有可能促使某些較爲貧寒的家庭成員，在家族及鄉鄰
的幫助下，財力有所增長，可能成長爲新的商人。這也是清代泉州晉江
沿海商人得以發展的一個因素。

　　清代閩台之間的商業貿易往來，船隻無疑是最重要的運輸工具。「商
郊行主要是自大陸、臺灣沿岸各港來的船隻、水客以及行鋪取得進口商
品，又包買地區性物產出口的進出口貿易商人。他們通常在港口市街上
設置店鋪、行棧，規模大者或兼營水客，或雇傭船隻，甚至自置船隻出
海貿易，一般稱爲船頭行；規模小者則僅接受來港船隻或水客的委託販
賣商品，並代爲收買土產，而收取百分之二的傭金。」[49]然而無論是商
郊行自置船隻也好，還是委託他人船隻載運貨物也好，接受委託和委託
他人，都是具有一定的經濟風險的。因此，晉江沿海商人在選擇船運的
時候，也基本是以本家族、本鄉族的熟悉鄉鄰、親戚爲協作夥伴的。即
使是像許志湖家族這樣資產相對雄厚的商郊行來說，他們也絲毫不敢大
意。如光緒二十二年（1896 年）晉江外高厝的許經煙給鹿港雙親寫的
信中，就對船隻的選擇有所記述：「謙順、有生叔、父親三人均下滿載，
此船名號致發，皆是梅林之船。……而前日酸邊鄉有一隻船號順安寶
船，在內地對兒討車，而不許依，此是他澳之船，切不可下依。」這裡
說的「梅林之船」，即是屬於許氏家族、高氏家族的家鄉港口梅林港的
船隻，十分可靠，載運比較安全，而酸邊鄉的「他澳之船」，其距自己
的鄉族遠些，信用程度不甚瞭解，故切不可載運。在許氏家族的貿易文
書中，不少地方都提到選擇船隻必須是平常熟悉的鄉鄰船隻，而不可隨
意相信他人，盲目委託。如同年六月廿日店夥烏示給許志湖的信中說：
「付寄之行李，當即爲付該建益船運奉，本欲付協順船運去，礙該與生

49　林玉茹：《略論十九實際末變局下鹿港郊商的肆應與貿易：以許志湖家貿易文書為中心》，
　　上書第 46 頁。

疏，無甚允便。」十一月廿九日許志湖給弟弟許志坤的信中交代：「若有妥棟（當）之船，兄即同船帶進是也。」光緒二十三年（1897 年）六月初十日許志湖給高媽禁的信中說：「若有與兄台相好妥棟（當）之船，亦可付來。若是無妥船者，即可請工挑入永豐盛號內亦好。」[50]這些記載都說明了當時海峽兩岸的商業船運，也基本是在家族、鄉族之間相互合作的。

就整體而言，清代泉州晉江縣沿海商人鄉族間的相互合作、相互扶助，基本上還是建立在傳統鄉族、家族制度的觀念之上的，尚未能就商業自身的環境與體制形成一個具有某種前瞻意義的規範性制度，比如近現代企業的資本集中與管理制度、企業經理制度、企業會計制度、企業風險投資制度、企業監督制度，等等。而這些規範性制度是保障近現代企業發展的必不可少的要素。儘管如此，我們從清代後期及民國年間的一些文書中，還是可以發現晉江沿海商人們某些自發形成的行業規範條文。如為了規範船隻的經營範圍，這裡的航運業主們制訂了違規懲罰措施，所謂「前年廣東罰款，……各舡赴廣，嗣後來閩，□有科罰。惟款數不等。在『聯發』係與『瑞榮』一併說明，繼有作事者可稽至罰款，亦以得中催繳。如以為多，尚有『福聯順』、『金同成』等可考，如前勝之。『益順』亦已走過來閩，罰款又在咱舡，賠數此中細微，查詢扶伯便得知。」又「現據該商玉記行本年三月初四日『金聯發』船裝鹽已開往廣東，既往不咎。外尚有『金瑞榮』鹽船在澳。業已遵而訓之。以後各船少之項一千六百元，刻期罰繳。」在民國年間，晉江縣東石鎮的杉木商人，就杉木行雇工的工資進行了同意的規定，其規定大略如下：

晉江縣東石鎮杉木途商公訂工資列左：

（一）卸工：汽輪每帆一百萬正。帆船每帆八十萬正。伙食工人自理。

50　以上見林玉茹、劉序楓編：《鹿港郊商許志湖家與大陸的貿易文書》之第 19、28、60、75件；亦參見林玉茹：《略論十九實際末變局下鹿港郊商的肆應與貿易：以許志湖家貿易文書為中心》一文。

（一）放工：石井以內每元加三分，石井以外每元加四分。

（一）落水：每元加二分。

（一）停車：每元加三分。

（一）卻杉：每部工資十一萬元。

（一）上落水……

（一）本規約自三十七年四月二十日起實每月調整一次。

（一）本途商如有故意違反本規約者，一經查覺，應處罰國幣一千萬元充為本途商公積金。

中華民國三十七年四月二十日捷成、森茂、建泰、南興、福茂、泉順、東豐公訂。[51]

這些行業內部的規範，雖然說還是十分初級的，同時也基本上是在鄉族、家族的框架下施行的。但是它畢竟體現了晉江縣沿海商人在倚靠鄉族、家族體制的基礎上，有著向純經濟體制邁進的某種願望和追求。

從上面的分析中我們大體可以瞭解到，清代泉州晉江沿海商人在經營商業貿易以及船運業的時候，家族、鄉族的相互扶助、相互協作在其中發揮著重要的作用，這種相互扶助、相互協作的家族、鄉族關係，在一定程度上促進了清代晉江沿海商人在經營上的成功。雖然說族人、鄉人之間，難免也會存在某些相互不信任或者是商業經營上的糾紛，但是與那些沒有血緣和地緣關係的外地商人相比，畢竟有著較好的信用度以及鄉族的約束力。如果說在二十世紀之前中國的商人及其商業活動已經初步形成了一定的信用機制的話，那麼毫無疑問這種信用機制首先是建立在以鄉族為基礎的商人群體及其商業活動之中。而這種以家族、鄉族為基礎的商業信用機制的建立，是促使中國近現代以來大量家族化企業出現的一個極為重要的內在因素。其影響所及，至今猶然。

四、超越經濟行為的鄉族複雜關係

清代晉江沿海商人在經營閩台兩地商業貿易的時候，由於相當注重

---

[51] 以上文書電子掃描本藏廈門大學國學研究院。

依靠本家族、本鄉族的資源，這又使得他們之間的經營關係和經濟關係，出現比較錯綜複雜的局面。商郊行的資本及其經營，往往摻雜許多家族、鄉族內部以及親戚、鄉鄰的因素。

　　清代後期的許志湖家族，在經營閩台海峽兩岸的商業貿易業的過程中，家族、鄉族內的不少親人、戚友，或是投靠謀生，或是附貨取利，或是相互借貸，造成許多商人的資本構成及經營團夥的構成也帶有明顯的鄉族組合的意味。這種情況在許志湖家族的商業貿易文書中屢有反映，如我們所見到的光緒二十三年（1897 年）九月十五日晉江永甯高家給許家的一封信中，就談到分利的事情：「詹裕書號王元官前年有落敝東益財本一股，七・○平，五○○元。迨至去冬敝東益正號就本並得息一齊繳落敝東成。刻承渠云，今冬至終如結帳清楚，思欲抽去財本長息，……他之財本及長息，按多者計有七五六元，少者約七○○另元，合應啓知。該股份系是合伴股內，所以並筆通知。」再如是年十二月初四日的貨函中，也有類似的記載，「足下所寄現數五○○元，並委收利息之項，扣配去輕貨，尚有在項總單，後舟自當列去該項。如是缺用，祈可向鹿（港）小號向秋老先取多少，囑過永（甯）賬可也。……如墜官之子莫官利息，昨已取來，龍銀十八元；如王元官及高歪利息二條，均過寶號來賬。」[52]即使是許志湖家族屬下的商郊行號，也往往因鄉族的關係而加入到其他商號的股份中去。許家貿易文書中有一紙「財本憑單」，就是記述許家入股仁記商號的：「謙和丁酉二月初四對仁記來財本二百元，實平一四○兩，慶隆泰兌貨支取不憑。」像這樣家族內、鄉族內相互參股、合股的現象，在清代晉江沿海商人的經營中，應該是比較普遍的。

　　經營商業活動是需要一定的專業才能的，族人初次涉足商業，往往請托在外的親人戚友關照實習；而有的子弟不成器，較有見識的長輩須委託在外族人、親人代爲管教，並且委託經營其產業生理。在許家的貿易文書中，有三份關於陳家子侄放蕩不成才，請求姻親予以代爲經營的

[52]以上見林玉茹、劉序楓編：《鹿港郊商許志湖家與大陸的貿易文書》之第82、89件。

書信，其中云：「汝小舅家務全不理，勢乃放蕩之子弟，無所不包倚靠，
所以家器物件，伏望賢孫婿向前交帶，即差半件切勿被家泰竊取，誠恐
毀壞，毀了前功。至於家中諸務，惟望不時省視照拂，每年所收之米穀，
祈妥為存貯，絲粒勿被家泰染及，此乃家中日食悠關。」從另外的一封
書信中可以知道，陳家所委託代管的產業，為數並不少，除了每月入股
所應分得的「月例」之外，尚有「笨叔到鹿（港）對敵言之，恐驚加太
少年，未能深信，要將加太家中契券及帳簿，且寄敵家。……現今笨叔
收來三塊厝典契一宗，又胎借契一宗，又草仔市現店厝契一宗，於賜來
合約字一紙，並契抄一本。」[53]這種親友間的相互委託管理，顯然也是
基於家族、鄉族間的某些信用機制，但是它同時也進一步加深了家族、
鄉族內部經營關係與經濟關係的複雜性。

　　即使是在晉江沿海商人的個體家庭情景而言，其家庭內兄弟叔侄的
經營關係與經濟關係也往往是糾合在一起的。如前所述，晉江沿海商人
是立足本土的群體，他們在外出經商、船運的同時，基本上是兼管家鄉
的土地農業的。這就造成這一帶的商人家庭，如果子侄較多的話，其中
有的子侄出外經商、船運，有的則在家務農，料理家事，有的則入學讀
書，爭取仕進。這樣的家庭內協作分工，勢必使得他們的財產，無論是
土地農業的，還是工商業的，甚至其他三教九流的收入，都在一定的時
間內，難於分割開來，這也就是人們經常所說的「同爨共食」的習俗。
這裡，我們在舉晉江石龜許氏家族的商人家庭為例：

> （許）廷梓，字夏呂，別號良齋，為吾父暉潛公第三子。少而聰
> 穎，長喜讀書。以吾父困伏芸窗，而伯兄元齋公早世，乃與仲兄
> 榮峰同問業計然，抑抑治家。……家政雖與仲兄共撐，而己務肩
> 其勞，以讓兄逸且且俾桿等得靜志縹緗，一切塵務悉為治之。
> （許）廷桂，少倜儻，讀書輒解大意，而遇事能斷，井然有條。……
> 不幸王母歿，王父年亦漸衰，父乃棄舉業，與伯父共持家政。亡
> 何王父、伯父相繼無祿，零丁孤苦，叔祖暉潛公命與瑩峰伯同事

---

[53] 以上見林玉茹、劉序楓編：《鹿港郊商許志湖家與大陸的貿易文書》之第73、76件。

計然，筆牽服賈。叔祖固子鞠吾父，吾父亦祗祗父事叔祖，彷彿
古人兒無常父之風。……以伯父早世乏嗣，時感念涕下，為次弟
複昌婚娶畢，即令嗣之，蓋孝友天性，此其一斑云。媿擎等碌碌
縹緗弗成，錐刀亦拙，父惟諄諄亦訓曰：富貴不可期，願若曹孝
弟忠信焉足矣。……其懋遷也，不飾偽，不儲價，誠信不欺，郡
內外咸推古處士焉。」

（許）廷標，幼而端凝，長識大義，以父雉伏董帷，而伯兄元齋
夙擒贏病，成童即棄舉子業，學計然以撐家政，經理出納，秩如
也。敦尚慤誠，賈不論價，四方市貨者咸集。

（許）彝昌，字克敘，別號儆齡，小字經官，泓川公次子。少岐
嶷，熟書史。……彌自奮發，勞苦生營，綜理家政，俾王父得以
耑志下帷，藥榜蜚聲。既立以後，……從事計然，筆牽服賈，遍
歷遠征，營什一以孝養王父母，而溫凊致肅，色養承歡。沒而殯
殮盡禮，悲思不置，延堪輿走山麓，……拮据窀穸而營封焉。長
兄乏嗣，遵嚴命以長繼長之禮，為長兒婚娶，畢乃命以繼嗣之。
此孝悌出於天性。……其生平慷慨重然諾，為人排大難解大
紛。……親族中有緩急相推重，或付以財賄，收掌出納，一毫不
以自私。交人久敬，濟人若忘。其教子也嚴而善誘。」[54]

　　從上面的記載中可以知道，外出經商的家庭成員，承擔起大家庭中
主要的經濟責任。他們以經商得來的收入，供給家庭其他成員諸如父叔
輩、子侄輩，甚至祖父輩、孫侄輩的仰養俯育、課子延師、婚娶嫁喪等
等的種種開支。而當家庭成員新老更替、兄弟叔侄輩各自成立的時候，
大家庭的分家析產勢所必行。在商人的家庭分析過程中，雖然經商者對
於家庭資產的積累具有突出的貢獻，但是其分家析產的原則，基本上是
均等分割的。這裡舉深滬王氏和福全何氏的兩份分家鬮書如下為證：

（一）深滬王氏家庭分家鬮書

　　全立鬮書人長房承重孫丕昇，二房源衡，三房源梧侄丕順、丕梁，
蓋聞九世同居，流芳千古，兄弟固樂其永好，世代全炊難保無乖

---

54 以上均見雍正《石龜許氏族譜》，卷4《紀實編》，卷6《狀志錄》。

情。茲因家務浩繁，似難合爨，於是兄弟叔侄憂集，尊長親戚共商酌議，以為綿遠之計，即將承祖父遺下物業及兄弟共置房屋、田園、典店、布房、商船及生理錢銀，擬作福、祿、壽三字鬮號禱神拈定。內先撥過確腳新間厝一間，應作大孫物業，其餘田園房屋即照鬮額分甲明白，然後將船一隻，並船應得器具新舊等料公估銀二千七百員。典店在架就數結的母銀五千八百零六元六角九點，利約加一三，應銀七百五十四元八角七點。又器具茶心並桃記侵欠計銀六十四元七角一點，內除付租錢三千文、折銀二十八元三角，應剩銀三十六元四角一點，總合共銀六千五百九十七元九角七點。布房應的本銀連器具等賬共銀七百五十六元二角九點九厘，現銀五千一百七十二元一角六點八厘，統合共銀一萬五千二百念六元四角三點七厘。從中公議先抽出銀二千員，付奉與長房內五百員為先兄源奪葬費之資，仍又抽銀六百員，內撥出四百員付與二房源衡為兩兒完婚之資，餘二百員與三房源梧為次男成婚之資。另又公抽銀一百員，贈奉卯姊養老之資。餘尚存銀一萬二千五百念六元四角三點七厘，應作三鬮均分，每鬮應分得銀四千一百七十五元四角七點九厘。如拈得典店，應找出銀二千六百七十元零九角二點一厘，貼付布房船本額數。又公訂典店每月應奉卯姊玄錢一千文，為其買茶零用。此係公親叔侄擬定分配明白，各無後悔異言等情。但二房拈得祿字鬮號，俱係至公無私。茲今而後各照鬮分管業、照產完納，不得紛更。另有下店一間、布店內厝一間、碣石山墓邊前地仔三坵，訂作交輪公業，歷年收稅以為祭祀祖先忌神之費。今欲有憑，全立鬮書三紙一樣，各執一紙永為存炤。

二房源衡應分物業計列於左：

中落後房厝一間，祖業；前落南畔大房厝一間；後落南畔邊房厝一間，原主泉弟；……原主九嫂；大厝邊下照南首厝一間，原主九嫂；大埔潤地上下坵，原主兒兄；碣石山地一坵，原主願哥；西塗崛地一坵，原主適兄；赤棕地一坵，原主丕權；大埔寮邊橋水上下地二坵，原主適兄；布店口礐一口，原主家媽裁官；大厝

前外面石礱一口；山狗空口地一坵；布店內下向頭間曆一間，原
主長弟，此曆系與中間合典一契。

另與家潘安官台郡合作協長豐生理，異日開張，其本銀及長息，
仍照三鬮均分，不得爭論短長，特此再炤。

同治元年陽月　日立鬮書人長房丕昇偕弟丕順、丕梁

二房源衡

三房源梧

知見人　源來、源稽、源吟、丕於、丕用

代書人　家廷俊[55]

（二）福全何氏家庭分家鬮書

古者九世同居惟有張公，彼幸一堂聚首，故歷世遠無異言。今晉
江縣十五都福全鄉何家廷弼、廷奏，系胞兄弟；堂兄廷福，各居
一方，安保後日子姪之無異言乎？蓋弼之父名拔，胞叔名寅，寅
自早出外。弼兄弟三人，弼居長，次名奏，惟三名爽，本撥與寅
過房。三人亦家貧相繼出外，惟有父母在家。不幸爽在外殀亡。
寅複得子名福。後父拔亦往台相尋，不數日而亡。兄弟全借辛金
以葬，艱難萬狀，抱歉良多。天意憐憫，辛資稍遂，自此兄弟在
鹿公（港）建生理，幸得人扶持，弼乃先歸事母。而胞叔寅亦歸
家而亡。嗣後生意頗進，歷年俱有粒積寄回。至道光拾陸年，粒
積頗多，是以兄弟相議，將文宣境舊屋翻作三落三間張大新曆。
內無期功之親，外無宗族之人。弼是以處家庭，顧門戶，守墳墓，
治世事。奏復往台，歷年又有寄回。弼皆儉守建業。凡在內地本
山園業共有祖業拾坵，又有暫典園業拾陸坵，在台公建田業三
宗，共契面銀壹千捌百捌拾員，又有生理在本銀，除貼官學歷年
科歲考及鄉試等費，又貼長孫官源完婚費外，餘存銀三千陸百
員。內外家計庶幾苟合。但福在台完婚多年，奏復撥處次子名超
與爽過房，亦完婚矣。今年奏回家，兄弟相顧，皆知年老，恐後
來子姪不能永好，議欲分釁，即請鄉中者老生員到家。凡在內地
園業，惟從堂伯名玉，生五子而乏嗣，弼、奏願各撥壹子承其祭

---

55 本鬮書附于滬江《王氏族譜》之後，其掃描本現藏廈門大學歷史係數據資料庫。

祀，將玉伯園業及園底已經贖回者作對半均分，其祖業及所建園業，抽起長孫業外，余及厝宅石礐俱作三份均分。而在台生理，在本銀以及田業，亦作三份均分。至於內地錢糧、倉米，除玉伯分額對納以外，亦作三份共納。各鬮俱取契券為據，各份俱以鬮書為證。日後各房丁財貴三多具慶，不得造言生事。今欲有憑，仝立鬮書壹樣三紙，各執為照。即將各份厝宅田園等件開列於左。

計開：

交輪園業，大路北墓後南段地捌升，赤山西地壹坵七升六合，東蘇前大小二坵二斗一升三合，芸宮自己墓後大小七坵共一斗。

長孫園業內沖上下二坵共一斗三升七，大路南大小三坵二斗九升九。

貼長孫宧源佛銀五十員，以為長成完婚費。

貼宧學佛銀二百員，以為厤科大小試費。宧淡承玉伯鬮業亭頂地一坵一斗四升六，山上墓後大小坵七升三合，大路北墓後北段八升，大路北深路內東□並地仔二坵一斗四合，又米子祠後宅仔東畔一斗。又二橋地南畔一份一斗。

宧溪承玉伯鬮業，禮家莊石後地一坵一斗二升，東衝口地一坵一斗五合，赤山下地一坵一斗一升九，大路北深路內西畔地一斗四合，又朱祠後宅仔西畔一斗，又二橋北畔地一分一斗。

廷弼一鬮分下鬮業：北面大房連後房二間，北面直頭一間，後落北面大房一間，贖脫、官大路北地一坵一斗四升八，二橋南畔一份三升，暫典曾麟兒埔尾一坵一斗，暫典陳脫、官東蘇前大小二坵三斗。又暫典陳論、老赤嶺大小二坵六升五，暫典張赤伺大路北一坵一斗三升，又張赤伺大路北窟墘八升，暫典陳壬老宅仔東畔一份，張月哥底石礐一口，自己後壁角石礐一口，西門外大橋大砌下石礐一口。又在台店中在本銀三份應一，的佛銀一千二百員，廷弼經收完。又在台田業一宗，在下佃尾，契面銀六百二十員，廷弼經收管。

廷奏二鬮分下鬮業：南面大房連後房二間，南面直頭一間，後落南面大房一間，紗帽石大小二坵一斗二升一合，龜石腳一坵四升五，二橋北面一份三升，暫典曾麟兒埔尾地一坵一斗，暫典蘇遷

官埔姜宅一坵一斗八升，暫典張赤伺東蘇後二斗，暫典蔣度伯石
椅頭二坵一斗六升，暫典陳壬老宅仔西畔一份，自己曆後北面石
礐一口，又西面石礐一口。又在台店中在本銀三份應一，的佛銀
一千二百員，又在台田業一宗。

廷福、宦超三鬮分下鬮業：下照南面大房一間，下照北面大房一
間，後落北面直頭一間，廳後房一間，其路通行出入，大路北過
溝一坵一斗一升，大路北窟墘地仔一坵三升，二橋中央一份三
升，暫典炎中西門外石礐一口，暫典黃環官大路北一坵二斗，暫
典鄭應伯大路北四坵一斗五升，暫典蘇天保西樓坑一坵九升，暫
典陳論老橫坑一坵六升五合，又橫坑石礐一口，暫典蘇天保西樓
坑一坵一斗四升，自己曆後南面石礐一口。又在台店中在本銀三
份應一，的佛銀一千二百員，又在台田業一宗。

咸豐四年元正月　日

鄉老李錫獻、鄉老陳有道、生員陳巽孚

仝立鬮書人　何廷弼、廷福、廷奏、宦超

代書人　妹夫張元定[56]

　　這兩紙分家文書，其所體現的家庭成員平均分得共有財產的基本原
則，與明清時期福建泉州晉江民間分家析產一般情景沒有太大的差別，
在第一紙王氏家庭分家鬮書中，按照當地的管理，抽取長孫物業和「卯
姊」贍養費之外，其餘田地、房產、典店、布店，還有在「台郡合作協
長豐生理」股份等，概由三房搭配均分。其第二紙何氏家庭的分家鬮書，
家族關係就更加複雜了。參與分析財產的不僅有先父所生的三個兒子何
廷弼、何廷奏、何廷爽及其孫子輩，而且由於家族內部男嗣過繼香火的
關係，還涉及到叔姪、從叔姪的多層權利；這些家庭成員有的留居在晉
江沿海祖家，有的移居拓展在臺灣鹿港；財產亦分散在晉江與鹿港兩
地。在這種複雜的家族關係裡，家族成員移民到臺灣而發展起來的產
業，在傳統家族制度的支配下，其共有而均分的色彩就更加明顯了。在
這樣的場合裡，人們往往把前往臺灣的經營創業當作家族內不同分工的

---

[56] 本件鬮書掃描本藏廈門大學歷史係數據資料庫。

一種形式而已，家庭成員或是固守原鄉、理族齊家，或是跋涉外省、經
商從賈，或是渡海東寧、墾荒拓殖、開辦郊行，都是家庭或家族的共有
產業。這種不同的家庭或家族分工，都為家庭與家族的發展作出了貢
獻，因而從家庭、家族分爨的觀念和民間習俗上講，這樣的做法又是合
理的。

　　清代晉江沿海商人在閩台兩地的經營發展，雖然從家族制度的觀念
出發，其經營關係和財產關係基本是屬於家庭內或家族內共有的，但是
隨著時間的推移，那些在臺灣定居經營的子孫，其產業拓展的重心無疑
將逐漸放在臺灣一方。而家庭或家族的分家析產，兩地的產業又必須平
均分配，這必然給日後的管理和經營帶來諸多的不便。因此，有的商人
家庭在按照中國傳統家族「同爨共食」均分財產的慣例進行分家析產的
同時，為了便於日後的管理和經營，也會進行適當的調整。如深滬陳氏
在分家後又訂立了見證文書：

> 立知見人深滬鄉南春堡陳可瑗，因內地四叔母欲來台搬請臺地庶
> 孀棺柩，並堂弟任家眷回唐居住，但屋地未得利便，經族長公親
> 秉公即將四叔父遺下店屋產業契券、寶舟設法分爨，作六房鬮
> 份。內地長、二、三房，臺地四、五、六各房，應得的家資店屋
> 產業契券寶舟，已分條直，各房各執掌管。現族長公親面議求可
> 瑗作為知見，內地長、二、三房奉送可瑗禮銀八百員，而內地應
> 得店屋產業契券寶舟聽其內地長、二、三房主裁掌管，永為己業，
> 與可瑗無干。日後子孫亦不敢異言生端滋事。今欲有憑，合立約
> 字一紙付執為炤。
> 全中收過手禮銀八百員再炤。
> 同治八年三月　日立約字人陳可瑗偕男取益
> 公　親家炮老觀　王潘安觀　家阿讓觀
> 族　長家金池觀　家美景觀　家隆福觀[57]

　　深滬陳氏家庭的長、二、三房留居晉江祖家，四、五、六房移居臺

---

[57] 本見證文書掃描本現藏廈門大學歷史係數據資料庫。

灣，所有財產物業經族長公親分析後，本無異言，但是商店船隻原在晉江經營，臺灣的子孫雖應分得，日後的管理卻是十分不便。於是族長公親再次提議，由留居晉江祖家的長、二、三房貼補臺灣各房禮銀，「而內地應得店屋產業契券寶舟聽其內地長、二、三房主裁掌管，永爲己業」，這實際上就是把晉江的份額出售給祖家的各房兄弟，臺灣的各房得以專心在台發展。這種補充的分家形式，一方面繼續奉行了家族制度下的共同均分財產的原則，而另一方面也體現了閩台兩地產業經營的特點，以及商人們在對岸不斷發展的整體趨勢。

　　研究中國社會經濟史的學者，一貫對於中國家族制度下的平均繼承財產持有比較負面的看法，認爲家庭及家族子弟平均繼承財產，使得家庭及家族財產日益細分化，不利於資本的積累與生產的擴大。家族、鄉族關係使得晉江沿海商人們的經營關係和經濟關係呈現錯綜複雜化，這當然給商人的自主經營權帶來了某些限制，在一定程度上妨礙了商業資本的順利運作與發展。但是根據近年來我們對於清代以來閩台兩地家族繁衍發展史，特別是商人家族繁衍發展史的研究，發現這種傳統的家庭、家族財產分析繼承制度，並不一定將對日後家庭、家族的經營發展產生十分明顯的負面效應[58]。我們通過清代晉江沿海商人的分析，再一次證實了這一點。清代中期以來，由於海峽兩岸經濟交往的發展，導致了晉江沿海與臺灣鹿港等地工商業、船運業的迅速發展，商人的資本也得到相應的快速增長。到了清末，由於日本侵略者佔據了臺灣，晉江沿海商人從事海峽兩岸的商業貿易活動受到了一定程度的阻礙，因此從這時起，福建泉州一帶的商業、船運業逐漸有所衰退；而在臺灣一方，本是同宗同族的商人，與大陸的經濟聯繫被迫逐漸減弱了下來。從此以後，大陸一方內憂外患，工商業環境日益惡化，而在臺灣一方，基本能夠維持一種比較良好的經濟環境。這樣一來，大陸與臺灣兩地的工商業經營出現了較大的差異。到了二十世紀中葉，大陸晉江沿海的工商業和

---

[58]　參見陳支平：《略論臺灣楊氏族商的經營方式》，載北京《中國經濟史研究》2007 年第 4 期。

船運業已經基本處於荒廢的境地，而臺灣鹿港一帶的晉江沿海族人們，卻是繼續在工商業經營方面取得了很快的發展。

不論是二十世紀初以來大陸晉江沿海商業、船運業的衰敗，還是同時期臺灣鹿港族人的工商業的繼續發展，其中發揮根本作用的是社會環境的變化。而所謂的家族平均分配繼承財產的機制，都未能在這衰敗與發展的演變歷程中產生過比較明顯的作用。時至今日，閩台海峽兩岸的家庭、家族分家析產，仍然是承繼著平均分配的古老傳統。而兩地族人的不同發展前景竟是如此的不同。二十世紀後期，隨著中國改革開放的不斷前進，具有悠久經商歷史的晉江沿海居民，由於有了良好的社會環境特別是商業經營的環境，他們迅速崛起，重新成爲中國有數的工商業地方群體之一。這種情景的出現，不能不使我們對於某些傳統的學術觀點，進行必要的反思，以期對於中國社會經濟發展史的探索，有所幫助。

第二節　從家族文書看清代蔡氏族商的 財產結構與資本組合

研究中國商業史的學者，可能是受到歐洲中世紀商業史學的影響，往往自覺或不自覺地把中國的古代商人，當作一個比較獨立的社會階層來剖析和論述。比如：當論述商人們的社會地位時，人們更多地關注於這個社會階層有別於士、農、工等階層的特殊身份；當論述商人們的經營方式時，人們所注視的也大多是商業資本的籌集以及商業網路的構成。這些顯現象，固然是構成中國古代商人所不可或缺的重要組成部分。然而如果過於關注中國古代商人的「商業市場」因素，反而使得我們對於中國商人及商業歷史的考察，失之片面性。事實上，中國古代的所謂「士、農、工、商」的界限，並不是十分的截然清晰的。尤其是到了明清時期，隨著社會經濟特別是商品經濟的發展，所謂「士、農、工、商」的界限，已經日趨交錯混合，「士、農、工、商」兼而有之的現象相當普遍。正因爲如此，我們今天試圖探索明清時期的商人及其活動的

軌跡，就不能僅僅著眼於他們的商業行為，而是應當把探索的視野放到更為嚴重廣闊的社會經濟的空間及其變遷的歷程中。

在我所搜集到的清代福建泉州府沿海的商人史料中，商人們所從事的行業的多樣性是顯而易見的。我們通過這些商人民間史料的分析，可以更加清晰地看到這一時期商人們的經濟結構及其經營特徵。下面，我們就以晉江縣沿海東石鄉的蔡氏家族的情景，做一比較細部的觀察。

一、蔡氏族商經營海峽兩岸間商業貿易活動的一般情景

現泉州市所屬晉江市（原為晉江縣，下面在論述清代及民國初年的史實時，均用晉江縣）東石鎮（原為東石鄉）蔡氏家族，是福建省沿海地區的世家大族之一。自明清以來，不僅族眾甚多，分衍若干支房；而且素有經營多種經濟活動的傳統，尤其是商業航運活動。宋明時期，這裡一直都是海商、「海盜」出沒的地點，入清數百年來，雖然歷經時代的變遷與社會制度的演變，但是蔡氏家族的族人們，似乎總能跨越時代與制度的障礙，在商業經濟上有所作為。時至今日，晉江市東石鎮的蔡氏族人，更是在中國大陸各地，以及臺灣、東南亞一帶的商業社會中扮演著引人注目的角色。

清王朝於康熙年間統一了臺灣之後，福建沿海地帶居民遷移臺灣的現象日益增多。到了雍正、乾隆年間，臺灣的許多地方漸次開發，海峽兩岸之間的商業貿易和人員往來迅速發展，福建與臺灣兩地間形成了比較密切的社會經濟依存關係。在這樣的背景之下，自清代中期起，晉江東石蔡氏族人也紛紛投入到海峽兩岸間的商業航運以及其他經濟形式的經營活動之中。為了適應海峽兩岸日益頻繁的商業活動，他們曾以家族的力量，開發海港，由銀爐戶蔡達光發起，聯結原來不同支派的蔡氏為一族，在蔡層石故宅蔡襄祠遺赴上，同建東石蔡氏大宗祠，下分三房十柱份：長房——金埔、珠澤；二房——玉井、西湖、衍澤；三房——西霞、東埕、銀爐、庭窟。帶動其他各姓，疏浚一條長 2 公里，闊 60 公尺的海港，使航道從村前經過。「開新港、建大宗、號十房」，成為一

時盛舉。[59]

　　根據族譜的資料，清代晉江東石蔡氏家族各分房、各分支房中參與海峽兩岸間商業貿易活動的是大有人在。例如西霞蔡氏這一支，也是往台人數最多的一支。早在明末清初，鄭成功據東南沿海搞清時，其族人多有加入鄭軍者，後鄭成功渡台，族人隨去者亦多，「丁數幾於七百，丁錢三十多千」。而且分佈亦廣，「寓東瀛者，豈僅嘉、新、鳳、鹿，南路、北路、中路有其家」，居住較集中的是在嘉義新塭，虎尾寮、蚵仔莊。即今在新塭建有蔡氏西霞祠堂。在對台貿易中，蔡氏兩岸親緣關係，發展順遂。據說，西效當時一百餘戶，置有大小船 20 多艘。有陶記、隆記、升記等行號。[60]譜中多有族人經商的記載，如：

> 十三世蔡良禮，「青年往台，曾與英林鄉舉人洪尚年之祖在府合夥生理。」十四世蔡自軫，號欽舉，「為人忠厚至誠，有長者風，少年操舟往台，以樸實聞。行郊中以名妓試之，公力拒，自言生平無二色。其秉節之整如此。」。十六世蔡樹謀（1774-1832 年）「立宅建舟，箕裘遠超於前代；睦族敦宗，規模可法於後昆。」。蔡樹最（1777-1849 年）「弱冠後，往台行舟，遭洋匪之變（即蔡牽），……當匪之猖獗，沿海居民出洋貿易，被殺戮者指不勝屈，父（即樹最）能始終曲全，可謂明哲保身矣。」蔡樹雲，「乳名淡官，係遠端公之次子。……父遠端公早歲渡台，往南路蚵仔寮莊，以販魚為業。樹雲弟幼，奉侍母氏，極溫清定省之誠，備薪米甘旨之供。壯年欲隨遠端公往台，而心念母氏，不能膝下之暫離。……迨壬申丁父憂，備極哀哭辟踴之誠。因思父有遺業在台，遂決東渡，收拾舊物。……其周家姊夫吉官有船東渡，聘為出海，往來數遭，不辭風波，彼時稍得贏餘矣。……道光年間歲凶人饑，各處匪徒夜行劫搶，樹雲弟出首，會同族眾築牆周圍，又自日夜督巡不倦，鄉賴于安。蓋其誠恪素著，而信徒者眾也。

[59] 參見粘良圖：《清代泉州東石港航運業考析-------以族譜資料為中心》，載《海交史研究》2005 年第 2 期。

[60] 參見粘良圖：《清代泉州東石港航運業考析-------以族譜資料為中心》，載《海交史研究》2005 年第 2 期。

以後漸入佳境，開米鋪矣，置鹽埕坵矣，繼而建造油槺鹽棧，再造興隆、興晉、德發等號鹽船。克副壯年立志成家之願矣。……今觀其油槺中房屋四十餘所，西偏層樓，瞰海臨江，而可以登覽遠眺。東偏餘地，花柳竹松，而可以遊目賞心。牆外築池，引水養魚，而可以玩物適情。樹雲與弟朝夕優遊其間，行地仙也。高堂上滿眼孫兒，繞膝盈堦。」再如十七世的蔡得查，樹謀公次子，「弱冠時即知父母家計作艱，遂有經營四方之志，偕其伯兄德佳泛舟南北，操奇贏，頗獲三倍。……感奮成立，營建資產，幾埒伯仲。因經商鹽權，進接必具衣冠，故兄弟遵例捐名國學。」蔡德釵，「世以典商為業，家不中訾，而忠厚居心，有識者早知其後嗣之必昌者矣。迨公三子世煦叔以運鹽起家，為族中領袖。」蔡德仙，「為從兄德查公管理商務，凡諸義舉，必踴躍勸為。如前許君續修是譜，貲費不敷，賴公得以告竣。……君青年英偉，能知大義。持己以恭，接人以禮。經商則能權子母，晉接則無忝弟兄，作事有終，為人無偽。此時誠實可嘉，將來振興有兆。」蔡德杯，樹璉公長子，「號華昇。先輸貲本，倡建鹽埕，利我鄉族，功力非輕。」蔡德志，「志氣雄偉，好直言，而無機械。少年歷涉風波，建立家室。」十八世蔡世卿，「與諸兄立志經營，托足瀛海，創立良基，商賈中稱巨擘焉。」蔡世揉，「承父兄初創基業，中途家運稍落，與乃兄世煦操心慮患，立志恢復。未幾而家道複隆，竟遂厥志。……今階前梅子，或讀或商，各守其業，……門楣增光。」蔡世重，「雖身列商賈，有儒雅風度，工書劄，好行善事。」蔡世鋪，「壯年歷涉風波，建立家室，克副富裕之心。」蔡世禦，「與諸兄立志經營，托足瀛海，創立良基，商賈中稱巨擘。」[61]

東石蔡氏家族的其他支房也是如此。據《珠澤戶房蔡氏族譜》載：

蔡標強，「字伯堅，號義山，撥入住台後鎮莊，生乾隆四十一年，

---

61 以上均見光緒《西霞蔡氏族譜》，《世系》。掃描本藏廈門大學國學研究院資料庫。本文所引蔡氏族譜及其他文書，均由晉江市博物館粘良圖先生及蔡氏家族族人協助搜集提供，盧增夫和陳金亮二位研究生協助複製，特此致謝。

卒道光廿八年。小在家鄉雖不見異，及長而東渡經營台嘉之間，事事精詳，用是家道漸亨，子孫日熾。……昆仲或耕或商，各遵義訓。」蔡上虧，「好雅詩書，交遊多材人名士。……因家務冗繁，輟而就商，擇術亞于陶倚。蓋其氣質聰穎，心志專一，故凡有所習者，無不精也。」蔡觀比，「形美翁為人領袖，言出有章，終身不苟。……四子外出營謀，家之素封，恩及先訓。」蔡觀願，「少年乘舟貿易，身遊半天下，所到未嘗不大快人意。」蔡觀鏡，「其窮源溯本之念出於性生，而又不憚跋涉之勞，與觀葛兄、上各侄買舟渡台，仝往仝處。鳩金輯稿，俾外之裔孫咸知水源木本。」蔡觀辰，「好文事工書法，渡台為商郊司筆劄，與蘇淅郊遞寫往來，一時薦紳先生見之，莫不悅服，以為才子名士蔑以加也。且也雅量高致，仗義疏財。」[62]

再有玉井長房的蔡氏族人，《族譜》載第十四世道光年間的蔡章情、蔡章涼兄弟，由於經營海峽兩岸的商業而富甲一方。族譜稱蔡章情「爲人重厚簡默，悃愊無華，其建立基業，尤能承厥父志，巨集敞規模。故當經營創始，雖櫛風沐雨，而不辭辛苦。迨至開導財源，即戴月披星而無難色。宜乎及身得享其安康，而奕世能恢其統緒，門閭光大。」其弟蔡章涼，族譜稱其「自來建非常之業者，其人類多拔萃超群。……自少壯之時能與父兄竭力經營，卒成巨富。故鄉党戚族間無不資其優渥。然見義必勇爲，處身多質樸，雖時値繁華奢麗，而家道總不失其檢約之風，宜其富澤長享，而後嗣永葆其豐享。」[63]而玉井二房的蔡氏族人，在清末民初時曾以「蔡玉記行」而聞名於海峽兩岸。該商行從咸豐年間到民國初年，經營了八十多年。玉井房十四世章昆（1817-1897 年）、章灣（又名樹滋，1822-1891 年）、章葉（又名樹枝，1825-1891 年）三兄弟，得其母舅白沙謝家提攜，章昆以勤積起家，始置有鹽場、牛磨、糕果店等業。弟章灣初販賣糕果。之後兄弟在東石合建玉記、玉勝商行。據《東

[62] 以上均見光緒《東石珠澤房蔡氏族譜》，《世系》。掃描本藏廈門大學國學研究院資料庫。
[63] 晉江《東石玉井蔡氏長房三惟哲公派下家譜》世系，第十四世，不分卷。掃描本藏廈門大學國學研究院資料庫。

石港史研究資料》載：玉記開創於咸豐八年（1858 年），初隻置船「瑞合」號，至同治十三年（1874 年）連續增置了「同春、萬春、茂春」三艘大帆船，北上天津、牛莊、煙臺，南下新加坡等東南亞地區貿易，尤其是從事泉州、廈門至臺灣三地間的貿易。最盛時擁有 14 艘載重七、八千擔的大烏槽，每船有 20-30 名船工。東石後湖和石菌村爲玉記船員約有百人以上。而玉勝記亦有烏槽 10 餘艘。[64]

　　清代康熙年間以降，是泉州沿海商人從事海峽兩岸商業貿易活動比較繁榮的一個時期。特別是海峽對岸臺灣島的開發，爲泉州沿海商人的經濟經營提供了廣闊而相對便利的活動空間，沿海商人因而致富者不在少數。晉江縣沿海東石鄉的蔡氏家族族人，便是在這一時期內大力開拓往來於海峽兩岸的商業貿易及其他的產業經營的。這個家族族人遷移臺灣的歷史，可以追溯到明末清初時期，其分佈的地點主要是臺灣中部的嘉義縣一帶。根據族譜中透露的資訊，族人們涉足於海峽兩岸間的商業活動，大致是從雍正、乾隆年間開始的。其間雖然也有許多挫折與反覆，但是一直到清代末期乃至民國前期，蔡氏家族族人們在海峽兩岸間的商業貿易等活動的經營過程中，基本上可以說是取得了較大的成功。

　　清代晉江縣東石蔡氏家族的商人們，雖然是在相當程度上受到臺灣的經濟開發以及沿海居民向臺灣遷移潮流的激勵，紛紛投身於海峽兩岸之間的航運貿易活動，但是他們的經濟活動並不僅僅只限於泉州與臺灣兩地間的往來。由於海上交通的便利，清代泉州東石蔡氏家族的商人，其所從事的商業經營的活動範圍，在以對渡福建與臺灣的海峽兩岸航運貿易爲核心的基礎上，南面兼及南洋區域，北上則販運於沿海各口岸。而在另一方面，儘管泉州晉江東石蔡氏家族商人的活動範圍比較廣闊，但是其在泉州祖家的鄉族，始終都是他們從事海內外商業活動的軸心點。換句話說，他們立足於自己的家鄉，根據不同的商業經營內容，而四出運銷貿易，最後又盡可能地回到自己的鄉族。而隨著福建與臺灣海

---

[64] 以上見蔡氏各族譜世系所載，又粘良圖：《清代泉州東石港航運業考析——以族譜資料為中心》，載《海交史研究》2005 年第 2 期。

峽兩岸之間商業航運事業的擴展，他們與臺灣經營地的關係日趨密切，部分家族商人也會步那些以農業墾殖經濟爲核心的鄉人、族人的後塵，逐漸留居於臺灣，成爲臺灣經營地新的居民。[65]於是那些以赴台從事農業墾殖經濟爲核心的族人，與這些以從事海峽兩岸間航運商業貿易經濟爲核心的族人，共同組成了清代蔡氏家族族人遷移臺灣的兩個組成部分。這種狀況，大體也能夠體現了清代泉州沿海地帶居民往來臺灣以及遷移臺灣的一般情景。

二、蔡氏族商的財產結構

清代泉州沿海商人這種以自己祖家鄉族爲軸心點的經營空間概念，勢必使得他們無法脫離與家鄉土地的關係。商人們在家鄉擁有土地，一方面可以是他們從事財產經營的一個組成部分；而另一方面，家鄉的土地往往是他們從事財產經營的最後避風港。因爲只要不完全放棄家鄉的土地，他們即使經營商業等活動遭受失敗，也依然有著經濟上的最後一道保障。正因爲如此，自宋明以來，泉州沿海的商人們，每當社會環境較爲適合於商業活動的時候，他們就伺機而動，在商業貿易的經營活動中尋求發家致富的門道；而當社會環境不能適合商業活動的時候，他們可以固守家園，以農業的收入維持生計。數百年來，泉州沿海地帶的商業環境及商業活動出現了多次週期性的高潮、低潮的變化，但是人們對於家鄉土地的佔有格局及經營方式，卻基本上沒有發生十分明顯的改變。同樣地，當商人們到了臺灣新的經營地之後，由於這時候的臺灣是一個正在開發的區域，有著優良的農業生產環境和相對良好的商業經營環境，他們也會在經營商業航運的同時，涉足於土地田園以及魚塭、鹽埕這些與土地有著密切關係的不動產的購置與經營。

---

65 清代東石蔡氏家族商人的經營範圍及內容，與同時期泉州府晉江縣沿海的其他商人基本相同，都是以海峽兩岸間的商業貿易爲核心的，具體情景可參見拙著：《清代泉州晉江沿海商人的鄉族特徵》，載《清史研究》（北京）2008 年第 1 期。

　　根據新近發見搜集來的晉江縣東石鄉蔡氏家族文書的內容看，這個家族中的不少族人雖然由於從事海峽兩岸及其他沿海其他區域的商業貿易與航運業，積家巨萬。但是立足於土地經營以及多種行業兼營的現象，卻是相當普遍的事實。這裡，我們就根據蔡氏商人後裔現在所保存下來的部分契約文書作為例證，來觀察當時這些從事海峽兩岸間航運貿易活動的商人的田地置產情況。現存的契約文書表明，從清代前中期至清代末期，蔡氏商人購買交易與田地有關的產業幾乎沒有停止過。試看清代後期的三紙契約文書：

（一）

> 立賣洗絕斷根契字人十都東石鄉本鄉紙厝戶黃章嬸蔡氏仝其子黃婿良、針良，有承祖父應份民地一坵，受種子一斗二升，土名坐在陳厝坑田墘。東至田，西至蔡家地，南至溝仔，北至蔡家地，四至明白。今因欠銀別置，母子相議托中引就與玉井戶蔡府袞官處賣出洗絕斷根契銀八十兩正。其銀即日全中收訖完明，其地聽銀主管種鋤耕，永為己業，不敢阻當。日後不敢言找，亦不敢言贖，保此地系是自己物業，與房親伯叔兄弟侄無干，亦無重張典掛他人不明為礙。如有不明，賣主抵當，不干銀主之事。而至於倉糧聽其收入，不得刁難。此係兩願，不敢異言生端等情。恐口無憑，立洗絕斷根契字一紙付執存炤。
>
> 道光二十四年□月
>
> 立賣洗絕斷根契字人　黃章嬸蔡氏仝其子婿良、針良
>
> （下略）

（二）

> 立賣盡斷根契字十都東石鄉西郊房蔡寧良、造良，有承父祖應份海埭鹽間一座，土名坐在田埭中岸，東至自祐兄鹽間，西至自偁兄鹽間，南至河溝，北至滴水，四至明白。今因欠銀家用，托中引就向與井房家（蔡）葉良處邊賣出番銀三十大員，其銀即日全中收訖明白，其鹽間聽銀主前去掌管，永為己業，不敢借言生端。保此鹽間係是寧良、造良兄弟自己物業，與房親伯叔兄弟侄無

干，亦無重張典賣他人不明為礙。如有不明，賣主出首抵當，不干銀主之事。恐口無憑，今欲有憑，即立賣盡斷根字人一紙付執為炤。

同治十年六月

日全立賣盡斷根字人　蔡寧良、造良

（下略）

（三）

立賣盡絕斷根契字人玉井戶蔡玉璽，有承父祖自置海埭一坵，受種子六升，土名坐在礕穀埭內。東至玉井戶蔡桶哥地，西至西郊玲哥地，南至且哥地，北至西宅戶蔡康哥地，四至明白。今因欠銀別用，托中引就願將此地向賣與玉井戶蔡葉叔處邊賣出盡斷根銀一十四員，其銀即日全中收訖明白，其地聽銀主管耕永為己業，一賣千休，日後璽良子孫不敢言貯，亦不敢言贖，亦不敢生端異言等情滋事。此是二比甘願，各無反悔。保此地係是璽良自己物業，與至親房親伯叔兄弟侄無干，亦無重張典掛他人不明為礙。如有不明，賣主出首抵當，不干銀主之事。此係兩願，恐口無憑，今欲有憑，立賣盡絕斷根契字一紙付執為炤。

光緒四年二月

日立賣盡斷根契字人　玉井戶蔡玉璽

（下略）

　　清代福建沿海地區素來人多地少，但是由於蔡氏家族的商人們擁有比較雄厚的財力，因此他們在購買田地、鹽埕、海埭等方面，具有比較明顯的經濟優勢。一般說來，商業航運經營比較成功的族人，往往也就成了鄉族地方佔有田地等產業比較多的富戶。這種情景在他們的新經營地臺灣也是如此，我們在現存的契約文書中，同樣可以看到許多購買、典當當地田地、魚塭、鹽埕的記載。如道光四年（1824 年）的鹽埕交易，「全賣杜絕盡根鹽埕契人大坵田保布袋嘴莊陳不有自置洲南新場第五甲鹽埕一副，□坎十格，水埕五坵，東至公溝，西至塭，南至蔡世埕，北至柯德埕，四至明白為界。今因無力煮曬，全副將埕南勢五格並水埕

半副、倉地半間，其未分倉地亦各均分一半，先問問房親人等不承受外，托中引就與本莊蔡樹情出頭承買。三面言議時價契佛面銀一百大元。……」道光二十一年（1841年）購買塭地的交易，「立賣斷盡根字人龍蛟潭崩山莊蕭水全祖媽張氏有翁天祖創置北中橫塭應份，……托中引就向與大坵田保布袋嘴莊蔡天願處，賣過盡根銀二百十二員正。……」再如道光二十三年（1843年）典買田園的交易，「全立胎借字人牛朝溪保月眉潭莊林微、林環兄弟等，有承父置買李家、林家底田園六坵，丈各五分，合成一甲。……托中引就與笨港街蔡玉成號胎典借出時平佛銀一百大元。……」[66]

這些資料表明，無論是在福建泉州晉江祖家，還是在開設商行（如上引契約中的「蔡玉成號」）的臺灣，與田地相關的不動產業始終是蔡氏家族商人財產經營中的重要選擇之一。蔡氏家族現存有一紙清代咸豐年間在台商號清算的契約文書，其中言及蔡氏家族的「源利號」商行，原由族人蔡進益、遠順、遠基、遠進等人與家耽叔等在臺灣嘉義縣鹽水港後街開張「益成號」生理。迨至道光廿七年停止憑賬核結。除了店鋪、來往資金、存貨諸款外，還有多處田地埔園，「統計共四宗，契面銀五百三十五員，印白契共十九紙。茲同公見，隨即付佃招耕，踏明界址，交付『源利號』前去掌管招佃耕作收稅。……」以上四宗埔園面積合計四甲九分，折成清代通行的計量方式約六十餘畝。由此可見僅「源利號」所屬的「益成號」一處商店，就有如此之多的田園，則當時蔡氏家族商人在投資土地田園等方面的資金，應該不在少數。

《東石玉井蔡氏長房三惟哲公派下家譜》附有一紙蔡章情、蔡章涼兄弟的分家鬮書，可以比較清楚地反映出這對商人兄弟的財產結構情景。鬮分頗為冗長，舉二房蔡章情的應分數額為例：土地田園部分多達八十餘款，不具抄。請看與商業經濟有關的部分：

> 豆寺新埤鹽埕二所，共五十八坎，……
> 鴉哥新埤鹽埕三十坎，

---

[66] 以上契約文書電子掃描本藏廈門大學國學研究院資料庫。

郭嶺企官壁穀堆鹽埕四十一坎，
楓哥新堆鹽埕三十八坎，
郭嶺渺哥郭嶺堆鹽埕二十八坎，
闖哥新堆鹽埕二十坎，
打厝針哥沙崗尾鹽埕二十四坎，
東蘇光升新堆鹽埕三十坎，
店角哥合耕潤沙崗尾鹽埕四十七坎，
祐哥新堆鹽埕二十坎，
勝發船應得三十分，
滾哥新堆鹽埕一十六坎，
復慶船，
復順船，
復發船，
下新厝西畔九架三間張二進一座全，（以下房厝九款從略）……
厝後鹽間一小座，長間頂劉連至礁間為界全，
灰窯前七架三間張透岸厝地一所，啟明厝後鹽間一座全，
東埔鹽間下紮一半全，
五升號租店一間，
鰍老租店一連二三房均分，
埔仔內頂面石礐一個，
舊埔石礐一個，
河婉厝東邊石礐一個，
東埕埔石礐一個，
東宅頭大石礐一個，
過港大鹽間東畔一座，
長鹽間一連，（以下又厝地三款從略）……
河叔蟶坪一所，
東路蟶坪西至為界，
船料對半均分明白，
九架二進五間張連石庭以作書房公正，
公項缺對瑞瑛長息現還明白，

> 益利號、廣利號光緞哥數項公侵公坐，
> 義成生理對半，
> 一地田園鹽埕塭生理店屋公正候分，
> 湖頭油車及田地對半均分，
> 瑞瑛船對半均分。
> 再批與六夏、益利、合泉、廣利算數如有侵項他著支理，光緞數
> 項六合得三，五美得一。
> ……[67]

　　蔡章情、章涼兄弟的分家鬮書，基本上按照中國家族制度下的公平
劃分原則寫成的，各自所分得的土地田園及各種船隻、商號、鹽埕、店
屋等大體相同。從這鬮書中可以十分清楚地瞭解到他們雖然在航運商業
等方面有著諸多的財產，同時也擁有著為數不少的土地田園池塘的財
產。他們所擁有的財產是多方面的，並不僅限於商業上的收益。當然，
上舉蔡章情、章涼兄弟是在商業上取得重大成功的例子，他們甚至可以
自己開設某些商品製作的作坊，如織布、榨油、制糖等生產性的事業[68]，
以及資金調劑借貸的典當行等，[69]因此他們所擁有的財產更具多樣性。
然而即使是一般的小商人，他們為了保障財產的穩定性，在經營商業活
動的同時，也是不會輕易放棄對於土地田園的經營的，既農亦商是這裡
一般商人家庭的普遍奉行的經營原則。可以說，財產結構的多樣性，是
清代晉江東石蔡氏家族商人的一個基本特徵；甚至可以說，財產結構多

---

[67] 以上鬮書引自晉江縣東石鄉《東石玉井蔡氏長房三惟哲公派下家譜》卷末，電子掃描本現
藏廈門大學國學研究院資料庫。

[68] 在蔡氏家族商人的文書中，可以看到經營油車等的記載。又根據粘良圖先生的調查，蔡氏
商人曾經創辦有「源昌織布局」，見粘良圖：《清代泉州東石港航運業考析──以族譜資
料為中心》，載《海交史研究》2005 年第 2 期，第 91 頁。

[69] 在蔡氏家族商人的文書中，有一部分是典當鋪的借據，如光緒二十三年「源豐船」向「蔡
玉記號」的借據：「茲借過家玉記號來清銀五十員，每元各重七錢二分八厘，計得庫平三
十六兩四錢正，其項面約候源豐船回港母利一齊清還，不得異言。立單為據。其項面約算
山利此照。」所謂「家玉記號」指的是在晉江祖家分店中所借，而在臺灣分店中所借，則
稱「在東」，如：「茲在東借過蔡玉記寶號來番銀二百員，庫平一百三十八兩。約每月每
員行利一分四厘正，限至□□母利一齊清還，不得短欠。恐口無憑，特立借單一紙付執為
照。光緒八年八月十九日立借單蔡世杖，中保人黃烏蚶。」

樣性是清代福建沿海商人的一個具有普遍意義的基本特徵。

三、蔡氏族商的資本組合

立足於鄉土家族的泉州晉江沿海商人，既農亦商的特徵十分明顯。而自清代以來往來於海峽兩岸之間的經營貿易，特別是航運業的經營，是一種成本既高、風險又大、利潤相對豐厚的社會經濟活動。一般的既農亦商的族人，並不一定一開始就具備雄厚的經濟實力，獨自投資於諸如建造商船、雇傭船工這樣的大規模經營。我們曾經見過一張光緒年間的買賣船隻的契約，所謂「立賣盡船字人泉州晉邑寬仁鋪奏魁境黃來年，有承父己置商船一隻，給領晉江縣牌照益字三百十六號，配領小晉易關牌益字第一號，牌名『金鴻毛』船。……今因來年欲別置生理，奉母命是即托中引就願將此船以及桅舵椗帆巾索路舢舨一切等物，向與本邑東石鄉蔡玉記號處，全中三面議定賣盡船價銀四千九百五十大員。……」[70]再如蔡氏商人與黃氏商人合開「張源興杉木行」，所需資金也是數千員之多。光緒年間黃氏商人因為要「別建生理」，把在「張源興杉木行」內的資金退出，雙方立有退股契字云：「立退股字人十都東石鄉鼇頭境涵記號黃履和等，先父在日於丙申年有興玉號合夥開張源興杉木行，涵記落出本銀二千員。今欲別建生理，兄弟侄及弟婦等相議，即將所落源興本銀二千員並丙申至辛醜長息一盡抽起銀項立即收清完明。其源興足歸玉記自己開張，不干黃履和等之事。倘源興前如有收銀單及結冊，日後做為廢紙。特立退股字一紙付執為據。」[71]從以上契書中可以瞭解到，商人們投資一隻普遍的舊商船，或開展一間杉木商行，就需要銀兩大約五千大員左右，則如此龐大的資金，斷非一般的中產家庭所能籌措，更遑論擁有數隻或十餘隻商船，以及開辦商行、郊行了。

為了解決這一資金或者說資本上的問題，在較多的場合，商人們就是採取集資合股的形式。若干個家庭，或者是若干個商人，把各自有限

---

[70] 契約文書電子掃描本藏廈門大學國學研究院資料庫。
[71] 契約文書電子掃描本藏廈門大學國學研究院資料庫。

的資金集攏在一起，形成一定的規模，從而才有可能從事諸如建造船隻、開設商郊這種較大規模的產業經營。關於這一點，我們實際上可以從上面所引用的晉江縣蔡氏家族的「貳房章情派下鬮書」中看到不少相關的記載。

事實上，集資合股經營是中國傳統商人特別是明清時期商人的一個比較普遍的資本運作方式。然而我們從清代泉州府晉江縣沿海蔡氏家族族商所遺存下來的相關契約文書中進行分析，不能看出在鄉族、家族的框架下，這種集資合股的資本組合方式，還是有其某些值得引起注意的地方。

一般而言，當某些鄉人、族人起意投資於商業或航運業活動的時候，限於資金的短缺和急於開張營運，起初對於資金的來源相對寬容，刻意的選擇及限制也相對較少。因此在初始階段，資本的組合，除了本家族的族人與親戚友好之外，也可能兼及鄰近的同姓或異姓的鄉人，甚至鄉族相距較遠的其他姓氏的商人。

中國傳統商人資本進行集資合股經營，存在著一個難於克服的弊端，這就是這種集資合股，缺乏應有的制度性保障和可以進行有效監督的運營機制。這樣的集資合股，更多的是建立在鄉鄰間的相互信用之上。然而這種未能得到制度性保障的民間信用，在許多場合裡是不太可靠的。於是，集資人之間的相互猜疑，甚至營私舞弊的現象是在所難免的。久而久之，集資人之間的合作難於長期維持，不歡而散甚至撕破臉面訴訟公堂的事情時有發生。

集資合股的商人們在經過一段時間的經營之後，逐漸領悟到與那些地緣、血緣越疏遠的異姓商人聯合生理，發生矛盾的可能性越大。解決矛盾的可能性也越小。而地緣、血緣越親近的商人，由於有著一定程度上的鄉族特別是同家族中制度上和道德上的約束，集資合股的信用度就相對地能夠得到某些鄉族關係上的保障。因此，隨著時間的推移，晉江蔡氏商人的集資合股，有著從疏遠聯合逐漸向鄉族內部族人親戚間聯合的趨向。這裡，我們從蔡氏商人嘉慶年間投資於臺灣嘉義縣魚塭的合股

經營中看出這種趨向。

　　蔡氏家族族人自清代乾隆中後期開始遷移臺灣以來，一直在海峽兩岸間從事商業、農業、航運業的各種經營。嘉慶年間，嘉義縣一帶的養魚業前景良好，蔡氏族商抽出部分資金，開始投資於養魚業，也就是臺灣民間文書中所提到的魚塭經營。魚塭經營既要購買土地魚塭及其他配套設施，又得雇傭養殖工人，同樣也是一種較大規模的投資，集資合股的經營形式相當普遍。乾隆年間，蔡氏族人也同郭、謝、陳、顏、溫、王、蕭等不同姓氏的鄉人們合作，在嘉義縣大邱田堡北中橫地方共同投資於魚塭的開發。為了能夠比較長久地維持這種異姓合資的經營方式，他們在制訂相關的合資及獲利規則之外，還特別共同簽署了一份類似於誓辭的規條文字，試圖從道德的層面來約束各自的行為，維持合資經營的長久性。該規條云：

> 為嚴肀禁以儆盜風而安產業。蓋聞出入於友守望相助，耕者既篤同居之誼，而輔車於依、唇齒相連，漁者務守同業之情。我北中橫塭自開基以來，本屬一體。及今鹿料雖有親疏異姓之別，而我登瀛乃是兄弟昆仲之親。魚蝦生而貨財殖，雖非慢藏誨盜，既得隴而望蜀，誠恐殃及池魚，屑小行竊，既往，勿追，壟斷而登，後車當鑒矣。爰是集同人共商盛舉，大申盟誓，以警將來。集眾立以規條，垂永遠而昭誠信雲爾。[72]

　　從上引文字中可以看出，這紙盟誓規條是在眾姓合股經營過程中出現了某些私竊侵佔的事情之後再集合各股東商議以警將來所制訂的。可見在此之前，眾姓合股經營中出現不和諧的現象早已出現。規條制訂之後，依然無法制止這種不和諧現象的再次出現。而在另一方面，各個合股的股東，往往也難於長久地保存自己的股份，當遇到家庭變故、資金短缺，或另有生理設想時，這些股東往往需要出賣自己的股份以籌集急需的資金。這樣一來，合股股份的買賣轉移以至兼併是不可避免的。

　　在異姓合資經營比較容易出現不和諧現象以及股份時有轉移的情

---

[72] 該盟誓規條電子掃描本藏廈門大學國學研究院資料庫。

況下，就給一些資金比較雄厚的股東提供了收購兼併股份的時機。於是，從嘉慶後期始，蔡氏族商便利用借、典、買、斷等方式，逐漸從原魚塭主人郭、高、王、謝、顏等姓氏手中獲得魚塭的大部分股份，如道光十八年（1838 年）的一紙購買魚塭契約，便是蔡氏族商以商號「源利號」的名義進行交易的：

> 全立賣塭契人大坵田保內田莊高旺良、三良有承父創置中洲塭一口，起四至登載大契上。其塭內作八份，旺、三應得一份。今因欠銀別用，旺、三兄弟共議願將此塭出賣。先問盡房親人等不能承受外，即托中引就與本保布袋嘴莊蔡源利號處承買，著下時價佛銀一百二十大員。此塭原向謝家承買，此塭始系□小時與賣主合夥人等公同言議，將此塭開築廣大，其築用工本日後贖回，此塭應份坐還時，須經向謝家理算工本，添典契字抵為先出工本。此系二比甘願，即日同中收過契面佛銀一百二十大員，其塭隨付蔡源利號前去管掌耕作收息，任從其便，不敢阻當。保此塭係是旺、三同胞兄弟承父創置之業，與房親人等無干，亦無重張典掛他人不明及交加來歷不明等情。如有不明之事，旺、三胞兄弟出頭抵當，不干銀主之事。其塭如謝家要贖回之時，聽旺、三胞兄弟備足契面佛銀取贖原契，不得刁難。如謝家不要取贖，旺、三胞兄弟子孫人等不得言贖，亦不得言找。恐口無憑，此系兩願，各無反悔異言生端等情。恐口無憑，故立賣契字一紙並連共上手契一紙付執為炤。
>
> 道光十八年正月
> 賣契人內田莊高旺良、三良（下略）[73]

由於從嘉慶年間開始，蔡氏族商刻意地要獲得這塊魚塭的產權和經營權，因此經過十餘年的不斷努力，到了道光年間，這塊魚塭的大部分股份，就基本上由蔡氏族人以及與之有比較密切關係的親戚所掌握。道光二年（1822 年）十一月魚塭原主人郭玉川、謝管計等，在簽立的轉

---

[73] 本文契約文書電子掃描本現藏廈門大學國學研究院資料庫。下文如無特殊需要說明處，不再注明出處。

讓契約中寫道:「竊謂力小不堪重任,份少無難辭責,見小必致失大。自我塭開基嘉慶年間以來,歷冬統計長不抵缺。邇來數年中魚蝦聚少,工資費多,塭冬甚是不利。……爰思塭夥中有能支持不敝者,惟蔡由一人,以言人力財則冠諸夥,一遇塭岸被損,可以隨時抽銀前來濟急。……就此同計長久之利,同訂公平之議,知責任宜專,原將各人塭份盡贌與蔡由管顧,聽其經營生息。……」這樣到了道光後期,這塊魚塭的所有權人,就大多集中在蔡氏族人身上。蔡氏家族文書中有一份魚塭的股份記錄:

保祐大稅八十五厘,　　　　　任叔、儕叔大稅五十厘,

薦叔、居叔、午叔共大稅一份,　儕叔大稅六十六厘,

替瑞大稅二份,　　　　　　　顏陶哥大稅七十五厘,

景光大稅一百一十厘,　　　　玉挑哥大稅五十厘,

由叔大稅三份,　　　　　　　榜舍大稅一百一十厘,

篤叔小稅五十厘,　　　　　　玉等叔小稅九厘,

由叔小稅一百一十五厘,　　　蘭哥小稅一百一十五厘,

玉川小稅一份,　　　　　　　儕叔小稅一百一十厘,

立哥小稅二份,　　　　　　　顏陶哥小稅九十八厘,

榜舍小稅六十厘,　　　　　　景光小稅一十五厘,

過哥小稅三十厘,　　　　　　保叔小稅六十六厘,

任叔、儕叔小稅三份。[74]

從這分記錄中可以知道這塊魚塭除了大股東「源利號」、「玉記號」等蔡氏商號之外,還有大小股份即大小稅二十三份,其中有十六份分別由所謂的「叔」、「哥」等同家族的人所掌握,而其他未注明「叔」、「哥」的股份持有人,僅有七人。而在這七人中,也不能排除其為蔡氏家族親戚的可能性。因此從整體上講,這塊魚塭的合股經營,基本上已經縮小到蔡氏家族的範圍之內。

商人資本的集資合股比較集中在家族或有著比較密切關係的鄉族

---

[74] 以上魚塭股份記錄電子掃描本藏廈門大學國學研究院資料庫。

範圍之內，對於投資的商人來說，自然有了較高的可靠性。一旦出現資金股份上的糾紛，往往可以借助家族或鄉族的力量，進行調解處理[75]。然而作為每一個具體的資本擁有者而言，首先需要考慮的還是自己股份的權益能否得到切實的保障，甚至能否在所合股的商業運作中，佔據最有利的控制支配權。這樣一來，儘管是家族或鄉族內部的集資合股，股東們完全一條心的現象也是不太可能出現的，相反的，相互顧忌與摩擦在所難免。這種相互顧忌與摩擦的情況，我們往往可以從商人們在與自家至親的信件中得到證實。商人們在與其他股東的交往中，內心世界不太容易完全敞開的，而當在沒有外人的情景下，對於至親的講述就可以比較地無所顧忌。請看蔡氏家族商人甥舅間的信件，其中就涉及到許多關於與他人合資時所遇到的種種不快。該信件略云：

> 稟者茲接瑞瑛船帶來台諭諸事領詳。云及起店一事，係是被輕貨所迫無處借棧，現宮口店稅銀高價，愚甥打算前年益利經買許炭草店一間，曲被風雨損失物件太多，即將草店解損免致輕貨損失之誤。……前月益利辦杉木來台，曲遇囤積，無客承接，即將他杉木取來自用，以此兩便。而願弟在台經買磚石在行，亦自言及要起。愚甥非敢自專，若算損失貨物，曲無甚誤。所諭財帛宜該把管檢點，但願弟前年要回唐之時，即將玉成、廣利財帛點交愚甥收管，其益利財帛自光段亡故之後，經交廷伯收管，而願弟在苯亦無言及。尚且益利數目不肯付閱焉，肯將財帛付甥檢點，亦是難事。若要查點他銀額，但恐後來起不良之心，致此有誤，專候東家來台另行設法。而廣利數金騰官尚結未明，甥欲要傳一人將玉成、廣益利三號數目結明付回，但廷伯雲及若要結此數，須著天願官到台即結的明白。茲聞演哥言及廷伯付他言及辛金，……如無辛金定著，焉肯將數付甥結核。而玉成、益利數目又是依父子管賬，實是千難之事。……咱去年與諸號合作油車，實是咱自買軋油根本，而且在本無機車尾，又自記機車底本，甥

[75] 參見陳支平：《清代閩台商人間經濟糾紛的案例分析》，載北京《中國經濟史研究》2008年第3期。

舉此事諒無差錯。曲有長些少利，候本號數結核回奉閱便知。……
願弟或進弟來台收管財帛辦理諸事，甥方得回唐，免致家母懸
望。而鹽朴數項，候瑞瑛船輕貨出完，即要往討。……[76]

在這紙信件中，我們可以瞭解到蔡氏商人在臺灣和福建祖家經營著玉成、廣益、廣利等家商號，以及瑞瑛等商船。而其中參與經營的人有所謂的甥、舅，及願弟、進弟和廷伯等人。從這些稱呼上看，無疑都是鄉族中的族人與親戚關係。但是各自對於生意上的往來帳目，確是相互各留一手，不肯坦然相對。特別是當提及「去年與諸號合作油車」的時候，這位「甥」一再強調雖是集資合股，但自家可以擁有可靠的控制權，因而「舉此事諒無差錯。曲有長些少利，候本號數結核回奉閱便知」。從這些信件中，可以比較真實地反映了當時商人們在進行集資合股經營時的真正狀況與心態。我們在蔡氏族商的家書中，甚至還瞭解到族親之間相互懷疑與外人相勾結的情景。如蔡玉成號商行經理寫給蔡天願頭家（即老闆）的信中，曾這樣說道：「前因新營沈四爺與聱叔及德成號應哥與沈朝佐舍私相受授取銀一節事情，自去年五月間末奉命趨至新營公館與四爺面相調停一層，他甚然大慨許諾。末回鹽（水港）向德成號家長勞伯相商，此事必著與他完局了事，免得異日再生禍端。斯時勞伯亦聽咱勸甚然，爰得完局。誰想聱叔聽賠舍主騷，不肯與新營調停，至今原性不改，均聽外人主宰。」可見雖同為族親，但是意見不合、各有異心，對於商號的經營依然是相當不利的。

正是由於商人們的集資合股缺乏制度性的保障，各自在經營的過程中存在著諸多的不便，因此，當有的商人的資本積累達到相當規模時，這種資本較為雄厚的經營者，就不能不更加嚮往於自己的獨家經營。在資金充足的情況下，他們往往會利用其他合股者資金短缺或遇到其他家庭困難的時機，予以購買兼併。而這種資本的兼併物件，可以不論是外

76　蔡氏家族信件亦由晉江市東石鄉蔡氏家族及晉江市博物館粘良圖先生提供，由研究生盧增夫和陳金亮協助收集，特此致謝！所有電子掃描本均藏廈門大學國學研究院資料庫，以下不再注明出處。

姓人，或是本鄉族的族人親屬。清代後期，晉江東石蔡氏家族中的蔡樹
涼父子、章灣兄弟等經營兩岸商業貿易致富，他們就經常引用自己的雄
厚資金，收購兼併其他商號，包括他姓與自己鄉族內的集資股份。如收
購兼併吳姓的油車契約：

> 立盡契人加（嘉義）城林內莊吳春、吳英有承父自置油車一座，
> 並地基器俱，全在樸仔腳五甲境，土名新店屋，坐北向南，四至
> 俱載明在原典契上為界。今因欠銀別用，再托中引就與樸仔腳新
> 成號出首承買，三面言議公估時價銀三百五十元。其銀即日全中
> 收訖，立將此店及器俱點交銀主前去掌管，聽其開張，或交收稅，
> 任從其便，勿敢刁難。保此業系自置之業，與房親人等無涉，亦
> 無重張典掛不明為礙。如有不明，春、英出首抵當，不幹銀主之
> 事。日後不得言找言贖。此系二比甘願，各無反悔。恐口無憑，
> 合立盡契一紙付執為炤。
> 即日全中收過契面銀三百五十元□□足再炤。
> 咸豐十年□月
> 日立盡契人　吳春、吳英
> 為中人　戴義
> 知見人　李氏
> 代書人　蔡詳

再看收購兼併黃姓人的杉木行合資股份契約：

> 立退股字人十都東石鄉鼇頭境涵記號黃履和等，先父在日于丙申
> 年有與（蔡氏）玉記號合夥開張源興杉木行。涵記落出本銀二千
> 員，今欲別建生理，兄弟侄及弟婦等相議，即將所落源興本銀二
> 千員並丙申至辛丑長息，一盡抽起銀項立即收清完明。其源興號
> 歸玉記自己開張，不幹黃履和等之事。倘源興前如有收銀單及結
> 冊，日後作為廢紙。特立退股字一紙付執為據。
> 光緒二十七年辛丑葭月
> 日立退股字涵記
> 黃履和書

> 再者源興、順興、禮記行帝君宮口埕並塢原契面銀按六份，涵記
> 應二份，的銀三百七十元，懇玉記坐大歸一，銀項立即收清。其
> 禮記行帝君宮口埕並塢，聽玉記管掌為業再炤。

　　本家族內的合資股份也是如此，如上面所講到的坐落臺灣嘉義縣布
袋嘴莊的養魚魚塢，先是外姓人的股份居多，逐漸地被蔡氏家族的人購
買，以蔡姓人的股份占大部分。隨著蔡樹涼父子的致富，許多蔡姓族人
的魚塢股份，亦逐漸為蔡樹涼父子所購買兼併，如下面的賣塢契約：

> 仝立賣塢契人大坵田保布袋嘴莊蔡樹滾，有同胞兄弟創置中洲塢
> 一口，其四至登載大契內。上作八份，滾兄弟應的一份。今因欠
> 銀別用，滾仝胞侄盆、惹、畔共議，願將此塢出賣。先問盡房親
> 人等不能承受外，即托中引就與本族樹涼承買，著下時價銀一百
> 二十大元。此塢原向謝家承買時價契面佛銀六十大元，其塢始係
> 夾小時與賣主合夥，人等公全言議將此塢開築廣大，其費用工本
> 日後贖回之時應份坐還。時欲徑向謝家理算工本添典契字抵為先
> 出工本。此系二比甘願，即日全中收過契面佛銀一百二十大元，
> 其塢隨付樹涼前去管掌耕作收息，不敢阻當。保此塢系是滾仝胞
> 兄弟創置之業，與房親人等無干，亦無重張典掛他人以及交加來
> 歷不明等情，如有不明之事，滾仝胞侄出首抵當，不干銀主之事。
> 其塢如謝家要贖回之時，聽滾仝胞侄等備足契面佛銀取贖原契，
> 不得刁難。如謝家不要取贖，滾兄弟子孫人等不得言贖，亦不得
> 言找。恐口無憑，立賣契字一紙付執為炤。
> 道光十八年二月
> 日立賣契字大坵田保布袋嘴莊蔡樹滾（下略）

　　到了咸豐年間，蔡樹涼更趁魚塢遭受颱風襲擊，「歷年統計生息難
抵使費，蓋由風雨不調，魚蝦聚少故也。不虞本年狂風海漲，浪濤衝擊，
以致塢岸盡為崩壞，一望無際。乃諸股疊經集議重新修築，眾皆憖安而
不前」，遂將魚塢獨資承包下來，自己雇工經營。「傾家鳩出多本，雇工

重作大岸，添築小岸，載林木以蔽海潮，始免崩廢。」[77]這樣，這塊魚
塭的經營權經過了近百年的合股股份輾轉之後，最終歸併到了蔡氏商人
蔡樹涼的手中。當時蔡樹涼與族人蔡光緞、蔡淺水、蔡剪、蔡丕、蔡景、
蔡取、蔡敬天、蔡蝦等簽訂的轉讓合約中寫道：「自道光間以來，……
費繁而利微，思欲舍之而不忍，誠若雞肋。維時諸股公同定議辭退，懇
樹涼仔肩重新整出工本築造，將地基盡瞨樹涼歸一經營，永遠為業。」

　　清代泉州晉江沿海商人在經營海峽兩岸商業貿易及其他產業時，雖
然有著某些從集資合股經營到鄉族內部合股經營又逐步轉到族內資產
雄厚的族人所兼併的一個大致傾向。這個大致傾向的形成，鄉族的觀念
及其界限無疑起到了至關重要的推動作用。然而從另一方面來考察，鄉
族的觀念及其界限恰恰也是有效阻止族人財產過度集中的一個重要調
節器。譬如家族制度下的分家析產習俗，無論是貧窮人家的租種他人田
地的耕作權，還是富商巨賈之家的萬貫家財，無不例外地要經過兄弟平
均析產的過程。這樣，即使是經歷了曲折奮鬥而得來的商船、商號、作
坊獨家經營權，當面對家庭內分家的時候，也不得不再次分析為兩份甚
至若干份。即以上舉的經營極為成功的蔡氏商人的情景而言，也是如
此。在「貳房章情派下鬮書」中，明白地寫著：「鮇老租店一連二三房
均分，……船料對半均分明白，……義成生理對半，……湖頭油車及田
地對半均分，……瑞瑛船對半均分。……再批與六夏、益利、合泉、廣
利算數如有侵項他著支理，光緞數項六合得三，五美得一。」經過分家
析產之後，原本經營權比較集中的財產，又再度被劃分了。

　　研究中國家族制度史和社會經濟發展史的學者，對於中國家族制度
下平均劃分的分家制度基本予以比較消極的評價，認為這種分家制度，
不利於資本的積累，在某種程度上阻礙了商業資本的集中與擴大經營。
事實上，在中國傳統社會尚未形成有序而又具有制度意義的商品市場經
濟環境的情況下，商業上的成功與商業資本的積累，更多是依靠於個體

---

[77] 參見粘良圖：《清代泉州東石港航運業考析——以族譜資料為中心》，載泉州海外交通史博
　　物館、中國海外交通史研究會編：《海交史研究》2005 年第 2 期。

商人的自身素質。具有精明商業市場素質的商人，往往可以白手起家，累至巨萬；而不具商業市場素質的商人，即使他們的前輩積有大量財富，也有可能在很短的時間內，消耗殆盡。甚至到了現代社會，企業家們的個人經營素質，依然可以發揮著相當重要的作用。根據我們對於福建、臺灣等地商人群體的研究，目前還很難斷言家族制度下的平均析產的分家制度，會對商業的成功及其資本的積累產生如何不良的影響。蔡氏家族的商人們在經歷了分家析產之後，有的子孫後代能夠繼承祖父輩的事業，繼續拓展；而有的後代子孫則由於種種的原因，或許有所敗落，其所繼承下來的產業，或許又得輾轉到其他的族人甚至外族人的手中。這樣隨著時間的推移，一方面使得鄉族制度下的商業資本，也同田園土地的財產一樣，呈現出極為錯綜複雜的產權關係，另一方面，鄉族制度在預防其內部財產的過度集中上，起到了某種調節平衡的作用，從而也就使得鄉族制度進一步顯示出他的社會功能與生命力。

第三節　從蔡氏家族文書看清代海峽兩岸的移民模式

　　學界對於清代福建向臺灣移民的歷史，大多關注於移民的時間、人數及分佈諸方面的研究，而對於海峽兩岸鄉族間的移民模式，卻較少涉及。多年來我一直從事海峽兩岸民間文書的搜集和整理工作，收穫不少。新近發現一批清代泉州府晉江縣與臺灣嘉義縣蔡氏家族的家族文書，對於探究海峽兩岸間的移民模式，特別是那些以農業開墾為目標以及以經營海峽兩岸間的商業經濟為目標的不同移民模式的差異，很有幫助。

一、蔡氏族人遷移臺灣的農商兩種模式

　　中國傳統商業經濟與農業經濟的一個重要差異之處，就在於農業經濟是基本上固守田園土地、安土重遷的，而商業經濟的主要特點是異地

販運、以物易物，流動性強，故而有「行商」之稱。中國傳統社會中的
農業經濟雖然是固守田園、安土重遷的，但是從秦漢以來，中國的農業
土地制度並非分封列土的諸侯畛域形式，而是有著較大的自由度來進行
土地交易和轉移的。因而其農業經濟的形態，一方面固然是固守田園、
安土重遷的，而另一方面又可以因生活的壓力、政治環境的惡化，以及
經濟效益的考量，促使原來固守田園的農民，出現一次又一次的移民活
動。因此之故，在中國的傳統社會裡，無論是從事農業經濟的農民，或
是從事商業經濟的工商業者，都有可能構成中國移民歷史中的一個重要
組成部分。

　　清代泉州府晉江縣東石鄉蔡氏家族的情景正是如此。家族中既有從
事農業經濟的族人，也有從事工商業經濟的族人。宋明以降，隨著沿海
居民向東南亞一帶謀生，蔡氏家族的族人們，也逐漸進入東南亞各地，
其中的一部分人，便開始定居於這些地方，成爲後來的所謂「華人華
僑」。現任的新加坡中華總商會蔡天寶會長，就是晉江縣東石鄉蔡氏族
人的後裔。到了清代，特別是康熙、雍正年間（1662—1735 年）之後，
由於臺灣地區漸次開發，地廣人稀，自然條件比較優越，吸引了眾多的
福建沿海居民前來開墾謀生。

　　在清代中期以來福建沿海居民向臺灣的遷移浪潮中，蔡氏家族族人
以其臨近大海的便利，以及長期從事海上活動的傳統優勢，更是不落人
後，或遷移墾荒種植，或往返運輸販運，絡繹不絕[78]。從現存的蔡氏家
族族譜資料看[79]，這個家族從清代中期遷移往臺灣墾荒定居或者到臺灣
經營工商業的族人不在少數。我們在此先看東石西霞蔡氏家族的情景。
該家族自康熙、雍正年間以來，就陸續有不少族人前往臺灣謀生，到乾

---

[78]　關於蔡氏家族及泉州沿海地帶鄉族在清代從事海峽兩岸商業與航運業的具體情景，我已在
　　　前文中有所論述，亦可參看拙著：《清代泉州晉江沿海商人的鄉族特徵》，載北京《清史
　　　研究》2008 年第 1 期。

[79]　我們目前所接觸到的蔡氏家族族譜，主要有《玉井蔡氏二房長尚愛公派下重修家乘》、《東
　　　石珠澤戶蔡氏族譜》、《東石西霞蔡氏族譜》、《玉井蔡氏長房三惟哲公派下家譜》等四
　　　種。以上族譜由蔡氏族人與晉江市博物館粘良圖先生協助提供，特此致謝！以上蔡氏族譜
　　　經研究生盧增夫等協助製成電子掃描本，均藏廈門大學國學研究院資料庫。

隆、嘉慶、道光年間，遷台的人數大大增多。這裡僅舉《族譜》中第十六世長房長支員公派下「樹」字輩的族人，就有大量關於遷移臺灣的記載。如「蔡樹賽，娶黃氏，往台中路三腳貓莊」；樹石，「娶梁氏，往台中蚵仔寮」；樹桂，「娶許氏，已下住台苯港」；樹睿，「娶林氏，已下住虎尾寮」；樹准，「已下住新塭」；樹布，「已下住新塭」；樹概，「娶林氏，住台新塭」；樹群，「娶張氏，住蚵仔寮」；樹鏗，「娶張氏，名金娘，臺灣女」；樹字，「娶鄭氏，繼娶陳氏，住台」；樹端，「娶蘇氏，兄弟七人俱住在台」；樹來，「在台，娶黃屍」；樹提，「娶趙氏，住台」；樹笑，「遠世公長子，住台，樹河，遠世公次子，住台」；樹呼，「娶蘇氏，住台新塭」；樹廉，「遠東公之子，已上住台新塭莊」；樹向，「遠漢公長子，娶王氏，已下住新塭」；樹守，「遠鎮公之子，娶邱氏，已上住台」；樹旗，「遠美公長子，住台」；樹智，「遠陽公之子，住台」；樹定，「遠勇公長子，住台」；樹漢，「遠勇公次子，住台」。而長房二支約吾公派下「樹」字輩的族人，同樣也是如此。樹梅，「娶陳氏，住台」；樹福，「號樹傑，住台」；樹全，「遠祿公之子，住台」；樹河，「遠服公次子，住台」；樹往，「遠純公之子，住台」；樹斯，「遠知公長子，娶陳氏，名由娘，號順儉，臺灣女」；樹熾，「遠蒲公長子，號樹昌，娶吳氏，繼娶陳氏，明養娘，臺灣女」；樹蕃，「遠暢公長子，住台，娶徐氏，名治娘，臺灣女」，等等，總共約有四十人遷往臺灣。[80]其他各支房遷移臺灣的情景也大多類此。茲不贅引。

再如東石蔡氏家族的另一支房的情景，據《玉井蔡氏長房三惟哲公派下家譜》的記載，玉井長房三柱十一世有繼郡、繼招、繼集三兄弟，繼郡於雍正、乾隆年間往台開拓，後裔居住於臺灣嘉義南靖莊、西後寮、布袋嘴莊。繼集之子孫也悉往台，定居臺布嘴莊。這兩支蔡氏族人遷往臺灣，大多從事農業開墾活動，父往子繼，兄攜弟往，很快就在嘉義一帶形成了自己的聚落村莊。族譜載長兄蔡繼郡，「生康熙癸西三十二年六月廿九日辰時，卒乾隆戊寅廿三年二月十九日子時，享年六十六歲，

在台南靖厝莊身故，墓葬莊前山。」蔡繼郡生有五子，長子蔡世儼，「往台住南靖厝，生卒未詳。」次子蔡世篤，「往台住布袋嘴莊。」三子蔡世曉留在晉江東石祖家，而四子蔡世璐，「往台，先住南靖莊，後遷居西後寮莊。」五子蔡世瑾，「往台住布袋嘴莊。」至於蔡繼郡的孫輩，同樣也是大部分定居於臺灣。如蔡世儼三個兒子，長文茁，「住在台」；次文芽，「住在台」；三文蕚，「住在台」。蔡世篤有六個兒子，長文寬，「住在台」；次文任，「住在台」；三文綽，「住臺布袋嘴莊」；四文清，「住臺布袋嘴莊」；五文禹，「住臺布袋嘴莊」；六文旋，「住臺布袋嘴莊」。[81]隨著在臺灣嘉義一代開墾事業的拓展，蔡氏家族長房三柱蔡繼郡派下的子孫，就大部分留居在臺灣了。

三弟繼集一支也是如此。繼集有子四人：長世計，「生康熙辛卯五十年五月廿五日，卒乾隆年間五月十五日，在台南靖莊身故，」次子世美留在晉江祖家；三子世道，「往台，住布袋嘴莊。生康熙庚子五十九年八月廿二日，卒乾隆戊戌四十三年十月初九日，享年五十九歲。」四子世教，「往台，生雍正癸卯元年六月廿一日，卒乾隆戊申五十三年七月初二日，享年六十六歲，在台身故。」繼集的孫輩，遷台的人數就更多了。長子世計無後，以三弟的子孫為嗣，繼續留在臺灣；次子世美雖然原在晉江祖家，但是他的三個兒子，即長文印，「生乾隆辛未十六年五月十三日亥時，卒乾隆戊申五十三年六月廿二日寅時，享年三十八歲，在臺布袋嘴莊身故。」次文語，「生乾隆乙亥廿年四月十二日未時，卒乾隆戊申五十三年五月廿一日申時，享年三十四歲，在臺布袋嘴莊身故。」三文稽留在晉江祖家。繼集的第三個兒子世道也有三個兒子，長文郎，「住在台，生乾隆庚子年四初一日，卒乾隆庚戌五十五年十二月初十日。」次文居，「住臺布袋嘴莊，生乾隆辛巳廿六年二月十四日子時，卒道光乙酉五年七月廿四日未時，享年六十五歲。」三文朝，「往台，生乾隆丁亥三十二年二月十二日未時，卒乾隆乙卯六十年七月十二日未時，享年二十九歲。」繼集的第四個兒子世教，只有一個兒子即文

---

81 本文中所引用的蔡氏族人的資料，均出自上述的四部族譜世系中，不再一一注明出處。

龍，「在台，生乾隆壬午廿七年，卒乾隆戊申五十三年八月廿日。」至於蔡繼集的曾孫輩，也就大多定居於臺灣了。以上蔡繼郡、蔡繼集兄弟二人的後代，遷往臺灣的主要生業，是以農業墾殖為主，

　　有著悠久經商歷史的晉江東石蔡氏家族族人，除了部分向臺灣遷移以從事墾荒等農業經濟之外，還有相當數量的族人，經常往返於海峽兩岸，從事商業貿易及航運業等的活動。在這樣的歷史背景下，蔡繼郡的二弟、蔡繼集的二兄蔡繼招的子孫們，則以經營海峽兩岸間的商業、航運業而見長。蔡繼招本人原留居於晉江祖家，而到了他的孫輩蔡文悅、文薦、文奏等人，在當時沿海居民紛紛渡海前往臺灣謀生的潮流的帶動下，他們也相率「撥入住臺布袋嘴莊」。先是經營魚塭生理，當魚塭經營轉為贏利時，蔡家即投資商業，出資讓人在嘉義縣樸仔腳開張「笨泉郊」生理，號「振盈」及「廣盈」，又出資與人在鹽水港合開生理，號「益成」，自已還置船隻走大南大北，商號「源利」。源利號先後置有瑞玉、瑞珠、瑞瑛、瑞裕、瑞隆、瑞琨、瑞豐、同昌、長慶、廣裕、廉成、勝發、復吉、復安、復慶、復順、復發、復益、復青、金湖發、金順利等船號。其中「瑞裕號」船，是其家族中婦女集私房脂粉錢建置的，俗稱「查某腳」盤。商貿贏利之後，蔡家又購置土地、鹽埕、油車、磨房、起蓋店屋，創辦源昌織布局。其家遂稱巨富，據咸豐十年（1860 年）章情、章涼兄弟分家鬮書，章涼一戶分得東石一帶田地 100 餘丘，計受種子 9 石 4 斗 2 升（約合 94.2 畝）、鹽田 11 處 424 坎（約合 15260 平方米），房屋 14 座（所）、店面 2 間、鹽間 2 所、蟶坪 2 處，船隻分得瑞琨號、復吉號、復安號 3 艘及瑞英號、金順利號的一半。章情一戶亦分得相應的田房、房產、鹽埕及復慶號、復順號、復發號商船及瑞瑛號船的一半。另外還有益利號、廣利號、義成號生理及在臺灣的田園、鹽埕、魚塭及店屋、油車，與人合營的廈益利、泉廣利生理的諸多股份。[82] 長年奔忙於海峽兩岸間從事商業航運貿易活動的族人不下數十人。這

[82]　參見粘良圖：《清代泉州東石港航運業考析——以族譜資料為中心》，載《海交史研究》（泉州）2005 年第 2 期。

種以從事海峽兩岸間商業航運貿易及其他商品經濟活動的族人，在晉江縣東石鄉蔡氏家族的其他支房、支派中也有不少。[83]

這些常年從事於海峽兩岸各地工商業活動的蔡氏族人，雖然不時地往返於晉江祖家及個貿易經營地點，但是隨著經營事業的拓展以及管理上的需要，他們當中的一部分人，也逐漸遷移留居於臺灣等新的聚落中。我們姑且把這種移民稱之爲商業性的移民，從而有別於那些以從事農業開墾爲事業核心的移民。

二、蔡氏家族農商兩種移民模式的差異性

眾所周知，清代是福建居民特別是沿海居民向臺灣遷移的高峰期。在移民浪潮的推動下，在臺灣的各個地方建立了新的鄉族聚居點，形成了新的鄉族組織或家族組織。毋庸置疑，清代福建居民向臺灣遷移的主要動機，無論是以從事農業經濟爲主的移民，或是以從事工商業經濟爲主的移民，起初大多是出於經濟因素的考慮。然而我們通過對蔡氏家族商人所遺留的家族文書進行初步分析，就不難發現作爲商人爲主要身份的蔡氏族人，與那些主要是以農業墾殖爲目的的族人移民臺灣，在過程上還是存在著相當的差異。

福建省特別是沿海地帶，自宋代以來就以人多地少著稱，而當臺灣歸入清王朝的版圖之後，僅有一水之隔而又有待開發的臺灣島，自然成了福建沿海居民拓展謀生管道的首選之區。那些以農業墾殖從而獲得土地爲目的的移民們，應該說在他們開墾土地取得一定成效之後，便不得不有了定居下來的長遠設想，因爲土地是最典型的「不動產」，耕作者一旦離開土地，便失去了經濟活動的主體。而以經商爲主要目的的族人，情況則有所不同。商業活動是可以流動的，獲利之後，可以回到故鄉，並不會因此而喪失再次經商的機會。這正如我們在前面所指出的那樣，清代福建泉州晉江沿海商人，是以鄉族爲根據地而向外輻射的一種

83　參見拙稿：《清代泉州晉江沿海商人的鄉族特徵》，文載中國人民大學清史研究所：《清史研究》（北京）2008 年第 1 期。

商人群體。這樣的商人群體，對於遷移他鄉甚至定居他鄉，比起那些以農業開墾土地爲主要目的的移民，顯然要慎重與遲緩許多。

　　清代福建泉州沿海商人的經濟活動雖然比較缺乏政治與社會上的制度性保障，但是也許正是因爲如此，商人們所要經營的範圍與地點，卻又是較少受到限制的。只要是認爲有利可圖，他們也就有可能從事自己所希望的種種經營範圍，或者是到自己認爲足以發揮效益的地點去經營。因此之故，我們在前面所引述的蔡氏家族商人的資料中，可以看到他們既擁有商船、鹽埕、商號、典當鋪，也可以擁有土地、田園、魚塭等，還可以開設諸如榨油作坊、紡織佈局等等的工廠。在經營地點上也是如此，中國東南部沿海地帶、東南亞地區，特別是海峽對岸的臺灣地區，均有他們活動的足跡。而到了清代中後期，蔡氏家族商人的主要活動區域以海峽兩岸間的經濟往來爲主，臺灣便成了蔡氏家族商人主要駐足的地方。

　　清代中後期蔡氏家族商人既然把經濟活動的重心放在福建與臺灣的海峽兩岸之間，那麼他們就必須根據經營業務的需求，或經常奔忙於海峽兩岸之間，或較長時間地駐紮在臺灣的商號裡面，主持業務；或固守於祖家的老字號中，統籌安排各地的商業經濟活動。這種情況，在現存的家族文書中屢有反映。如在他們的私家往來信件中，就經常透露出這樣的資訊。如蔡進光寄族兄信件略云：

> 啟者昨承山□金成號來信，敍□有寄在唐本典鋪佛銀三百餘元，刻下適逢急切需，擬將就臺本號內支取。經預備佛銀一百元付支，餘項諒後日決能復來再找。而金成本典內其實存有幾多，新即核□□□來知，此好與理會找楚，千萬是囑。……茲接瑞琨來信云顯就苯繳入合興內在本，現昆承中存項無幾，乏可清還，所有銀額乃紅糖北上者多，而瑞瑛諒在邇必旋，如到時可向昆承該□之額，扣起抵還爲宜。和泰屢次要邀昆承□□□，要合夥開作典店生理，未審妥否，未承吾兄尊命，不敢擅許裁奪，如何賜示。

　　在這些私家信件中，可以看到他們之間既相互報告所謂「在唐」即

在晉江祖家的生意往來情況，也相互溝通瞭解在臺灣各商號的生意及資金往來情況。同樣的，這種情況在家族的合約文書中也可以得到反映。如蔡進益、蔡源利等的合資開設益成號商行的清算和約，其中所提及的資金財產，也分別有臺灣和福建祖家的不同處所，該合約書云：

> 立合約字蔡進益、源利、媽尖等同福利前出資本交付益父聳、尖父耽，在鹽水港開張益成號生理。迨至道光□□年停止，算帳得利共作四份，源利應分二份，聳、耽各分一份。當經憑賬核算，除內地、臺灣有放賬項經收免算外，所有未收內地應歸源利，臺灣應歸聳叔與耽叔，均分如前。內地、臺灣被欠帳目，源利與聳、耽各有互收，至此勿論。至於家器什物概交源利收抵勿論。餘各收入免算。通計該算源利尚被益父侵欠佛銀□千□百□十元。茲念益尖之父聳耽兩人已故，姑聽公親求就益父手置園業四宗，計契面銀五百三十五元，繳還源利承管，抵侵之項原欠台賬二付抹光一賬。日後原主要贖自當備項向源利贖回，不干益等之事。至尖之父耽得利應額，公議就將益成號欠帳撥抵。一份歸尖自收。此系三面各願，賬項從此照約收取，均無異言生端，亦不得後悔滋事。合立約字一樣三紙，各執一紙永為下代子孫存鑒。
>
> 咸豐四年二月
>
> 日仝立合約字蔡進益、源利、媽尖（下略）

這種兼營海峽兩岸多種行業的經營格局，勢必使得蔡氏家族的商人們，需要經常往來於福建與臺灣各地，而難於在臺灣做長遠定居的計畫。我們從蔡氏家族族人在海峽兩地間的書信往來中，也可以進一步看到他們在經營商業等活動時奔忙於臺灣與晉江祖家的情景。如蔡玉麟寫給族弟的書信略云：

> 日前接鵝（弟）手信，知杉弟平安抵家，甚慰鄙懷。至於白米重量不詳，今特託管略言百十斤，六十包，餘皆百十五斤。若是上水再枰，定失水分數量。或破漏之損失，實不得原重也。黃朝宗先生所交少數勿論可也。載資店內先為贊交，若二十比一，若從貨比之，有虧損店內代款，人情相關，難於理論，由弟自決可也。

> 葉木興先生所委託之事，弟須當竭力為其代料是囑。弟所留存之
> 款，本擬辦白米寄柒仔之船，彼雲滿載不得加添。今協勝之船欲
> 往東石（老家），即辦糖七包，拙額三包，合計十包，價每斤二
> 十四元，祈即向葉川先生如數檢收是禱。三嬸付來之牛癀丸八
> 粒，經已收入。其金若干，並前一萬元均對協勝米代扣起。三嬸
> 此款未收，拙中心抱歉，非欲養口體之資，聊表寸忱耳。客寓大
> 小俱獲平安，祈免介念；家中老幼諒必康寧為頌。草此奉啟，並
> 候近佳。兄玉麟燈下草。[84]

在這紙家信中，我們除了可以看到族兄弟們在海峽兩岸間交代各種
生意細節之外，其中還特別互道平安，所謂「客寓大小俱獲平安，祈免
介念；家中老幼諒必康寧為頌」，家族的至親們分居兩地，所謂「客寓」，
指的是暫時在臺灣經營的族人，所謂「家中」，指的是依然住在晉江東
石鄉老家的親人。

儘管如此，由於蔡氏家族商人在臺灣所經營的範圍，並不僅僅局限
在商業的層面上，如前所述，他們也經營著魚塭、鹽埕以及田地的經濟
活動。而魚塭、鹽埕以及田地等產業的經營，需要比較穩固的人員管理。
流動性過於頻繁的經營方式，往往會給這些不動產的經營帶來諸多的弊
病。如我們從蔡氏族侄寫給膺梁族叔的信中，就可以知道行商對於經營
魚塭、鹽埕以及田地等不動產業的不適應，該信件云：

> 膺梁叔父大人尊前，稟者月前得接……先後三械，所示諸情一切
> 遵命辦理。昌閣叔一層，侄先將叔父之前信奉閱，繼昭禮叔到棧
> 與面陳情。但約變還此。此際實是真慘，四面牆壁，叔父來台便
> 知咱塭之事。惟望叔父速之前來，鼓撫眾佃戶修築山岸，興復世
> 業。不然就此廢矣。至於命查志弟所借之金額，侄如令向問，志
> 弟不言。侄心明白，叔父高見勝人，亦必明白，不免多贅侄之遲
> 覆命者。……塭業崩壞，此慘難言，俗云同病相憐，共事相知，

---

84 蔡氏家族信件由晉江市東石鄉蔡氏家族及晉江市博物館粘良圖先生提供，由研究生盧增夫和陳金亮協助收集，特此致謝！所有電子掃描本均藏廈門大學國學研究院資料庫，以下不再注明出處。

諒叔父必不怪侄遲復音也。……[85]

　　蔡氏族商在道光、咸豐之後，嘉義布袋嘴莊一帶的魚塭經營一度出現了很大的困難，除了遭遇颱風等自然原因之外，人員經常變動與經營管理的不善，是其中一個重要的因素。因此，隨著臺灣各地魚塭、鹽埕以及田地等不動產業的不斷增加，蔡氏家族商人就不能不有專門的人員長期駐紮在臺灣來經營這些不動產。久而久之，這部分人當中，便也有了定居下來並且繁衍成新的蔡氏家族的可能性。我們在翻閱晉江東石鄉《蔡氏族譜》的時候，就發現了以下的這些有趣的現象。

　　如前所述，我們根據東石蔡氏《玉井長房三譜》的記載，知道在清中期的雍正、乾隆年間，該家族十一世的蔡繼郡、繼招、繼集三兄弟，先後來到臺灣謀生，後裔聚居在臺灣嘉義縣的南靖莊、西後寮、布袋嘴莊一帶。兄長蔡繼郡及三弟蔡繼集的子孫，遷台後基本上是以農業開墾為主，所以自從蔡繼郡在臺灣入足之後，其子孫很快就在臺灣定居下來，形成自己的家族。而其二弟蔡繼招的子孫，則有不少人是從事海峽兩岸商業活動的，到了蔡繼招的孫輩及曾孫輩，商業活動取得了很大的成功。這些從事於海峽兩岸間商業貿易的族人，必須常年奔波於晉江東石祖家與臺灣的商郊行號之間，人員的流動性比較頻繁。他們雖然也有不少族人暫住在臺灣，但是其家族或家庭的重心，在相當長的時間內，還是以晉江祖家為基礎的。正因為如此，晉江東石蔡氏玉井長房派下第十一世，即清代中期的蔡繼郡和蔡繼招兄弟，雖然其子孫先後來到臺灣謀生，但是由於他們的子孫輩所從事的行業有所不同，一以農業為主，一以商業為主，因此他們在遷移臺灣的模式上也有較大的不同。簡要言之，蔡繼郡的子孫隨著土地的開墾而很快就成了臺灣嘉義地方的新居民，形成了自己的外植家族；而蔡繼招的子孫因為商業的緣故，流動於福建祖家與臺灣之間，遷移定居臺灣的行程就遲緩得多。這裡，我們試把這二房第十一至十五世的兩個較為典型的務農與經商的後裔遷移定居臺灣的情景作一比較。

85　本信件電子掃描本藏廈門大學國學研究院資料庫。

（一）

十一世蔡繼郡，在台南靖厝莊，生五男；

十二世蔡世儼、世篤、世璐、世瑾均住台，世曉住晉江祖家；

十三世共有十七男住台，僅二男住晉江祖家；

十四世共有四十四男住台，有六男住晉江祖家，另有七男住地不明；

十五世共有六十三男住台，有二十一男住晉江祖家，另有二十六男住地不明。

（二）

十一世蔡繼招，住晉江祖家，生三男；

十二世蔡世昆、世修、世為均住晉江祖家；

十三世共有六男住晉江祖家，有二男住臺灣，一男住地不明；

十四世共有十二男住晉江祖家，有七男住臺灣，三男住地不明；

十五世共有三十六男住晉江祖家，有二十男住臺灣。[86]

　　根據以上粗略的統計，可以看出這二者間的差別是相當明顯的。蔡繼郡的子孫因為是以農業開墾為主要經濟手段的，隨著土地田園的增加，他們必然在新開發的區域長期定居下來，故在這五世的約 190 個男丁中，有 129 人住在臺灣，除了不明住地的 33 人外，僅有 30 人仍然住在晉江祖家；而蔡繼招的子孫以經營海峽兩岸的商業活動居多，故遷移臺灣並且定居下來的速度就要慢得多。在這五世的約 90 個男丁中，留住在晉江祖家的有 58 人，遷移臺灣的僅有 29 人。而在這 29 人中，另有 4 人雖然去世在臺灣，但是其族人最終又把他們的屍骨遷回晉江祖家，如十四世的蔡章總，「卒道光甲午十四年八月廿四日申時，享年五十七歲，在台身故，墓拾歸葬沙崗塚」；蔡章返，「卒嘉慶丙寅十一年三月十七日酉時，享年二十三歲，在台身故，墓拾歸與弟章淡合葬」；蔡章淡，「卒嘉慶庚午十五年二月初六日申時，享年二十三歲，在台身故，

---

[86] 以上數位根據東石蔡氏族譜統計。

墓拾歸與兄章返合葬。……從來英烈之氣多鐘於巾幗之中，……章淡侄成婚後而即東渡，不數月而身亡。侄婦沈氏年方二十，即以柏舟自矢」；十五世蔡戀叚，「卒道光丙午廿六年四月初四日丑時，享年三十三歲，在台苓港身故，墓拾回葬八都庵前山」。[87]從這些歸葬於祖家及其家屬守節的情景看，他們雖然因經商而客死於臺灣，但是他們的家庭實際上還是在晉江祖家。這種情況正說明了以商業為主的族人，雖然奔忙於海峽兩岸之間，兩地間的經濟往來關係也是相當密切的，但是他們在一定的時期內，基本上是以祖家為根據地的，向外遷移並且定居於臺灣的趨向應該是比較緩慢的。隨著臺灣等商業經營地的土地、房產、魚塭、果園等不動產的增多，他們在臺灣經營的時間亦不得不隨之增加。這樣一來，一部分由從事商業活動而轉化來的族人，也就逐漸地留居了下來，成為臺灣島內新的居民。

三、由蔡氏族人移民臺灣模式的啟示

以鄉族為核心據點的蔡氏家族商人，跨越海峽到臺灣從事商業等方面的經營，其起初的動機，可能更多的是著眼於經濟的拓展，而不是人口的遷移。這就像他們遠赴大陸寧波、上海、營口等地以及東南亞各地經營一樣。這個家族商人在泉州祖籍地擁有多種的經濟生產手段，而他們在臺灣的商業及其他產業經營的拓展，逐漸地也在臺灣擁有了多種的經濟生產手段。由於商業及海運也比較流動的經營特徵，海峽兩岸之間基本上是作為一個整體的經濟體來進行運作的。隨著臺灣產業特別是土地、房產等不動產的增加，不可避免地將有更多的族人前往臺灣長期經營，從而逐步形成了人口的遷移與定居。但是在商業經濟的推動下，海峽兩岸間的人口往來和經濟聯繫，依然是相當密切和具有雙向性。清代後期日本佔據臺灣，在外因上促進了海峽兩岸間移民的固定化。蔡氏家族商人的這種移民模式，在清代海峽兩岸的多種移民模式中，無疑具有

---

[87] 以上見晉江《東石玉井蔡氏長房三惟哲公派下家譜》世系。

一定的典型意義。

　　最後，我們從泉州晉江沿海蔡氏家族中那些以赴台從事農業開墾爲主要目的的移民，以及那些以從事海峽兩岸之間商業及其他多種產業經營爲目的的移民模式的相互比較中，還應該得出這樣的一個結論，即在中國傳統的文化觀念下，特別是在福建泉州各地鄉族觀念十分濃厚的社會氛圍下，人口的向外遷移，雖然在新移民地可能已經形成了新的聚居點甚至新的家族組織，但是他們在相當長的一段時間裡，仍然將與祖籍地的鄉族保持著不同程度的聯繫，這種聯繫既有經濟層面的，也有文化精神層面的。就遷移臺灣的情景而言，那些以赴台從事農業開墾爲主要目的的移民，由於在外地定居的速度比較快，他們與祖籍地鄉族的聯繫，經濟的聯繫也將較快地淡薄，而文化精神層面的聯繫，依然將維持較長的時期。而那些以從事海峽兩岸之間商業及其他多種產業經營爲目的的移民，與祖籍地的經濟層面上的聯繫，如果不是因爲外部環境的破壞，還會延續很長的時期。經濟聯繫的密切，無疑也會促使文化精神層面的聯繫得以較長時間的延續。我們把這種狀況的想像拓展到中國傳統的整個移民歷史，或許可以說：商業經濟的聯繫與鄉族觀念的維繫，是移民與祖籍地繼續保持聯繫的兩種最重要的紐帶，這兩種紐帶保存得越久，移民與祖籍地之間的聯繫就將維繫得越久，而一旦失去經濟上特別是商業經濟上的聯繫，移民與祖籍地之間的聯繫也就隨之冷淡；文化精神上的聯繫雖然還將維持一段時間，但是在沒有經濟聯繫的基礎上，這種聯繫也必將隨著時間的推移而漸次消失。

第三章 清代泉州（鹿港）黃氏郊商研究

第一節 清代黃氏郊商的經濟經營與鄉族事務[1]

福建與臺灣的行郊（或稱郊行）商人，是清代地方商幫的一個特殊組織名稱，未曾見於中國的其他地區。由於文獻資料的欠缺，學者們雖然對福建與臺灣的郊商作出了一些研究工作[2]，但是仍有許多問題未能進行深入的探討。尤其是郊商在福建祖籍地的組織形式及其活動特徵，論述者甚少，難窺其概貌。近年來，我在從事社會調查和搜集民間文獻的過程中，獲見了一批與閩臺郊商相關的珍貴資料。現加以整理分析，試作論述如下。

一、黃氏郊商經營發展的一般情景

清代泉州府晉江縣鋪錦村（現屬泉州市石獅市寶蓋鎮），是黃氏家族的聚居地。這裡地處沿海，當地居民有著悠久的經商和出洋謀生的傳統，黃氏族人因此而隨著出外謀生的足跡而散處於東南沿海各地，現今的廣東高州，浙江里安、平陽的騰蛟、梅山、高樓一帶，以及泉州市內的東街、晉江安海的東井等地，均有黃氏家族分遷出來的聚居地。而臺灣鹿港的黃氏家族，同樣也是由鋪錦村黃氏家族直接繁衍過去的。據《龜湖鋪錦中鎮房黃氏族譜》的記載，這個家族最早遷往臺灣的族人是黃宜三，於明末崇禎年間（1628-1644 年）「因幼為人養子，往（臺灣）北港浮門頭南門內華四使家。」清代康熙前期施琅收復臺灣後，黃氏族人遷台的人數日益增多，如黃縉錦，「生順治癸巳（1653 年），卒康熙甲戌（1694 年），葬臺灣聖廟前。四男源溥，字悌周，生康熙癸酉（1693 年），

---

[1] 本節部分內容曾在中國社會科學院經濟研究所：《中國經濟史研究》2004 年第 2 期中發表，盧增榮博士曾經參加本節的資料搜集及部分寫作。

[2] 關於臺灣與泉州郊商問題的研究成果，主要有卓克華：《清代臺灣的商戰集團》，台原出版社 1990 年出版；黃福才：《臺灣商業史》，江西人民出版社 1990 年出版；張炳楠：《鹿港開港史》，載《臺灣文獻》第十九卷第一期。

卒乾隆己巳（1749 年），葬鹿港。」僅據《龜湖鋪錦中鎮房黃氏族譜》
的記載統計，康熙年間遷往臺灣的族人有黃緒錦等 13 人；乾隆年間遷
往臺灣的族人有黃源京等 46 人；嘉慶年間及其以後遷往臺灣的有黃培
紀等 38 人。除此之外，黃氏家族其他房派如油園派、東樓派的族人們，
也從康熙年間開始遷往臺灣謀生定居。他們當中除少部分居住在淡水、
鳳山外，大都聚居於彰化縣鹿港，主要從事商貿、航運、碼頭搬運等行
業。[3]彰化鹿港與泉州隔海相望，交通比較方便，鹿港自然就成為為泉
州、廈門二地郊商船只往來的要地。[4]

　　泉州沿海居民以及鋪錦黃氏家族雖然很早就有人在國內外從事經
商貿易活動，但是根據族譜的明確記載，這個黃氏家族較早到臺灣經商
的大體是在康熙後期。其中較為突出者有黃源潮，諱汝濤，字悌聲，號
醇齋，生於清康熙三十三年（1694 年），卒於乾隆四十年（1775 年）。
族譜載其墓誌云：

> 醇齋黃府君……生而偶儻，天性孝友，仁愛及物。年十六（父親）
> 精敏公見背，即能執喪而以送往事居自任，尤念慈母在堂，弟妹
> 未克成立，於是輟儒業習計然術。自弱冠至壯強，二十年間上姑
> 蘇、游燕薊，再鬻呂宋，重賈東寧，然後廢著新橋。生平間關跋
> 涉，沖風激浪，險阻艱難無不備嘗，所以如此經營者，非為一身
> 飽暖計，蓋欲盡其生事葬祭弟妹婚嫁惠親以逮疏也。由是家計頗
> 給。[5]

　　從康熙後期、雍正年間之後，鋪錦黃氏族人赴台經商的人數不斷增
加，如黃源潮的本房子姪輩黃馥村等，「習計然術，服賈東寧，筐篚細
業俾芳稻蟹于斯，兄始基之功不少，而尊師幕儒之風尤其惓惓者也。」

---

[3]　以上參見《泉州晚報》海外版 2001 年 12 月 22 日第四版，《尋根問祖‧泉台鋪錦黃姓一家
　　親》（上）。
[4]　參見張炳楠：《鹿港開港史》，載《臺灣文獻》第十九卷第一期。
[5]　1990 年修《龜湖鋪錦中鎮房黃氏族譜》，黃春林：《皇清贈鄉飲大賓先嚴八十二翁醇齋黃
　　府君墓誌》。

[6]黃時芳，「成童後即經營海外，以分祖伯父任。由是家道漸隆焉。生平識大義樂施，與其尤大者則爲篤齋公充公租爲本房祖建祭費。他若補葺梵宇修築塘岸購舍塚地，則又種種難數者也。」[7]黃遺章、黃藉軒父子，「遺章公習計然術，……（長子黃藉軒）東渡二十多載，往返不下數十次，忠信舟楫朝發夕至，是天之默相善人也。自庚午旋歸，私幸此後可免重洋之涉，得長承菽水歡矣，第以家貧，仰事俯蓄無資，終難辭海外之行，萬不得已壬申五月復渡鹿港，不謂甫過一月，夙昔之血疾復作。其長子砰聞知艤舟抵鹿，促其歸家調治。顧歸只十餘月，而藥物罔效，竟溘然長逝。嗚呼痛哉。」[8]黃樹宋兄弟，「迨食指漸增，家計漸繁，不得已（母親）姑令樹宋、樹盛經營服賈，以就口食。又惓屬望於季弟樹聰時進。……母亦優遊含飴，樂觀季子竿進及諸孫曹咿唔之成。乃客歲染恙，年望稀矣，飲食稀進，氣色漸衰，猶輾轉床褥，念樹盛客游東甯，日冀歸帆。樹盛亦近時心動，三月旋歸。母子團圓相見，洋洋如也。」[9]黃忠美、黃鴻烈等，「以論孟白文尙未句讀，便棄而經營，以及兄弟承伯父命余肩子粒，壯歲稍得揚眉，……有力田勇賈之艱辛。……（乾隆）丁亥三十二年（1767 年），余（鴻烈）自江左浪遊歸裡，復渡台陽鹿港，棲止未寧，忠美呼我就彼行寓，得以墨傭糊口。迨癸巳（1773 年）仍回泉郡，又念余老瞶，拙於世用，不吝百有餘金，謀建藥室近郭東偏，置餘在其中。」[10]

　　黃汝濤自康熙後期到臺灣經商後，由於事業發展比較順利，曾在鹿港開辦「錦鎭」商行，俗稱「泉郊行」。隨著族人來台經商人數的增多，商行的規模也不斷擴大。至乾隆十年（1745 年）左右，族人們又在鹿

[6]　《龜湖鋪錦中鎭房黃氏族譜》，黃時芳：《皇清待贈先妣七十二齡寬愛林孺人暨塚男國學生馥村黃府君附葬壙誌》。

[7]　《龜湖鋪錦中鎭房黃氏族譜》，黃燦播等：《皇清待贈國學生顯考五十有九翁約亭黃公暨妣七十有七齡孝勤尤孺人合葬壙誌》。

[8]　《龜湖鋪錦中鎭房黃氏族譜》，黃以成：《皇清歲進士例授修職佐郎顯考六十翁藉軒府君行略》。

[9]　《龜湖鋪錦中鎭房黃氏族譜》，黃元寬：《懷實府君暨靜懿孺人行述》。

[10]　《龜湖鋪錦中鎭房黃氏族譜》，黃鴻烈：《醒心隨筆小引》。

港開設了新的商行「新錦鎮」。其侄兒黃約亭記云：

乾隆十一年丙寅十月時，余廿一歲，自海山回家完婚。越丁卯廿
二歲正月尾，即同吳望表下廈門往臺灣，治代捷哥回家。戊辰廿
三歲八月南路阿豬糶米粟，到府驟然起價，發出一半，算長利息
有三百餘金。十月與漳人水仙宮後贖行細共銀四百員，自己一
半，出銀二百員。己巳廿四歲，回家普度。庚午年廿五歲，又進
鹿港代高瑞表回家，任「新錦鎮」莊事。時大冬紅粟價三兩八，
翻冬紅粟四兩二錢三，各大利息甚多。九月家樓哥招「舊錦鎮」
合夥生理，家樓哥出銀三百二十兩，餘自己出銀一百一十兩，捷
哥府上寄到一百，又自己家紡織存銀十兩，共落在「舊錦鎮」中
長利，作三份開，樓哥、德哥及余各百餘員。自己份內取起八十
員，買牛墟埔菜園並竹園一所。辛未年廿六歲，買後埔頭厝地三
塊，自己分西邊一塊。乙亥年三十歲，買鹿港大街頂店一座，銀
一百一十兩。又翻蓋，俱此內支銀。[11]

清代後期，黃氏家族在臺灣鹿港開設的郊行還有「錦源號」、「錦豐
號」等。這些郊行主要經營泉州與鹿港兩地的生意，這也是清代泉州其
他商人在閩台兩地經營商業郊行的主要活動地點。因此，不少泉州商人
也在泉州建立了相應的商行，號為「鹿港郊」。乾隆年間，鋪錦黃氏家
族同樣在泉州建立了「豐源號」、「協濟號」等鹿港郊行[12]，以經營泉州
和臺灣的貿易。黃約亭復記云：

乾隆二十一年丙子，「舊錦鎮」與樓哥合生理新橋行中代糶貨物，
辦布筒。尚在「豐源」處銀八十兩。我欲少開一分，利息銀有八
十餘員。而樓哥堅然欲還我，我堅不肯受。後我達他可將此銀修
路，乃作一分，再於「錦鎮」內生活。至戊寅年母利有一百六十
員，始買石鋪洋內大路並修理一條橋。……乾隆二十六年辛巳五
月初一日往潮州府惡溪買杉六儎，六月同杉船回來，遇颶風將起
銅賒鑼澳棄椗，一夜驚惶。明早登岸，由銅山旱路歸家。七月十

11 《龜湖鋪錦中鎮房黃氏族譜》，黃約亭：《十三世約亭公自記年譜》。
12 參見《泉州晚報》海外版 2001 年 12 月 25 日第三版，《尋根問祖·泉台鋪錦黃姓一家親》（中）。

> 九日啟土建城東草埔尾徐厝庭大厝四落，東西廳以便護厝。……
> 周榜官典當停止，將各衣服胎貨搬來寄在「豐源」本店，有千餘
> 金，與承受坐賬利息甚多。冬十月日湖出海，郭貴哥船到鹿道，
> 泉中油起價，店中無銀可買，適逢許瑤官兌銀回泉，排到八百五
> 十元，高合官即去買油八十餘桶，每擔二兩八錢二，至二月昂價
> 四兩五，每擔利息有二大元，豈有此非天財有數乎！[13]

　　清代中期即乾隆四十九年（1784 年），清政府設立海防官署於晉江
縣蚶江，並以蚶江作為與臺灣鹿港對渡的港口，統轄泉州一府五縣對台
人員往來和商業貿易等事宜。從此以後，不僅鋪錦黃氏家族的對台郊商
活動進入其繁盛時期，其他泉州的郊商也都得到相應的迅速發展。據載
當時各地來蚶江開辦郊行的商人增至近百家，其中「較有名氣者為前垵
歐姓的泉勝號、王姓的珍興號、珍源號、和利號等，後垵的泉泰、謙記、
勤和、錦瑞、坤和、謙隆、泰豐、裕坤等，記厝的謙恭、協豐、謙勝等，
還有蓮塘蔡姓來蚶江開設的晉豐號，崇武鄭姓的惠和號，泉州□姓的泉
仁號。……以上所舉的行號，資金充足，經營有方，業務蒸蒸日上。泉
盛、珍興、和利、協豐、晉豐、謙隆等行號在台設有分支機構；其他各
行均派出人員常住臺灣，負責辦理一切購銷事宜，以及瞭解商情回報。」
[14]晉江縣蚶江與臺灣鹿港對渡局面的形成和蚶江郊商的活躍，必然促使
鋪錦黃氏家族的郊商在與臺灣鹿港的商貿往來中，大多取道於這一通
途。然而，隨著廈門口岸政治經濟地位的提高和黃氏家族郊商業務的拓
展，一部分黃氏族人也進而到廈門開辦商貿業務，從而逐漸形成了泉州
蚶江、臺灣鹿港、泉州廈門臺灣的多角商貿往來關係。在黃氏族譜的記
載中，清代中後期到廈門經營者不乏其人：

> 黃（瑞昆）寬厚，生平極溫厚和平。幼時即具聰明智慧，初向志
> 於舉業，因胞弟瑞榮尚幼，吾叔樸堂公在外經營，欲為代勞，是
> 以輟舉業效貿易，而書香之念每每不忘。……計其一生善行亦不

---

[13] 《龜湖鋪錦中鎮房黃氏族譜》，黃約亭：《十三世約亭公自記年譜》。

[14] 黃杏仁：《蚶江郊商之興衰》，載中國人民政治協商會議福建省市獅市委員會文史委編：《市
　　獅文史資料第一輯》，1992 年 3 月出版。

能以盡述，總之好仁尚義慈孝友恭。在廈（門）十餘年，甘苦備
嘗，而交關貿易一以正道為尚。至英夷亂廈，隨即旋歸閭裡，無
何以疾終於正寢。[15]

寬慎黃府君，……公不辭風霜，願拮据經營，迨二十四歲將數年
來粒積辛金以為受室之資，起令堂心始安。……孝友可風，仁義
為重，順行方便，有長者遺范。方冀甫踏實地，可幹功立業，孰
意不克享壽，終於廈（門）島。[16]

質裕黃公，……五歲失怙，爾時即能含哀致敬，眾異之。迨十八
歲出遊廈（門）島，持會計，理生業，忠厚接人，咸稱古道焉。……
計在廈經營二十餘年，勤儉積蓄，汔可少康，詎意心辛勞喪明，
不克展其才，而賫志以歿。[17]

公諱廷熙，字邦士，號詒泰。……鷺島代兄經營，俟兄子成長，
始以微資自謀生計，又有薛包褚彥回之風。迄今兄弟至老無間。
臨訣時猶指顧妻子殷殷寄重。此其悌又可知矣。[18]

（黃）子吉自輟（舉）業後，即赴廈（門）島佐吾兄太封翁茂士
經營，在外之日常多而居家之日常少，而孺人撫養兒子愛而兼
教，有父道焉。迨兒子長成，即為娶室，而推愛子之心愛婦，推
教子之心以教婦，有令其為子為婦者更歎罔極之難報焉。[19]

從這些記載中，我們可以看出當時黃氏郊商在廈門頻繁活動的情
景。他們通過泉州、鹿港、廈門三地的郊行，把臺灣的米糧、食糖、海
貨等地方產品運到大陸銷售；而內地則從北方牛莊、青島、大連、天津
等地（俗稱北郊）的黃豆、麥粉、細布，以及鎮江、南通、溫州、福州
等地（俗稱南郊）的食品、紅料杉木、用具等運到臺灣銷售。而由福建
泉州等地運往鹿港的貨物，主要以陶瓷器、傢俱、藥材、茶葉、布匹、

---

[15] 《龜湖鋪錦中鎮房黃氏族譜》，黃福潮：《黃清待贈顯妣六十有九齡順靜黃母陳太君洎塚男
雍進士寬厚黃先生祔葬墓誌銘》。

[16] 《龜湖鋪錦中鎮房黃氏族譜》，黃福潮：《皇清故考四十有二翁寬慎黃府君墓誌銘》。

[17] 《龜湖鋪錦中鎮房黃氏族譜》，黃鋼鐸：《鄉飲大賓質裕黃公壙誌》。

[18] 《龜湖鋪錦中鎮房黃氏族譜》，黃步瀛：《皇清例授修職郎議敘按察使司知事五十二翁詒恭
黃公墓誌銘》。

[19] 《龜湖鋪錦中鎮房黃氏族譜》，黃清華：《皇清例贈孺人四十有七齡先室端順郭孺人墓誌銘》。

苧麻、金褚、煙葉等爲主。[20]

　　從乾隆到道光、咸豐（1736-1861 年）的近 150 年間，大體是鋪錦黃氏郊商最繁榮的時期，隨著商業利潤的增長和經濟地位的提升，這個家族參與泉州、鹿港地方事務的欲望也隨之增強。而公益事業的興建，又大大提高了家族商人的社會地位。因此，當道光年間晉江縣重修地方誌時，黃氏家族至少有三位商人的義舉被記載到縣誌中去。《晉江縣誌》卷八有上述黃汝濤及其侄兒黃時芳（約亭）的事蹟云：「龜湖塘，在二十四都，長一千八百餘丈，闊八十二丈，深一丈，東至塘後村，西至石獅亭，南至塘岬村，北至大洋。灌田三千八百餘畝。……國朝乾隆壬辰秋，霖雨岸崩百餘丈，鋪錦鄉鄉賓黃汝燾（濤）暨姪時芳修築，費白鏹八百餘兩，鄉人欲伐碑紀德，燾力辭之。」[21]同書卷十一則有蕭漢傑記載族商黃清和參與重建順濟橋的事蹟云：「順濟橋自宋太守鄒公創建後，歷元明國初，旋壞旋修，載於舊碑者詳矣。乾隆丁酉，吊橋朽敝，重造者林公振嵩。嘉慶癸亥，吊橋沒於洪水，承造者林公文時。丁丑，石版折墜，暫架以木，即黃君清和。己卯狂飆折闌，伐石修整，即林君文獻。乃工成，循橋檢校，橋之第十坎十一坎駕橋石墩已攲側裂痕，行將攲倒，呼工估價修葺，非數人所能共功。於是王君日曜、黃君清和、林君文獻、陳軍鴻謨、石君煥章倡議捐修。幸樂善者多，各宏願力，遂興工於己卯年十月十一日，蕆事於庚辰年十一月十八日。從茲易危爲安，履險如夷，諸君子利濟之功，豈有此不偉哉！」[22]黃清和的族兄弟黃清文，在泉州經營鹿郊生意，道光年間參與重修泉州最著名的寺廟開元寺，如今在開元寺內一石塔的佛像旁還留有「鹿港商捐資，錦裡黃清文董事重修，道光四年公立」的刻文。[23]從這些遺留下來的地方文獻記

[20] 參見黃杏仁：《蚶江郊商之興衰》，載中國人民政治協商會議福建省市獅市委員會文史委編：《市獅文史資料第一輯》，1992 年 3 月出版。

[21] 周學曾等纂修：（道光）《晉江縣誌》卷八《水利志》，福建人民出版社 1990 年 7 月出版，第 145 頁。

[22] 周學曾等纂修：《晉江縣誌》卷十一《津梁志》，福建人民出版社 1990 年 7 月出版，第 123 頁。

[23] 轉引自莊為機：《古刺桐港》第 349 頁，廈門大學出版社 1989 年 9 月出版。

載中，我們不難瞭解到當時黃氏郊商在泉州地方有著較高的社會地位。

到了清代後期，由於受到近代世界與中國變局的影響，以及鹿港港口淤塞等原因，閩台兩地的郊商，從整體發展趨向看是有所衰落。[24]但是一直至光緒年間（1875-1908 年），鋪錦黃氏郊商仍然在泉州晉江一帶具有較好的社會和經濟地位。光緒辛巳七年（1881 年），晉江蚶江蓮埭七星橋受損，當地士商集資修葺。現存的《重修七星橋碑》中詳記當時捐資芳名，列在首位的就是鋪錦黃氏家族的郊商兼監生黃景辰。茲將該碑文摘抄如下，以見清代末期泉州晉江蚶江一帶的郊商情景以及黃氏族人在其中的首要地位：

> 重修七星橋碑
> 錦鋪監生黃景辰，捐銀六十大圓
> 鹿港林慎泰，蓮埭林謀泰，各捐銀二十大圓
> 蚶鹿林協興，捐銀十五大圓
> 蚶鹿王順安，捐銀七大圓
> 石壁林德泰，捐銀六大圓
> 洪尾蔡通觀，捐灰二十擔
> 蚶江林恭記，捐銀一十五大圓
> 浙紹吳葆坤，林合益，各捐銀六大圓
> 馬巷諸布郊，安海崇盛，芙蓉守善堂，各捐銀五大圓
> 林迪源，捐銀六大圓
> 安海林衙遠，蚶江林士准，蓮埭林束昌，各捐銀四大圓
> 鹿港施進益，梁新榮，歐成泰，亭下王捷益，青陽李進利，山仔吳錦興，蚶江王媽陣，林裕紀義記，各捐銀三大圓
> 鹿港黃錦源，謙益號，錦美號，復盛號，利源號，順利號，洪瑞虔，協春號，王萬利，水頭王則保，王則鐘，王則振，王則明，王玉佩，王道萬，洪進源，洪復興，洪源昌，蚶江林協源，林福源，林順發，林錦珍，林義泰，王金錠，歐協益，紀經銓，存德堂，珍裕號，黃長春，蔡源順，蔡崇興，紀義合，各捐銀二大圓

（以下捐銀一大圓的商號和個人名單共有六十，從略）……
光緒辛巳七年冬月[25]

鋪錦黃氏郊商除了在家鄉泉州一帶倡議捐資建設許多地方公益事業之外，在臺灣鹿港的地方事務中，也發揮著一定的社會作用。如鹿港著名寺廟龍山寺的重修，郊商黃時芳等人都曾積極參與，從而在當地取得了良好的社會聲譽。

鋪錦黃氏族人起初來到鹿港經商從業，其家族的重心主要還是放在泉州的祖家，商人們奔忙於海峽兩地，來來往往。他們在獲利之後，往往把利潤帶回泉州，仰養俯育，擴大家業。然而隨著赴台人數的增多和郊行生意的擴大，不可避免地需要在當地購置田地、房屋等等產業，同時也會因為經濟活動的需要而在鹿港形成新的社會關係。在這樣的基礎上，一部分黃氏族人也就逐漸在鹿港定居了下來，形成了新的家族。這些定居於鹿港的黃氏族人，依然是聚族而居，在鹿港泉州街建立了與泉州晉江祖家名稱相同的「鋪錦巷」，並把晉江鋪錦村祖家供奉的先祖牌位，以及集英堂佛祖、清暉堂薛大巡等神明迎到鹿港，在鹿港建立了新的鄉族組織。[26]特別是當清代末期鹿港的商業環境惡化、日本佔據臺灣之後，許多黃氏族人也同其他家族的族人一樣，完全成了鹿港當地的居民了，他們與祖家晉江鋪錦的聯繫，就不能不逐漸疏遠了下來。

二、黃氏郊商的家族傳承關係

清代泉州晉江鋪錦黃氏郊商的發展，是與家族內部的傳承關係緊密聯繫在一起的。通過分析黃氏郊商的譜系記錄，就可以發現所謂的族商，並不是在家族內普遍分佈的，而是存在著某一些支房比較繁盛、而某一些支房比較稀少的非平均現象。

鋪錦黃氏家族的郊商，主要集中在黃精敏這一支房上。黃精敏是這

---

[25] 碑文現存於蚶江鎮蓮埭村龍津寺旁。
[26] 以上參見《泉州晚報》海外版 2001 年 12 月 22 日第四版，《尋根問祖‧泉台鋪錦黃姓一家親》（上）。

個家族在清代前期較早從事商業活動的族人之一，《族譜》載其事蹟云：

> 精敏公甫八歲而（父親）君佐公見背矣，母子煢煢，形影相弔。……
> 精敏公雖輟舉子業習計然，終以書香為惓惓，……以無忘太孺人
> 及精敏公承先啟後之遺意。[27]

黃精敏生有三個兒子：長子黃醇齋，次子黃篤齋，三子黃義齋。由於父親曾經經商的緣故，子繼父業，長子黃醇齋也走上了經商的道路。黃醇齋，即是上面所講的較早在臺灣開辦郊行的黃汝濤，「未弱冠，北經燕吳，南遊浮島，備嘗艱難。」[28]

黃醇齋在臺灣鹿港經營郊行取得成功之後，提攜自己弟弟的兒子一道參與郊行的生意。所謂「篤愛二弟，仲則秉受羸弱，恒需藥物以供；季則生涯鈍蹇，不厭繼續為資。詎仲叔篤齋中年即世，遺孤有五，俱幼。父（醇齋）提攜之、教誨之，俾各成材，以殖其業。」[29]黃醇齋的侄子後人在墓銘中亦稱：「篤齋公見背時，父（黃約亭）尚幼，撫養教誨賴祖母林孺人及祖伯父醇齋公提攜之功。成童後即經營海外以分祖伯任」[30]，「奈父壽莫延，中年而鏡破鸞分，爾時呱兒盈室，雖賴伯父（醇齋）經營，視姪（黃馥村）如子。……豈商賈者儔歟。」[31]黃篤齋的第四子黃樹穎墓銘亦云：「篤齋公舉丈夫子五人，公（黃樹穎）行四，少聰慧，倜儻不羈。六歲失怙，賴伯父醇齋公提攜，然昆季妙年便知稼穡艱難，或渡東寧，或馳南楚、過越江、涉海島，皆為牽車服賈。」[32]除了二弟黃篤齋的兒子追隨伯父經商從賈之外，其三弟黃義齋的長子黃遺

---

[27] 《龜湖鋪錦中鎮房黃氏族譜》，柯可棟：《儉德陳太孺人暨精敏公祔葬墓誌銘》。

[28] 《龜湖鋪錦中鎮房黃氏族譜》，柯偉生：《恭祝大鄉賓聲翁黃老丈台六十一齡序》。

[29] 《龜湖鋪錦中鎮房黃氏族譜》，黃春林：《皇清贈鄉飲大賓先嚴八十二翁醇齋黃府君墓誌》。

[30] 《龜湖鋪錦中鎮房黃氏族譜》，黃燦播等：《皇清待贈國學生顯考五十有九翁約亭黃公暨姚七十有七齡孝勤尤孺人合葬壙誌》。

[31] 《龜湖鋪錦中鎮房黃氏族譜》，黃時芳：《皇清待贈先姚七十二齡寬愛林孺人暨塚男國學生馥村黃府君附葬壙誌》。

[32] 《龜湖鋪錦中鎮房黃氏族譜》，柯鴻逵：《皇清待贈顯考正中黃府君暨繼姚待旌清勤包孺人合葬墓誌銘》。

章也受到伯父及堂兄弟的影響,「習計然術」。[33]

　　黃醇齋的兒子黃翼亭雖然沒有繼承父業從事對台貿易活動,而專心於讀書科舉,但是他的兒子卻有從商者。「敦紀黃公,諱燦松,字信來,章之第五兄也。先父郡庠生翼亭公有子八,公列行五。原居晉江南關外二十四都龜湖鋪錦鄉,後徙居泉城小東門內徐厝埕,即今宅也。公自幼聰慧,眾皆異之。以家計蕭條,乃輟舉子業,游台陽,持會計交關貿易,相識者咸稱為忠厚人焉。」[34]黃敦紀的兒子黃培藩也繼承父業,在廈門經營郊行,「質裕,諱培藩,字宣士,名式銘。……廈島持會計、理生業。……居家則事親以孝,教子以義,處諸父昆弟之間,雍睦無間言,生平之行事大略可觀業。」[35]

　　至於黃篤齋派下孫輩經商者的人數就更多了。黃仰亭之子黃燦衢,字信曜,號衷恪,「孝友性成,詩書素嗜。困於家計,輟業貿遷,重洋服賈,卒於台洋」[36],「衷恪公輟舉業效貿易,往返東渡十數年。伯母益思勞苦分憂。……無論子之幼,凡鞠育顧複息息相關,即令之長而服賈牽車。」[37]黃衷恪的孫子黃鋼斗,「生而魁梧,長而穎異,經史子集文賦詩詞靡不淹通博覽,所作八比五言什款,當世名公卿鹹器重之。嗣因先大父謝世,棄詩書習計然,直道而行,不欺不詐,忠厚遺風,口碑載道,可無論矣。」[38]黃約亭之子黃樸堂,「吾叔朴堂公東渡數次、三十餘年,叔母於家庭亦以勤儉為良圖,其料理靡不至當焉。則其能盡妻道也如此。至於母道尤不能以盡述。當兒子幼時,鞠育顧複息息相關。至兒子長成,牽車服賈,亦依依不捨。其間教以義方,示以物理,靡不曲盡而

---

[33] 《龜湖鋪錦中鎮房黃氏族譜》,黃以成:《皇清歲進士例授修職佐郎顯考六十翁籍軒府君行略》。

[34] 《龜湖鋪錦中鎮房黃氏族譜》,黃璟章:《敦紀公暨姚靜睦劉孺人次男培祝合壙誌》。

[35] 《龜湖鋪錦中鎮房黃氏族譜》,黃鋼鐸:《鄉飲大賓質裕黃公壙誌》。

[36] 《龜湖鋪錦中鎮房黃氏族譜》,蔡朝陽:《皇清貤贈承德郎晉封奉政大夫顯考衷恪公黃暨貤封安人晉封宜人顯姚勤慈蔡太宜人合葬誌》。

[37] 《龜湖鋪錦中鎮房黃氏族譜》,黃步瀛:《皇清貤封安人晉封宜人八十有三齡黃母勤慈蔡太宜人墓誌銘》。

[38] 《龜湖鋪錦中鎮房黃氏族譜》,吳立中:《皇清雍進士例授承德郎候選通判五十二翁慎樞黃公墓誌銘》。

周至。」[39]黃約亭之孫黃瑞卿，「知家計慮不給，爰舍舉子業而習計然術，承五叔祖朴堂公誨，精其業，十四歲即渡台為人權子母，每歲必另寄金為先大父瞻養計。其時府君所獲無幾，然未嘗不殷殷以父母為念，其孝心之流露可知矣。……道光癸卯年間府君旋鄉。鄉與鄰之三鄉異姓鬥且狠，賴府君周全者數十命，事旋寢。他如創修廟宇，府君時竭力捐資，故於泉之開元寺及虎岫寺亦捐金數百為助其成。在台也，凡有義舉，知無不為。咸豐辛亥歲，澎人洊饑告急於台之各大憲，府君奉憲諭倡捐賑輸數百金。……年漸就衰耄，食少事煩，染而益深，幾成關隔，不孝欽成於今年二月間同長男自唐奔赴侍養，不孝鵬程復於九月間渡台奔赴侍養，擬欲迎歸。府君雖稍弱，然猶日操會計不甚艱。……府君艱難創業，幼而壯、壯而老，日就市肆以致其豐，使不孝等席其蔭，飽食暖衣，安坐而享其成，而府君猶以六旬餘經營海外，旋歿於斯。」[40]黃瑞卿之弟黃瑞錦，也跟隨其兄赴台經商，「府君幼頗知家計，每慮先大父舌耕有限，入不供處，爰舍舉子業而習計然術，十六歲即渡台為人權子母，所有積蓄毫無私意，一一寄回以為先大父瞻養之計，雖遠適異地未嘗不殷殷以父母為念，其孝心之流露可知矣。……府君一生艱難創業，幼而壯、壯而老，日就市肆以致其餘，使不孝等席其蔭，飽食暖衣，安坐而享其成，而府君猶以五旬餘經營海外，旋歿於斯。」[41]

　　從《鋪錦黃氏族譜》的族人傳記資料看，這個家族的郊商們，絕大部分出自於清代前期黃精敏的直系子孫，為了更清楚地瞭解這一點，茲將這個家族在清代經商的主要人物譜系列表如下：

[39] 《龜湖鋪錦中鎮房黃氏族譜》，黃福潮：《皇清待贈顯妣六十有九齡順靜黃母陳太君洎塚男雍進士寬厚黃先生祔葬墓誌銘》。

[40] 《龜湖鋪錦中鎮房黃氏族譜》黃宗漢：《皇清雍進士軍功五品銜詰授奉政大夫候選同知加一級宏度黃府君行述》。

[41] 《龜湖鋪錦中鎮房黃氏族譜》，黃夢丹：《皇清雍進士例授修職郎五十有一翁怡岩黃府君行述》。

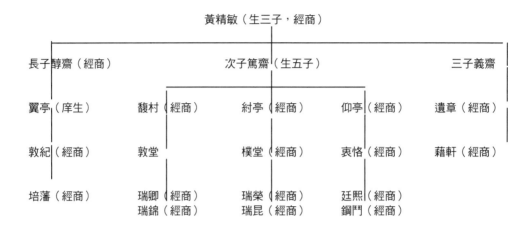

　　從這個譜系可以看出，從清代前期黃精敏開始經商，到清末黃鋼鬥
止，前後五代人共經歷了約二百年的時間，鋪錦黃氏家族郊商的傳繼，
基本上還是以近親的血緣關係為主要紐帶的。其他家族的成員，雖然偶
有經商者，但是其人數與規模有限，遠不能與黃精敏這一支有著穩定的
近親血緣紐帶的郊商傳繼關係相比較。在中國傳統社會裡，由於缺乏有
效的商業保障措施，人們在從事商業等經濟活動時，自然而然地把商業
等經濟活動的誠信寄託在血緣關係之上，並且以為血緣關係越親近，這
種誠信就越可靠。於是，郊商們在從事商業活動的過程中，往往通過家
族的關係而進行的；商業活動的長期延續，也往往通過家族內部的血緣
關係而得以傳承。在上面引用的許多資料中，已經反映了這種情景，如
黃醇齋提攜四位侄兒到鹿港經商的事實，就是一個典型的例子。在《黃
氏族譜》中，我們可以看到許多類似的記載，茲復引三則如下：

> 府君諱瑞卿，字慶士，謚宏度，……承先五叔祖朴堂公誨，精其
> （商賈）業。……府君為先功叔毅軒公所器，公以其台之生計，
> 援府君理之，府君經營籌畫，坦而且勤。先功伯積頗豐，代理有
> 人。府君以五叔祖退閒，生涯乏旁貸，因自謀代叔祖任事，更為
> 先功伯清釐賬項，年餘不受辛金，蓋善始善終以報先功伯之知遇
> 也。府君承先約兄弟各計分營，迨饒裕又以其餘分諸房親。……
> 府君念先五叔祖之提攜，而以五叔祖之子若孫，處之如兄弟姪
> 焉。……府君以四叔父練達，委治家克無內顧憂，四叔父亦善體

府君意，罔不周。[42]

（黃燦松）游台陽持會計、交關貿易，相識者咸稱為忠厚人焉，生平謙讓篤實。……凡有親戚叔兄弟姪渡台營利未獲棲所者，皆為留心引薦，俾得安身之地。……（其子）培祝年值髫齡，從余（叔璟章）東渡，先意承志，循循規矩之中。余異其恢大業、振家聲，以大慰所望焉。[43]

祖母氏汪，諱福娘，號孝慎，系出臺灣望族，祖敦紀公繼室也。……敦紀公服賈東瀛，行誼孚於遠邇。先娶祖妣靜睦劉孺人，亦系台陽巨家，以產逝。時祖母待字閨中，乃媒定焉。歸敦紀公後，相夫以義，凡宗親之渡台營利者，皆勸敦紀公款留之、薦拔之，俾得安身焉。[44]

正如以上記載所反映的那樣，在異鄉經營商業，家族內部的相互提攜和相互幫助，對於事業的成功起到了重要的作用。這種情景並非鋪錦黃氏郊商如此，清代泉州其他郊商也大多如此，據載：「（泉州）蚶江郊商的特點，以其家族為基礎，郊行中的一切人員如司庫（倉管）、出采（駐外人員）、內櫃（出納）、出海（船上管理員）、經理以及一切勤什人員，必須在本族中挑選，非不得已，絕不雇用外人。此所謂『肥水無流過別人田』。另方面，一有事故發生，族中人也會出面排解，以壯聲勢。」[45]

隨著商業業務的擴展，郊商們要完全依靠近親的族人來維持生意的運轉也是不現實的，他們必須在一定程度上聘用遠房或者外姓的能手來參與自己的業務，同時，商業的往來也需要經常與社會上的不同人群進行溝通交流與合作。在這種情況下，郊商們的普遍作法是：以最近親的血緣關係為核心，逐步擴大到本家族、本宗族以及姑表親戚，進而再向

---

[42] 《龜湖鋪錦中鎮房黃氏族譜》，黃宗漢：《皇清雍進士軍功五品銜誥授奉政大夫候選同知加一級宏度黃府君行述》。

[43] 《龜湖鋪錦中鎮房黃氏族譜》，黃璟章：《敦紀公暨妣靜睦劉孺人次男培祝合葬壙誌》。

[44] 《龜湖鋪錦中鎮房黃氏族譜》，黃鋼祿等：《四代大母八十一齡顯祖妣孝慎汪孺人墓誌》。

[45] 黃杏仁：《蚶江郊商之興衰》，載中國人民政治協商會議福建省市獅市委員會文史委編：《市獅文史資料第一輯》，1992 年 3 月出版。

以地緣為紐帶的同村、同鄉、同縣以及同府、同省的關係發展。泉州郊
商們的這種聯繫紐帶，即使是在清代全國的商人組織形式中，也帶有一
定的普遍特徵。

　　清代商人的以近親血緣為核心逐漸擴展到以地緣為聯繫紐帶的組
織特徵，將直接影響到商人們的活動空間及其所經營的範圍。從一般常
識上說，商人們對於有利可圖的經營專案和經營地點，都會積極地爭取
參與。但是至少清代泉州的郊商們並不是如此。由於商人業務的擴展在
很大程度上是依賴於血緣與地緣的鄉族連帶傳承關係，當某一些族人或
鄉人在某一些地方取得經營某些商業專案的成果之後，他們將吸引前來
參與經營的人員首先是血緣近親以至於本家族、宗族或本鄉的族人、鄉
人，而那些尚未出外經營的族人和鄉人，當然也是希望初到異井他鄉，
能夠在本族、本鄉的先來者的幫助或庇護之下從事相同的事業，其發展
的前景會比較可以期待。在這樣的情景下，泉州郊商的經營空間和經營
範圍就不能不出現趨同的現象。同一個家族或鄉族的外出商人，往往聚
集在相同的地點經營著比較相似的商業項目。鋪錦黃氏家族的郊商基本
集中在臺灣鹿港、廈門兩地經營兩岸的貨物貿易，無疑就是他們內部鄉
族連帶傳承關係的必然結果。

　　我們在清代同時經營於鹿港的泉州府晉江縣的其他家族郊商中也
都可以發現類似的現象。如陳埭丁氏家族，清代外出經商的族人，大多
集中在臺灣、浙東和廣東三地。族譜中記載，族人丁玨曾，「字孫合，
自幼讀書識大義，容貌端嚴，威儀可畏。貨殖堪誇端木。……弱冠，學
賈東甌，始為記室之任，篤桑梓之誼，見信于同鄉，群相勸勉，投筆學
陶，給帖開行，專售南北貨物，舟車輻輳，商賈雲集，以故資貲頗饒，
薄置田宅。」其弟丁城圍，「字孫東，……少時從二兄服賈（東甌）多
年，以誠實著名。復善經營，族中富厚者信之，爭任以為股肱，而祖叔
惟首任者是從，終不少易，人益重之。自少至老，交遊甚眾，仰其名若
山門，鄉中學賈者皆師事之。」丁嶷曾，「號樸直，約園公第五子也，
自幼攻書，因家計少耗而輟業。至長，從予于溫（州），以圖財利。由

是同心協力，克勤克儉，而家漸充。」丁君梯，「字淑登，號純厚，……赴粵就余學賈，年甫十八。……自置生理，粵之人嘉其老成，許以才德兼備。」丁杜賢，「字愧陵，……自少家事清澹，遂輟學業，營謀生理，往粵經商有年。辰初從學賈，賴其朝夕訓誨，得以成立。叔父每年販粵一次，跋涉艱辛，歸時囊有餘裕，樂善不倦。」丁圓圓，「以家計東渡（臺灣），中年往返，業時頗曉事。聞祖母謂父曰：兒，吾老矣，兒不可遠離。父遵命，遂於本鄉設教，逮事祖母多年。」丁宗璧，「早年到浙東、臺灣等地經商，雖終年奔波而收入不多見，家資澹薄。」丁純良，「字振業，官名克家。公年十三，往台省父。父賈于鹿港，久違膝下，見之甚喜，遂居焉。」[46]

　　再如晉江石龜村許氏家族，也是在臺灣鹿港經營郊行的著名家族。[47]這個家族的從商者在家族連帶傳承的關係下，形成了以泉州、鹿港郊行和在南京經營絲綢並運販於三地的特點。如根據族譜的記載，清代中期該族昌字輩的族人許為昌，字克協，「承叔父（江甯）店務，開鬻紬緞，市情熱鬧甲于同行，亦坦誠所致」；亮昌，字克凝，「兄弟協力經營絲房，為人善睦族、喜賓客」；篤昌，字克厚，「自幼從兄協理絲務。後開鋪營生，貫於漳廈，交關財源」；綸昌，字克掌，「從二兄治絲之藝，雖無大才，頗堪供用」；眉昌，字克保，「從事計然，克盡子職，周曆於江寧之間，以供菽水」。其他如莛昌，字克敬，「駐居江寧」；禕昌，字克珍，「駐居江寧」；繪昌，字克會，「駐居江寧」；祀昌，字克吉，「駐居江寧」；祁昌，字克安，「駐居江寧」。[48]這些記載，都說明了清代泉州商人由於受到鄉族連帶傳承關係的影響，在經營地點和範圍上往往出現趨同的情景。清代泉州郊商的這種帶有以血緣和地緣紐帶關係的組織特

---

[46] 莊景輝編校：《陳埭丁氏回族宗譜》卷三，《傳記、行狀》。香港，綠葉教育出版社1996年第一次出版。

[47] 關於許氏家族在臺灣鹿港從事郊行的情景，可參見林玉茹：《十九世紀變局下鹿港郊商的肆應貿易活動：以鹿港許志湖家郊信文書為中心的介紹與討論》。2003年12月參加金門技術學院主辦「閩南文化研討會」論文，尚未正式刊出。

[48] 以上均見雍正年間修：《石崖許氏族譜》卷六，《狀志錄》。是譜現藏廈門大學人類學研究所資料室。

徵，即使是在全國的其他商人集團中，恐怕也都在不同程度上存在著類似的情況。

三、「商紳」概念的提出

　　清代泉州郊商的這種鄉族連帶傳承關係，體現在鄉族組織的建構上，是商人影響力的不斷加強。同鄉族的商人在外地聚集在一起經營，促成了以地緣為聯繫紐帶的同鄉會館的形成，商人與同鄉的士紳無疑是促成這些會館建成的兩股核心力量。在家鄉，各種鄉族組織的建立和管理，以及地方公益事業的修建，基本上同樣也是由商人和士紳這兩種力量共同促成的。沒有士紳分子的宣導，鄉族組織的活動很難得到社會特別是外鄉族人們的普遍認可；而沒有財力雄厚的商人階層的積極參與，則鄉族組織的許多建構和措施，較難得到切實的施行。商人在鄉族社會上的積極貢獻，自然而然地為他們進入鄉族的管理階層提供了前提條件。因此應當看到，隨著清代商人階層的鄉族特徵以及他們參與鄉族事務的增強，他們已經成為與士紳階層同等重要的維護穩定甚而控制民間基層社會和鄉族組織的兩個主要力量。從這點上看，我們似乎有必要對清代中後期福建沿海地區的民間地方事務管理權力掌握分配主導地位上，提出與「士紳」概念相為配合的「商紳」的概念。只有這樣，才能更為全面地理解清代中後期地方基層社會管理權利的變遷歷程。

　　近年來，有些學者根據近代以來官紳與商人在中國政治與社會等方面所發揮的作用的變化，曾經提出了「紳商」的概念。[49]「紳商」概念的提出，似乎還是比較側重於官紳在這個階層中所發揮的作用。而我在這裡提出的「商紳」的概念，則更側重於商人在其中所發揮的作用，特別是在地方基層社會管理控制主導權方面所發揮的作用。「商紳」的概念，更確切的表述應該是：商人與士紳或是身份的結合，或是二者相互協作，共同成為地方基層社會管理控制中起主導作用的階層。從近代、

49　參見馬敏：《官商之間——社會巨變中的近代紳商》，天津人民出版社 1995 年出版。

特別是清朝末年以來福建的情景而言，商人們在福建地方政治、社會、經濟等方面所發揮的作用，一點也不比士紳或者其他社會階層有所少減。辛亥革命期間，福建籍的商人成為孫中山革命的最主要的經濟後盾，這是眾所周知的事實。而這些仗義疏財的福建籍商人，大部分是沒有官紳身份的純粹商人。進入民國以來，福建籍這些大部分不具有政治身份的華僑商人們，對於福建地方政治、社會、經濟等各方面的影響力，無疑已經大大超過了其他社會階層包括士紳階層的影響力。華僑商人們的社會影響力所及，甚至到了今天，依然處出可見，不容忽視。當然，「商紳」階層的社會影響力，可能在福建或者華南的沿海地區可能表現得更為突出，然而我們換一個角度來思考，這種現象不正也反映了福建及其他華南沿海地區商人及商品市場經濟較為發達而在社會管理上所發生的應有的變化。

第二節　清代泉州（鹿港）黃氏郊商的鄉紳關係

研究明清商人及商業史的學者，都注意到商人們與官僚士紳階層的關係，以及商業資本向讀書仕進之途的走向。然而對於商人們與士紳階層到底保持一種怎樣的聯繫，以及商人們鼓勵子弟讀書仕進的得失成敗諸問題，卻缺少較為深入的探討。本文，我試圖利用清代泉州（鹿港）黃氏郊商的族譜資料，對這一問題作一典型性的個案解析。

一、黃氏郊商讀書仕進的意趣

關於清代泉州黃氏郊商的商業經營狀況及其與鄉族的關係，我已經在上文中作了詳細的論述。我們只要進一步分析這一家族族譜中有關族人經商的所有資料，我們就不難發現：清代泉州晉江鋪錦黃氏家族雖然在郊行商業上取得了比較良好的發展，但是在實際上，黃氏族人對於事業的首位追求，並不是經商從賈，而是希望在讀書仕進方面有所發展。

其中最典型的例子是這個家族最先在臺灣鹿港創建郊行並且取得很大成功的黃醇齋（汝濤）。正如在前面所論述的那樣，黃醇齋在鹿港創辦郊行取得成功後，先後提攜二弟的四個兒子到鹿港經營郊行，事業又有了新的擴展。然而黃醇齋的唯一一位成年的兒子──黃春林（翼亭），以及大部分孫子，卻沒有使之成為郊行的繼承人，繼續從事商業活動，而是把他送進縣學，千方百計地要把他培養成士紳的人物。

　　正因為黃氏族人在事業上的首位追求是讀書仕進，所以我們在族譜中看到許多經商的家庭在商業成功之後，往往鼓勵自己的兒子走科舉的道路。如黃醇齋的侄兒黃遺章，經商有成，其子黃信園，「仰承父志，刻苦淬勵，寒不爐、暑不扇，漏三下咿唔之聲猶未輟寢。……戊申拜別叔母東渡，匆匆就試，獲道憲楊公樂顧，取入郡庠第一。甲寅又蒙楊公復列之高等，補廩閱十五載。至戊辰得貢成均。」[50]黃約亭也是這個家族中經營郊行比較成功的族人之一，但是他的兒子和孫子輩也大多成為讀書人，「長純禧、次元吉，俱國學生。自純禧出者，長瑞卿軍功五品銜；次瑞錦，國學生；三培心、四瑞瑛，按察司照磨。自元吉出者，長瑞坤，國學生；次瑞榮，從九品；曾孫欽成，國學生；鵬程，郡庠生。瑞卿出聯璧，台邑庠生，捐教職；聯輝，從九品。」[51]黃衷恪在經商之後，「舉丈夫子三：長廷茂，太學生，敕封奉政大夫，娶王太宜人、側室王太安人；次貽謀，例贈武德騎尉，娶蘇太安人，皆先歿。三廷熙，太學生。……廷茂出者八：安然太學生，娶郭氏；樹芳，即用儒學，娶郭氏；錦琮，即用部主政，娶陳氏；偉大然，太學生，娶吳氏；樹榮，業儒，娶王食，繼娶高氏。皆嫡室王太宜人出。金國，即用營守府，娶陳氏，出繼貽謀；興國，即用營守府，娶張氏；數基，業儒。……」[52]黃瑞錦幼習儒業，因家計所迫改從商業，然「酷嗜書香，因家計舍儒就商，

50　《龜湖鋪錦中鎮房黃氏族譜》，黃以成：《皇清歲進士例授修職佐郎顯考六十翁藉軒府君行略》。

51　《龜湖鋪錦中鎮房黃氏族譜》，吳邦治：《皇清貤贈恭人八十有七齡顯祖妣懿儉吳恭人誌銘》。

52　《龜湖鋪錦中鎮房黃氏族譜》，黃步瀛：《皇清貤封安人晉封宜人八十有三齡黃母勤慈蔡太宜人墓誌銘》。

而經史圖籍靡不建置，蓋時時刻刻未嘗不以詩書爲念。平居嘗告不孝（聯璧）曰：『吾房祖叔三峰公以進士備位參藩，蓋山公以副選兩蒞花縣，皆從詩書中來。爾小子亢宗率祖，舍誦讀不爲功。』故命不孝聯璧習舉子業。每面誨曰：『爾父所望者，惟願爾輩讀書成立而已。爾宜善體父志，以得堂上歡心。』凡延師教不孝，必厚其奉，而款之甚周。蓋今日不孝之得博一衿者，無非府君當日尊師之報也。」[53]據統計，「從乾隆年間開始，黃氏家族中鎮派下在臺灣求學取得學歷者有黃拱辰（副舉人，羅源知縣）、黃鋼水（貢生，內閣中書）、黃瑞英（按察司知事）等 18人。」[54]

其實，讀書仕進是一個成功率最低的行業。中國傳統社會里人們之所以首先追求讀書仕進，是因爲讀書得以仕進之後，不但可以取得高出普通民眾的政治地位和社會地位，並且可以利用這種政治地位和社會地位進一步取得經濟地位。黃氏家族的父輩們極力培養自己的子侄輩讀書仕進，當然是希望兒孫們能夠出人頭地，爲家族掙得高人一等的政治地位、社會地位以及與之相應的經濟地位。然而，讀書仕進能否成功畢竟把握不大。黃氏家族以其郊商的經濟實力，把大部分後輩送進學堂，但是能夠進入舉人、貢生階層的族人很有限。而不能進入舉人、貢生階層就很難成爲所謂的士紳階層，就無法得到相應的社會與經濟地位。尤其是，當子孫們不能進入到士紳階層的時候，又往往處於一種求功名不成、營生無方的尷尬境地。讀書不僅不能仕進，反而成爲家道中落的轉捩點。這種情況在族譜中也有反映，如黃醇齋的兒子黃春林，父輩對其寄望甚殷。醇齋「生平酷好典籍書畫。……兩構茅屋，一在錦裡，一在郡城。當早歲東寧旋歸，未遑卜居，即築書舍延師課督兒姪輩。識者稱其有志書香，謂先代三峰祖伯藩宣荊楚、蓋山祖叔鳴琴東流，必能振起其家聲。嗚呼！春林終歲抱經，一衿未換，奚克以慰父望也。」[55]由於

---

[53] 《龜湖鋪錦中鎮房黃氏族譜》，黃夢丹：《皇清雍進士例授修職郎五十有一翁怡岩黃府君行述》。

[54] 《泉州晚報》海外版 2001 年 12 月 29 日第三版，《尋根問祖·泉台鋪錦黃姓一家親》（下）。

[55] 《龜湖鋪錦中鎮房黃氏族譜》，黃春林：《皇清贈鄉飲大賓先嚴八十二翁醇齋黃府君墓誌》。

黃春林讀書未能成功地走進士紳的隊伍，致使他的家庭很快進入貧寒之列，其第五子黃敦紀，所謂「自幼聰慧，眾皆異之。以家計蕭條，乃輟舉子業，游太陽持會計。」[56]黃約亭是著名的鹿港郊商，其兒子輩中有黃敦堂者沒有繼承父業繼續經商，而是試圖讀書仕進，但是未能成功，只能以教生徒為業，收入微薄，迫使他的孫子再次棄儒從商。譜載「先大父（敦堂）讀書，……舍耕有限，入不供出。（府君）爰舍舉子業而習計然術。」[57]再如黃遺章曾經商於臺灣等地，立志把兒子黃以讚送學博科舉，族譜載黃遺章「酷好古書子史經傳語，有詩稿二卷。銳志書香，延師課兒（以讚）等，極禮之綢繆。兄少即能仰承父志，刻苦淬勵……（堂叔）翼亭公每以大器目之，鍾愛特甚，極意培植之。歲戊戌，遺章公見背，兄年二十五歲，家計蕭然，終鮮兄弟，賴傭館以資活。」[58]讀書仕進的失敗，使得父輩辛勤經商的財富積累消耗，一部分讀書的族人，不得不放棄舉子業，重新走上祖、父輩經商從賈的道路。這也正是清代的許多商人包括泉州郊商往往都有著棄儒從商經歷的重要原因。

　　然而，一方面是讀書仕進的前景實在過於誘人，另一方面，單純的經商行為畢竟只有一般的社會地位，如果能夠兼有鄉紳的社會地位，必然對於家族以及商業的發展有很好的幫助。於是，黃氏郊商們及其家族的另一種躋身於鄉紳階層的途徑，是利用經商得來的財富，通過捐納的辦法取得功名，從而成為名譽上的士紳。在黃氏族譜中，這樣的記載有不少，茲舉數例。黃約亭的孫子黃瑞卿，「職晉捐從四品銜，貤贈恭人家冠服。」[59]黃衷恪之孫黃錦琮，「由俊秀捐主政家二級，得贈貤吾父（衷恪）、貤封吾母。」[60]再如換黃邦士，「公生平天性克敦孝悌，慈惠而外，

56　《龜湖鋪錦中鎮房黃氏族譜》，黃璟章：《敦紀公暨姚靜睦劉孺人次男培祝合葬壙誌》。

57　《龜湖鋪錦中鎮房黃氏族譜》，黃夢丹：《皇清雍進士例授修職郎五十有一翁怡岩黃府君行述》。

58　《龜湖鋪錦中鎮房黃氏族譜》，黃以成：《皇清歲進士例授修職佐郎顯考六十翁藉軒府君行略》。

59　《龜湖鋪錦中鎮房黃氏族譜》，吳邦治：《皇清貤贈恭人八十有七齡顯祖妣懿儉吳恭人誌銘》。

60　《龜湖鋪錦中鎮房黃氏族譜》，蔡朝陽：《皇清貤贈承德郎晉封奉政大夫顯考衷恪公黃暨貤封安人晉封宜人顯妣勤慈蔡太宜人合葬誌》。

又有知人之明，待人之誠，以故資財不較，惟白手成家，勞力自甘，至終身而無怨，古之孤竹延陵不是過也。當道光十四年捐國子監太學生，至廿九年復遵例捐輸運本議敘按察司知事職銜，足以顯榮素行。」其子黃正中也因「急公捐需獎敘直隸州州同職銜，並請封典，勅贈父爲承德郎，母爲太安人。」[61]至於黃宏度對於子侄們的捐納更是熱心，族譜記其行述云：

> （府君）宏度世居泉之晉江南關外龜湖錦里鄉，誥贈朝議大夫。……府君承先約兄弟各計分營，迨饒裕，又以其餘分諸房親。歲時祭祀婚娶喪葬之事，無不備給。先祖母外族府君憫其式微，爰出己貲付其親以為祀費。凡諸戚族之念者罔有不濟。府君念先五叔祖之提攜，而於五叔祖之子若孫處之如兄弟姪焉。功弟聯璧赴台試，府君望其售甚急，及遊庠，喜而不寐。蓋較不孝之獲名也，更得意。今秋又以運米為捐教職。功弟聯標幼侍府君，朝夕殷勤教育，視如己出。……咸豐辛亥歲，澎人洊饑告急於台之各大憲。府君奉憲諭倡捐賑輸數百金，功弟聯標之職銜，即是舉所加也。癸年南京警聞、台府騷動，匪擾益急，城幾危。道府憲詣行中諭府君與石君倡勸郊中暫借軍需，府君力勸郊友，又自己倡捐借軍需三千員，郊人向義，賊勢寢衰，台府安堵。大憲嘉府君，力議敘府君六品軍功、布政司理問，繼復詳請誥贈先大父四品職銜，誥授府君五品職銜。[62]

通過各種捐納，黃氏郊商取得了某些功名職銜，並且蔭及父母，榮及鄉族，在很大程度上彌補了通過讀書仕進成敗難卜的不足，從而在一定程度上滿足了族人對於仕進做官的企望，同時也提高了郊商及其家族在地方社會上的地位。特別是商人們擁有一定的經濟勢力，一旦躋身於士紳階層，或者與士紳結成緊密的關係，他們能夠在管理和控制地方事

---

[61]　《龜湖鋪錦中鎮房黃氏族譜》，黃步瀛：《皇清例授修職郎議敘按察使司知事五十二翁詁恭黃公墓誌銘》。

[62]　《龜湖鋪錦中鎮房黃氏族譜》，黃宗漢：《皇清雍進士軍功五品銜誥授奉政大夫候選同知加一級宏度黃府君行述》。

務上取得更多的發言權和領導權，這樣就同時具有了紳和商的雙重身
分，成爲名副其實的「鄉紳」的人物。

二、黃氏郊商構建的社會網路

　　泉州郊商向鄉紳階層靠攏的另外一種途徑，還在於利用自己的經濟
實力，想方設法地與當地的其他士紳人物建立良好的關係，從而在自己
的周圍形成某些紳商結合的社會網路。在鋪錦黃氏族譜中，這樣的記載
也有不少。如黃醇齋在鹿港開辦郊行取得成功後，十分重視在地方社會
上發揮自己的影響力，結交官府和地方上層人物。乾隆十九年（1754
年）鄉紳進士河南光山縣知縣柯偉生爲他寫的六十大壽文中云：「有司
聞其立身之懿、行誼之敦，拜迎庠門，盛典隆重，必以君當此選，是雖
謙而不可掩其德，則雖欲再有所抑而無以阻其誠也。於是親串傳其事於
中州，求余言致祝。余曰此所謂符天道於人事，以身之有餘者得乎理所
常餘，非大雅干祿不回之說歟！」[63]黃醇齋的墓銘亦稱其「父爲人寬厚
和氣、藹然可掬，接者以爲如飲醇醪，號曰醇齋，稱其實也。……昔年
周甲，郡守高公、邑侯幹公舉賓于鄉，父膺盛典，額曰『德音式燕』，
一時子姪都人暨邑中紳衿碩彥，無不咸集稱觥。自此而七十、八十，凡
三制錦屏，名儒巨公胥贈詩文頌禱，蓋亦父之德行有足以表揚者也。」
[64]黃氏郊商撰寫先人墓銘、行述之類，大部分是由地方上的士紳人物執
筆撰文。如時任臺灣府學教授黃耀彰在爲鋪錦黃氏莊惠柯孺人撰寫的墓
誌銘中就談到他們與黃氏家族的交遊：「余與（黃）翼亭善，素相過從。
又其三子以成，與余長子同案；六子璟章在台庠，爲余學中門士。余故
稔知其家世。……今其子孫輩遊庠食餼者有人矣。」[65]又如己亥（乾隆
四十四年，1779 年）科鄉進士文林郎柯鴻逵在爲黃正中撰寫的墓銘中
亦云：「鋪錦黃姓爲吾晉南鄉望族，距吾家南塘約四五里。地邇情親，

63　《龜湖鋪錦中鎮房黃氏族譜》，柯偉生：《恭祝大鄉賓聲翁黃老丈台六十一齡序》。
64　《龜湖鋪錦中鎮房黃氏族譜》，黃春林：《皇清贈鄉飲大賓先嚴八十二翁醇齋黃府君墓誌》。
65　《龜湖鋪錦中鎮房黃氏族譜》，黃耀彰：《皇清待贈顯祖妣八十有二齡莊惠柯孺人暨塚男郡
　　庠生七十翁翼亭黃公塚婦八十一齡默閨郭孺人合葬誌銘》。

朱陳世好。余與翼亭黃公初爲筆研交，繼聯兒女姻，雅相契也。」[66]這
種紳商間的交遊，幾乎有著世代相傳的趨向。

　　清代後期鋪錦黃氏郊商與當地士紳建立良好關係的典型例子，是與
曾經擔任過四川總督和兩廣總督的黃宗漢家族攀結了宗親。黃宗漢家族
和鋪錦黃氏家族均稱出於「泉州紫雲黃氏」，所謂「紫雲黃氏」，是指在
唐代前期由中原地區遷移入閩的一支黃氏後裔。這支黃氏歷經一千餘年
來，後裔分佈在福建和臺灣以及東南亞的許多地區，並沒有什麼實質的
宗族聯繫。黃宗漢家族源自於泉州塗門外法石鄉，鋪錦黃氏家族則世居
於今石獅市一帶，在譜系上也沒有十分確切的聯繫。但是到了清代後
期，黃宗漢成爲泉州地區官階最高的顯赫人物，其家族也以經商而著
名；而鋪錦黃氏家族經過百餘年的經營傳承，在郊行中享有一定的聲
譽。於是，這兩個原本只是泛泛的宗親，關係驟然親密起來。鋪錦黃氏
郊商多次敦請黃宗漢爲其先人撰寫行述和篆刻碑額；黃宗漢在這些文字
中稱：「賜進士出身誥授中憲大夫戶科給事中　欽命稽查中倉事務前山
東四川道監察禦史兵部郎中　紀名軍機章京翰林院庶吉士加一級夫姪
黃宗漢頓首拜篆額」、「賜進士出身誥授通議大夫欽命浙江等處提刑按察
使司按察使統轄全省驛傳事務加三級前任工科掌印給事中　巡視中城
兵部正郎總辦武選司事紀名軍機章京翰林院庶吉士夫弟黃宗漢頓首拜
篆額」、「賜進士出身誥授光祿大夫太子少保兵部尙書　現任四川總督部
堂弟宗漢頓首拜填諱」。[67]

　　鋪錦黃氏郊商與黃宗漢等士紳積極聯絡關係，除了希望提高自己以
及家族的社會地位外，還希望能夠借重這些士紳的勢力，在商業上取得
更好的發展。明清時期，由於社會經濟特別是商品經濟的發展，吸引著
社會各階層的人們從事於經商從賈的活動，士紳階層也不能例外。黃宗
漢家族在清代後期就是泉州城內最著名的商人家族之一（詳見前章）。

《龜湖鋪錦中鎮房黃氏族譜》，柯鴻逵：《皇清待贈顯考正中黃府君暨繼妣待旌清勤包孺人合葬墓誌銘》。

[67] 以上見《龜湖鋪錦中鎮房黃氏族譜》黃母勤慈蔡太宜人、黃寬厚祔葬墓誌銘，以及黃宏度行述。

士紳家族從事商業等經濟活動，無論是在與官府的交往，還是佔據和控制社會經濟資源等方面，無疑都具有更多的優勢，從而能夠更有利於推進經濟事業的發展。在這種情況之下，地處商品經濟發達而又經商風氣較爲興盛的泉州沿海地區，鋪錦黃氏郊商們極力把自己的族人躋身於鄉紳隊伍，以及想方設法地與當地的士紳人物聯絡關係，則其更多地考慮於商業經濟的目的也是顯而易見的。在清代中後期泉州地區商人於外地的經營過程中，無論是會館的設置和運作，還是郊行等商業組織的形成和組合，以及商人、商行組織參與地方社會種種事務等，往往都是以士紳人物和商人顯赫人物二者所組成的核心勢力在其中發揮著重要的作用，而其餘的鄉族商人根據各自的經濟實力在不同程度上參與其間。更有甚者，有些商人直接地依附在士紳人物創辦的事業上，成爲士紳經商的股東。泉州城內的通淮關嶽廟，是市區最具民間影響力的寺廟。廟內主神關聖帝有一條玉帶，因製作精良而成爲該廟的重寶。而這條玉帶的來歷就與黃宗漢家族的依附經商有關，《泉州通淮關嶽廟志》記云：

> 關聖帝腰間有條玉帶，這條玉帶曾經使許多官紳垂涎。不過大多懾於關帝威靈，不敢奢望；肆無忌憚、孜孜以求的人到底是個別的。關帝這條玉帶有個來歷。泉州玉犀巷黃氏世家，自黃宗漢于道光十五年登進士第、任過浙江巡撫、兩廣總督後，兒子黃貽楫又於同治甲戌科（一八七四）舉探花，暄赫一時。璐霞溝徐春，與黃氏過往甚密，因仕途阻塞，改途經商，求籤於關帝；關帝示意，須依賴黃府才能發跡。徐把關帝的意思告知黃探花，黃表示願意出資金讓徐經營。徐來往於江浙閩廣一帶，數年之間，獲得厚利。徐有感於關帝聖靈，特地在寧波選擇美玉三塊，製成腰帶一條獻給關帝。[68]

璐霞溝徐氏依附於黃宗漢家族經商，雖然是以所謂關帝抽籤的形式形成的，但是這種經過神話了的事實，恰恰體現了當時商人以及社會的

---

[68]　吳幼雄、李少園主編：《泉州通淮關嶽廟志》卷十一，《三、孔昭同抽籤循規矩》。2003年未刊稿，第561頁。

一種利益取向。一般的平民商人依附與士紳商人，至少可以減少一部分
來自官府以及不良勢力的壓力，緩解商業經營風險。

　　鋪錦黃氏郊商自乾隆年間生意得到擴展並有人入庠讀書以後，一部
分族人搬遷到泉州城內居住，這樣就與黃宗漢家族的關係更為密切。清
代後期黃宗漢家族把生意擴大到當時已經成為五口通商口岸的廈門，在
廈門開辦聯昌號等商行。由於鋪錦黃氏郊商很早就在廈門開辦商行，所
以當黃宗漢家族來到廈門開辦商行時，鋪錦黃氏就自然而然地予以大力
襄助，合夥開辦「錦昌號」等商行。後來因生意不如人意，於同治十一
年（1872 年）歇業關門。當時長期在廈門商行打理業務的鋪錦黃氏族
人黃文炳曾說：「炳力有不逮，向受傭於廈島廿餘年，同治壬申（十一
年、1872 年）回家生意歇，而廈路遂梗。」[69]現存的歇業合約文書記錄
了泉州兩個黃氏家族以及其他商人參與錦昌號開辦和歇業的情景：

> 同立分約字人泉城登賢鋪黃詩記，泉城登賢鋪黃書記，泉城登賢
> 鋪黃勝義，同安廈門內柴市街黃敏記，同安廈門內柴市街黃潛
> 記，同安廈門內前園宮林文記，竊以合志同方，原望生財有道；
> 而知止不殆，尤屬因時制宜。詩記等同於同治五年各出資本：詩
> 記付出六八兌本銀三千元，書記付出六八兌本銀二千元，勝義付
> 出六八兌本銀四千元，敏記付出六八兌本銀一千元，潛記付出六
> 八兌本銀一千元，文記付出六八兌本銀一千元，計共六八兌本銀
> 一萬二千元，合做「錦昌號」生理，在廈門恒勝街，交與王盛舍
> 等掌管，經立有合約字六紙，一樣謄寫，各執一紙為據。嗣後生
> 理少振作，不免虧蝕，因公議換人持籌，交與陳松官掌管，冀營
> 謀得利。詎料月消日蝕，資本愈虧愈甚。至同治壬申年二月，公
> 同查核帳目，計虧蝕資本五千五百五十九兩八錢三分。公議此途
> 生理實難營生，若不急停，勢已難支矣。遂即將「錦昌號」生理
> 停止。所蝕本銀，照股均攤，餘悉各人另行別圖，並將前約字各
> 取出公同焚化。其帳目公同核結清楚，並無分毫轇轕不明。但思
> 有合有分，固隨機而應，而全終全始，斯退無後言，自當再立分

69　《龜湖鋪錦中鎮房黃氏族譜》，黃文炳：《重錄錦鎮黃氏族譜誌》。

> 約字六紙一樣，仍分各人收執，庶幾道義之交，不致別生異議。
> 而分析之後，亦可藉為存查也。謹此申明，合再具約為照。
> 同治十一年二月　　日同立分約字人黃詩記　黃書記　黃勝義
> 黃敏記　黃潛記　林文記
> 公親　王道箴老、丁火舍
> 代書　許志仁[70]

　　我們現在固然無法確切地瞭解黃宗漢家族、鋪錦黃氏家族以及其他商人在廈門合夥開辦商行歇業的真正原因所在，但是，清代商人比較熱心於依附鄉紳階層，商業運作也經常追隨紳商的意趣，這無論如何都將在一定程度上影響了商業資本的自主發展。而這一狀況，正體現了清代商人及其商業資本自身帶有普遍性的弱點。

三、關於黃氏郊商讀書仕進的思考

　　我們通過以上對於清代泉州黃氏郊商力圖讀書仕進以及建立良好的與士紳之間的關係的論述中，應當可以得出這樣簡短的結論。

　　清代康熙年間臺灣回歸清朝版圖以來，鋪錦黃氏家族在泉州、廈門和臺灣鹿港三地開辦郊行，並且取得了很好的發展。通過分析黃氏郊商的譜系記錄，就可以發現所謂的族商，並不是在家族內普遍分佈的，而是存在著某一些支房比較繁盛、而某一些支房比較稀少的非平均現象。郊商們的普遍作法是：以最近親的血緣關係為核心，逐步擴大到本家族、本宗族以及姑表親戚，進而再向以地緣為紐帶的同村、同鄉、同縣以及同府、同省的關係發展。泉州郊商們的這種鄉族聯繫紐帶，即使是在清代全國的商人組織形式中，也帶有一定的普遍特徵。

　　黃氏族人對於事業的首位追求，其實並不是經商從賈，而是希望在讀書仕進方面有所發展。中國傳統社會裡人們之所以首先追求讀書仕進，是因為讀書得以仕進之後，不但可以取得高出普通民眾的政治地位

---

[70]　合約原為廈門大學南洋研究所陳盛明先生收藏，見《中國社會經濟史研究》1985年第3期，陳盛明輯：《晚清泉州「觀口黃」置業契約選》。

和社會地位，並且可以利用這種政治地位和社會地位進一步取得經濟地位。然而，讀書仕進是一個成功率最低的行業。黃氏家族以其郊商的經濟實力，把大部分後輩送進學堂，但是能夠進入舉人、貢生階層的族人畢竟很有限。而不能進入舉人、貢生階層就很難成為所謂的士紳階層，就無法得到相應的社會與經濟地位。尤其是，當子孫們不能進入到士紳階層的時候，又往往處於一種求功名不成、營生無方的尷尬境地。讀書不僅不能仕進，反而成為家道中落的轉捩點。於是，郊商們在繼續從事商業活動的同時，採取了鼓勵子弟讀書、捐納職銜、與當地士紳建立良好關係以及擴大商人經濟影響力等多管齊下的方式，以提高自身的社會地位，進而謀取更多的經濟利益。但從另外的角度看，清代商人們熱心於依附鄉紳階層，卻不能不在一定程度上影響了商業資本的自主發展。這對於中國傳統商品市場經濟的形成和進步，又將產生一定的負面影響。

第三節　從《約亭公自記年譜》看清代黃氏郊商的文化意識

　　學界對於清代福建與臺灣郊行和郊商的研究之所以比較薄弱，其最重要的原因就是相關資料的欠缺，致使學者們無法就郊行和郊商問題作較為深入的分析。泉州府晉江縣鋪錦村《黃氏族譜》中收有《十三世約亭公自記年譜》，其中多記載郊商黃約亭一生從事泉州、臺灣鹿港等地經營郊行的事蹟，對於進一步瞭解清代閩台郊商的行為意趣和文化意識，很具參考價值。

一、黃約亭及其經營的郊行

　　黃約亭，泉州府晉江縣鋪錦村人，清代黃氏家族最先在臺灣鹿港經營郊行的黃醇齋的侄兒、黃篤齋的次子。族譜在《壙誌》云：

　　　父國學生諱時芳，字忠美，約亭其別號也。世居晉江龜湖鋪錦里，

自始祖念八公遞傳至吾祖篤齋公，舉丈夫子五，父行二，篤齋公
見背時，父尚幼，撫養教誨賴祖母林孺人及祖伯父醇齋公提攜之
功。成童後即經營海外，以分祖伯父任，由是家道漸隆焉。生平
識大義、樂施與，其尤大者則為篤齋公充公租，為本房祖建祭費。
他若補葺梵宇、修築塘岸、購舍塚地，則又種種難數者也。……
父生雍正丙午年（四年、1726 年）正月初十日卯時，卒乾隆甲
辰年（四十九年、1784 年）閏三月廿四日巳時。[71]

《壙誌》的記載過於簡略，我們從《十三世約亭公自記年譜》中可
以進一步瞭解到他一生中的主要經歷，茲把他與經營郊行相關的主要記
載依次整理如下。

《十三世約亭公自記年譜》始於清代雍正十年（1732 年）。這一
年，黃約亭七歲，「父篤齋公營活生計致勞而血症。」九歲開始
讀書，「唯讀半年上下，《孟》未曾及。十一歲在街口金楮店中察
金，或往田中耘草。……十三歲上海山店中與家坤叔買豬，寄船
來厝發賣。每年冬下皆上去，至十七歲胞長兄捷哥回家完婚，余
方在店，是年生理比往年加長利息錢十餘千。」[72]
乾隆十一年（1746 年），二十一歲，自海山回家完婚。次年二十
二歲，正月末即同吳望表下廈門往臺灣治，代捷哥回家。「戊辰
廿三歲八月，南路阿豬糶米粟到府，驟然起價，發出一半，算長
利息有三百餘金。」二十四歲回家，二十五歲又進鹿港，代高瑞
表回家，任郊行「新錦鎮」號莊事。又和樓哥招「舊錦鎮」號合
夥生理。生理大有起色，購置田產、厝地及鹿港大街頂店一座。
乾隆二十一年（1756 年），「舊錦鎮與樓哥合生理」，並且在（泉
州）新橋（即順濟橋）開辦「豐源」號郊行，「行中代糶貨物、
辦布筒」。其後又開辦「協瀅」號郊行。
乾隆二十三年（1758 年），在晉江蚶江、臺灣間，「與澎（湖）

---

[71] 《龜湖鋪錦中鎮房黃氏族譜》，黃燦播等：《皇清待贈國學生顯考五十有九翁約亭黃公暨姚
七十有七齡孝勤尤孺人合葬壙誌》。

[72] 《龜湖鋪錦中鎮房黃氏族譜》，黃約亭：《十三世約亭公自記年譜》。以下凡引用該《年譜》
的資料，不再注明出處，特此說明。

船結粟三百餘擔，」因米價漸長，獲利頗多。

乾隆二十五年（1760 年），自鹿港回泉州管理郊行。

乾隆二十六年（1761 年），往潮州府惡溪販買杉六儀，並在泉州城內起蓋「大厝四落、東西廳一邊護厝」。

乾隆三十一年（1766 年），「七、八、九三個月作三次風颱，我只破一船、蔴四十石而已，余各船幫幫取亢銀五十元俱平安。再者周榜官典當停止，將各衣服胎貨搬來寄在『豐源』本店有千餘金，與承受坐賬，利息甚多。冬十月日湖出海，郭貴哥船到鹿（港），道泉中油起價，……豈天財有數乎！」

乾隆三十二年（1767 年）在鹿港。乾隆三十三年（1768 年）在鹿港本店，二月十九日龍山寺觀音佛祖華誕，「同會七人，余亦在其中。……我會中簽題並告諸水客隨力量而捐，何等春光。於是秦爐主先題二十員、『豐源』十五員、『協灣』六員，節次而題，及各水客一行而得一百六十三員，完此項事。……陳護官在府任『豐泉』生理，抱病，我落府請先生與之調治，參藥不效，為其棺衿安葬魁山后。」九月回泉州，一併把陳護官的骸骨拾歸泉州故土。

乾隆三十五年（1770 年）在泉州郊行中，「是時鋪內糴無米，每升起三、四文，我令人出行中舉米，風雨泥濘，舉工每石一百文，就原價糴出，每升十七文，連四日，消有五十石。」

乾隆三十八年（1773 年）三月在泉州北街西門外起蓋新店，「仍舊制」。

乾隆四十一年（1776 年）在晉江一帶購置田園、租賃酒店等，「與後安吳楫官買本洋田園四石一斗五升，就契面銀五百作八折。五月初一日過銀明白。六月初一日收租粟，田底係是家媽求哥至戊戌年尾撥米收入本戶內。」

乾隆四十二年（1777 年），在泉州料理郊行「協灣」號等的生意。

乾隆四十五年（1780 年）十月廿六日同（兒子）亢英進永春，廿七日抵其處，廿八日開銀錢店。

《自記年譜》的記述到這一年為止。從以上的記載得知：黃約亭於十一歲始就進入商店幫工，二十二歲到臺灣經商，二十五歲就出任郊行

「錦鎮」號莊事，其後不斷往返於泉州、臺灣各地，經營多種商業業務，直至晚年臨死之前。黃約亭所經營的郊行及其他業務，在臺灣主要是鹿港的新、舊「錦鎮」號，以及府治的「豐泉」號；在泉州主要有「豐源」號、「協灣」號，以及酒店、米店數所和永春縣的銀錢店等。可以說，黃約亭的一生基本上是從事商業活動的，他的商業經營也是比較成功的，所謂「余肩粒積，壯歲稍得揚眉」、「由是家道漸隆」、「晚來積稍豐」等等的記載，都反映了他經商致富的實際情況。雖然說在他身後的《壙誌》、《墓銘》等記述中，稱其為「國學生」、「貤贈朝議大夫」的功名頭銜[73]，但是這些頭銜都是他及兒子們用經商利潤而捐納得來的。因此，以經營郊行商業為畢生事業的黃約亭，其行為意趣及文化意識，在一定程度上體現了清代福建、臺灣郊商的一般情景。我們通過對黃約亭行為意趣和文化意識的分析，有助於從不同的側面加深對清代商人階層的全面認識。

二、《年譜》中最張揚的是行善鄉里

　　黃約亭雖然一生以經商為業，但是在他所寫的《自記年譜》中，首先要告訴後代子孫的並不是經商的經驗，而是如何地行善鄉里。此類記述在《年譜》中佔有很大的篇幅，茲略引數例如下：

> 乾隆二十一年，……在「豐源」處銀八十兩，我欲少開一分利息銀有八十餘員，而樓哥堅然欲還我，我堅肯不受。後我達他可將此銀修路。乃作一分再於「錦鎮」內生活，至戊寅年母利有一百六十員，始買石鋪洋內大路，並修理一條橋。
> 乾隆二十三年戊寅二月出銀二十員，與登叔雇工買板做棺材，憑本而賣，或不敷額，少一二百亦許其抬去，以方便斯時之貧患人。在龜湖本街家登叔店中辦理數月疫氣平方止。又憶丁丑年讓財至戊寅十一月，計母利百八。將銀買石造洋內石路，自宅尚鄭厝尾

---

[73]　以上見《龜湖鋪錦中鎮房黃氏族譜》，黃燦播等：《皇清待贈國學生顯考五十有九翁約亭黃公暨姚七十有七齡孝勤尤孺人合葬壙誌》；吳邦治：《皇清貤贈恭人八十有七齡顯祖姚懿儉吳恭人誌銘》；黃鴻烈：《醒心隨筆小引》。

起，至石獅山腳下止，及己卯年二月告竣。……

乾隆三十二年丁亥四月間在鹿港時，陳仲官系是周梅官姑夫，前有銀寄周榜官處要買曆，緣仲官任他典當事，侵辛金銀，故其曆銀不與他，適榜官父子來鹿，托我覓船要回家，而仲官扯住必要討其曆銀十六員，而梅官只要還他十二員，將及訟禍。我為之調不釋，後暗添銀四員，消釋兩邊明白。……

又三十五年庚寅二月同信青與鄭衙買園一斗五升，在都祀宮南勢，充為新義塚地。……柴塔鄉一人與人賒粟一百斤做米，來派鋪糶回，至新橋頭飯店點心，其錢被棍竊去。同鄉人報知他妻，來向店中討。店主云日日來往之人許多，錢財當自保守，不理他。後我見他夫妻百有餘歲，啼哭不止，取錢三百文令起，兄叫蔡海生與店邊左右再捐近有九百文還他，夫妻始歸去。……又三十六年辛卯十月二十日，坑東外公謝世，轉舅與注舅分家產未得均平，要賣祀業田一斗供喪費，我阻止，助其使用頗多，是故祀業至今尚存。

又三十九年甲午正月十三日啟土修龜湖塘岸，伯公捐灰二百擔，公司二百擔，忠偉三百擔，我自己捐八百擔，合共捐灰一千五百擔。我又自己再捐工銀十四員。又重九日秋祭頂大廳福壽公祭費缺需，我與群哥相議充公利息以供費用，我先出銀三十員。……乾隆四十年乙未正月初七日本族與吳家擲石至折（拆，下同）曆及店，被約正入稟出差諭止，後陳相公乃出與兩邊調和，我與群哥出銀四員料理，方得無事。迨十八日進城到洋墓，見一人欲折鵲巢，我叫他下來，與之七文，代他柴費而止。又二月初五日五員助人完婚；又十員助人喪事；又一金助人拾骸。十七日進城到西邊曾曆樹，一人要折喜鵲巢，十文與他而止。……

　　黃約亭《自記年譜》所載至為簡略，前後近五十年的經歷，通篇不過萬字。但是以上所謂行善鄉里的記述卻是比較詳盡，其中有些記述相當瑣碎，不厭其煩。這種不協調的年譜記述，反映了黃約亭所刻意追求的「行善鄉里」的價值取向。換言之，作為商人的黃約亭，熱衷於用「行善鄉里」的事蹟來塑造自己的形象。

然而這種情況不僅僅黃約亭一人如此，黃氏家族的其他郊商也大多有著同樣的事蹟。請看《族譜》的記載：

> 黃悌聲，「未弱冠，北經燕吳、南海浮島，備嘗艱難，為供奉萱堂資納荊被計。歸而誨子讀書，撫姪成立。詒翼之外，施戚屬而洎鄉閭，皇皇然每懷靡及。至若襄公事於郡邑，固水利於堤防，力所能勝悉捐，凡皆君所自視若不足者，而旁觀則覺其有餘。蓋心一則功具舉，天之為道不知其所以蓄而發焉。」[74]
>
> 黃懷實，「歲丁未，我族直陂任，群推吾父（懷實），木亦慫惥成之。值大水燕巢堤岸崩，父捐厚資市竹木、備灰石，鳩眾砌築，母具酒食遣餽，倉卒間百數十人之餉，叱嗟立辦無倦色，亦樂此不為疲耳。」[75]
>
> 黃悌聲，「凡族親姻戚以及故交，遇有困乏，苟相告貸，罔不周恤，其樂善不倦也。或襄公事於郡邑，如廟宇之重新、橋樑之修築，傾囊以應。或平道路於鄉都，如洋中路抵石獅，遇雨泥滑，己卯春與族姪悉砌以石。或固水利於堤防，如龜湖塘岸一帶年久傾頹，父倡議修築，捐灰擔幾千，糾農人葺理完竣。石龜開邊土名庫腳，年年潰瀉，填以槽枋，滴水不漏。此為四族四社有秋計長久也。至買後埔地為義塚，又其澤及於幽者乎。」[76]
>
> 黃廷熙，「少時承父房屋，同居鋪錦，事兄如父。年甫壯隨母喬遷郡城，兄蹴屋僅奉母而已，甘住祖宅，人咸稱其裴季彥之誼。由是鷺島代兄經營。……公昔年捐銀五十元助母家創建祖祠，複助中表畢婚。嗣而祖先祠廟則置業享祀，鄉黨親戚則厚意周恤，事事昭人耳目，故沒之日，聞者皆泫然流涕，此非其惠澤之感人，何以若是哉！」[77]
>
> 黃慎樞，「習計然術，直道而行，不欺不詐，忠厚遺風，口碑載路，可無論矣。第驗生平，事父母以孝，處兄弟以和，撫兒姪以

---

[74] 《龜湖鋪錦中鎮房黃氏族譜》，柯偉生：《恭祝大鄉賓聲翁黃老丈台六十一齡序》。

[75] 《龜湖鋪錦中鎮房黃氏族譜》，黃元寬：《懷實府君暨靜懿孺人行述》。

[76] 《龜湖鋪錦中鎮房黃氏族譜》，黃春林：《皇清贈鄉飲大賓先嚴八十二翁醇齋黃府君墓誌》。

[77] 《龜湖鋪錦中鎮房黃氏族譜》，黃步瀛：《皇清例授修職郎議敘按察使司知事五十二翁詒恭黃公墓誌銘》。

恩，待婢僕以惠，其餘內外親戚來往，共沾周恤；延接賓師，風
雨咸受敬尊。綜厥性量，今猶昭昭在人耳目。甚而寺院宮觀、鰥
寡孤獨，凡有義舉，悉皆竭資樂成。」[78]

黃瑞卿，「先大父常以其有餘給諸泉及錦之房親，府君知之，必
拮据以承先大父志。……諸房親歲時祭祀婚娶喪葬之事，無不備
給。先祖母外族府君憫其式微，爰出己貲付其親以為祀費。凡諸
戚族之念者罔有不濟。……（鋪）錦之田三千餘畝，鄉人賴以養，
而水利悉資於塘，其堤壞則田受其害，錦人苦之。府君遺書令四
叔父獨修其堤，費至數百金堤甚完固，錦人德焉。……府君生平
白手成家，其處己也儉，其待人也周，處親戚則為資其急，念故
交則為翼其成。怒不形於色，憤不現於詞。閒居嘗語不孝曰：甯
人負我，我毋負人。忠厚之風聲噴人口。」[79]

黃瑞錦，「自奉極儉約，凡日用飲食以樸素為榮華，以淡薄為厭
飫。至義舉事，則又踴躍樂輸，無所吝嗇。凡族親姻戚以及故交
遇有困乏，苟相告貸，罔不周恤。即如房之祖祠祭費不敷，遂捐
己資共成美事。尊祖敬宗如此，其至也。府君天性溫和、氣稟和
平。其事伯父也，則盡為弟之職；其處叔父也，則全為兄之道，
手足情誼無日敢忘。及撫諸姪，或提攜之，或教誨之，因材而篤
如己子焉。」[80]

　　黃氏郊商之外，清代泉州、臺灣的許多商人也都有這樣的行為意
趣。如同為泉州府晉江縣的永甯郊商林氏家族，就是因為在臺灣鹿港經
營郊行發達後以「善行義舉」而聞名於海峽兩岸的。據楊彥傑先生的研
究。永甯林氏家族族人林振嵩約在乾隆二十五年（1760 年）到鹿港經
商，因販運食鹽等貨物而致富。至乾隆四十年（1775 年）前後，林振
嵩已經因積極參與各種義舉而被鹿港地方稱為「紳士」。《彰化縣誌》記

---

[78] 《龜湖鋪錦中鎮房黃氏族譜》，吳立中：《皇清雍進士例授承德郎候選通判五十二翁慎樞黃
　　公墓誌銘》。

[79] 《龜湖鋪錦中鎮房黃氏族譜》，黃宗漢：《皇清雍進士軍功五品銜誥授奉政大夫候選同知加
　　一級宏度黃府君行述》。

[80] 《龜湖鋪錦中鎮房黃氏族譜》，黃夢丹：《皇清雍進士例授修職郎五十有一翁怡岩黃府君行
　　述》。

載當時鹿港倡建敬義園等公益事業，林振嵩就是其中的主要人物：「敬
義園，在鹿仔港街。乾隆四十二年浙紹魏子鳴同巡檢王坦首捐倡，率紳
士林振嵩及郊商等捐貲建置旱園，充爲義塚。仍以贏餘捐項，置買店屋
租業，擇泉、廈二郊老成之人，爲董事辦理。逐年以所收祖稅，作敬拾
字紙、收斂遺骸、施捨棺木、修造義塚橋路之用。」[81]其後，林振嵩所
創辦的「林茂行」郊行生理更加興隆，他參與地方社會的活動也更加頻
繁。乾隆五十三年（1788 年）他看到祖祠「年湮代遠，將就傾頹」，捐
資倡率族人予以重修。自乾隆五十五年（1790 年）十一月興工，至次
年（1791 年）六月間竣工，總共花費「番銀一千五百餘圓」。[82]到了嘉
慶、道光年間，「林日茂」郊行的「善行義舉」依然見諸於許多記載，
如根據不完全的統計，嘉慶八年（1803 年），林文浚捐銀一千圓，參與
重修府學文廟；嘉慶十二年（1807 年），林文浚董理重修鹿港天后宮；
嘉慶十四年（1809 年），蔡牽之亂，沿海被害，林文浚「救活難民以萬
計」；嘉慶十九年至二十年（1814—1815 年），林文浚等任總理重修鹿
港聖母宮；嘉慶廿一年（1816 年），林文浚捐銀一百圓，參加重修台南
魁星樓和彰化縣東門文昌帝君祠；同年又平糶施粥，救濟饑民，「全活
者以萬計」；嘉慶廿三年（1818 年）林文浚捐銀二百二十圓參加重興鹿
港敬義園。道光十四年（1834 年），「林日茂」號等出穀平糶饑民，又
捐銀參與重修鹿港新祖宮；道光十五年（1835 年），「林日茂」號捐銀
參加重建台南溫陵祖廟後殿；二十年（1840 年）參與重修彰化縣學；
二十六年（1846 年）「林日茂」捐銀重修台南縣茅港媽祖宮和台南廣慈
院等。[83]

　　泉州晉江鋪錦黃氏郊商和其他家族家族郊商的這種「行善鄉里」的
行爲意趨，也在一定程度上反映了清代商人的行爲意趣。我們現在所能
見到的有關明清時期商人的文字記載，主要來源於地方誌書、家族譜牒

[81] 道光《彰化縣誌》卷二，《規置志・養濟》。
[82] 以上均見楊彥傑：《永寧與臺灣的「林日茂」及其家族文化》，載《永寧古衛城文化研究》
　　第 139-158 頁，福建人民出版社 2001 年出版。
[83] 同上注。

以及私人文集這三大部分的文獻。商人們之所以能夠存留在這些文獻裡面，絕大部分是以「行善鄉里」的所謂「篤行」、「孝義」、「卓行」、「寓賢」、「鄉賓」、「逸行」、「鄉善」等面目出現的，而不是因為他們是經商有成、富裕可風。社會的普遍文化心理是希望商人們富而尚義，而不是為富不仁。因此，商人們在經商的同時往往熱心於「行善鄉里」，至少在明清時期幾乎成為一種社會道德風尚。商人們通過「行善鄉里」的具體行為，受到了鄉族的敬重和表彰，從而也就在一定程度上提升了自己的社會地位。在中國傳統社會以士紳為本位的文化環境裡，平民階層的社會地位通過讀書仕進以及「行善鄉里」的途徑而得到人們的認可和提升，這對於長期懷有自卑心理的商人來說，無疑是相當重要的。而這種文化意識，正是促成商人們積極從事「行善鄉里」的內在因素之一。

三、《年譜》中最熱衷的是鬼神信仰

　　黃約亭在《自記年譜》中除了張揚自己的「行善鄉里」事蹟之外，還用了大量的文字記述自己與鬼神的種種遭遇。這些記述大致可以分為三種類型。下面分別論列如次：

　　其一，修建廟宇重塑金身以及添置香燈油等。如：

乾隆三十九年甲午十一月初八日，自城內回家，至西邊停轎，千里眼宮賣檳榔者告我：宮廟傾頹，施主當來起蓋。我不敢許他。是夜夢見一人問我：汝要修路，何不來修。我應他已取銀與人買石，想在近就到。他伸手對桌下云：我一物於你。我親手接受之，乃一玉環。醒方悟是順風耳將軍。後進城問倪降官：千里眼宮破壞至此，何不興修？他云：前年林家二人出來題銀，一要起上落，一要起下落，共題有八十一元，他出一元，緣未敷所用，欲起不果。我云：汝再添一元，我出五元作汝，自己共捐七元，去彼處鼓舞董事人。降官遂題上落出四元，下落出三元。於是各歡忻樂助，興工而落成完竣。並妝千里眼、順風耳二將軍金身，凡有求俱應驗。……又憶甲午年冬與西邊倪降官議修千里眼宮右畔一條路，我買石三十五丈。添鋪後林一菶官來我鄉書房中，是午

頭，留他。他云：我有大力量，可行善事。

乾隆四十一年丙申，……是年六月豐源東坑堂宮龜頭辦理香事，將從前所積香銀，與大寺後張長舍買酒點一間、後面米店一間三落銀五百餘兩，每月租銀二千文，為浯渡鋪觀音佛祖香燭並和尚齋糧之費。

其二，求神拜佛，卜問前程，祈求護祐。如：

（乾隆）三十年乙酉四月與金房鑒叔爭訟，托曾倫舍持銀四百與方中尊買茶，被他騙去。……先於十六早往大城隍問訟如何？乃抽一簽，云小求大得事須成，家眷相和，骨肉寧忠，孝感天神助力，行藏葉吉著姓名。其籤語隱隱暗合，可見神明之靈驗。

又三十一年丙戌正月，信文及投哥要往雙髻山運夢，我吩囑要與偕行。明早大風，我不果與俱。後四月間晉城要往元妙觀謝天，至東山岸，遇一人身穿藍布道袍、頭戴網巾，手執六甲天書一卷，當面阻住，要與我卜卦云：（雙髻山）仙公命我來告汝，汝免去運夢。我取四文錢與之，他執在手，云：汝福雲起，入夏就好，秋冬得天財。

（乾隆）四十五年庚子，……十月（到永春開辦銀錢店），未入永（春）時，先觸呂仙祖生生數云：起行急起行，前途結同盟，伸手擎天柱，史冊好標名。

其三，天人感應，圓夢幻兆，疑神疑鬼。如：

乾隆十一年丙寅，……十二月在官廳房寢，夢見一老人云：一好子與你，在半甕中，欲求一子相換。我不肯，遂放地下。又云：擇一呆子與他換，我亦不肯。回頭看之，見在床邊鬚面長甚是清秀，狀似呂仙祖。又云姑與汝。後乙酉年八月廿三日寅時始生亢英。

戊寅（乾隆二十三年）夏自病不死。六月二十日妾李氏生女血暈身故。己卯三月再娶第三妾，而四月尾遇游方和尚，所言合數，更奇。

乾隆二十四年己卯四月間，兩個游方和尚相我云：一偏未是偏，

二偏亦未是偏，三偏即是偏。又云紫雲起果穩。再問之，不言笑而去。

又二十五年庚辰五月自鹿（港）回家，至年終一妻兩妾，並無一個受胎。後夢見「雲騰致雨露結為霜」四句。越年砥英（出世），八字就是「金生麗水」格，夢亦奇矣。

又三十年乙酉，……十二月廿七日三弟忠曦往石獅買鱉，二個內一個有纏金線紋，忠曦弟要令人去石獅換。我不肯，此乃交惡。蛇恐能傷人，越日有人入城，令其帶去新橋溪放生，餘一個不殺自斃。方悟前三四夜夢見二人包烏布穿烏衣烏襪，適有二鱉在桌，云要與我買，我不肯，此乃公事人要用，遂去。有因也。

又三十一年丙戌，……十二月廿五日午得一夢獨角麒麟，是又夢八個戲子入店，被我趕出街路，變做虎班色捕鼠之貓。雞鳴後又夢手抱兩兒在舊曆花廳小廳內。此二兒一個面邊有七星痣。越年正月初九日玉皇萬壽，行口演戲，八個戲子自泉州街整裝服來店相慶祝，上對應前夢一條，後則未解。

乾隆四十一年丙申，……五月十九夜信青夢見四人送八本廣義書，內五本與我、三本與信青。其中一本第四帙開二房田業數，四人俱道我錢糧的八十五元。又十月十八夜夢見日哥不知從何處挑一擔斗籠入門，與我道播英拾得一枝紅涼傘，又手攜四束烏絹線與播英母親接去，云昆生說播英所得之物。又上年七月初五日自新橋要回家，至上庵微雨，及金塘宮大雨，停止宮內，見福祐帝君上帝公西畔護曆倒墜，如上三十九年十月十五夜半夢裡所見無差。

以上這些記述，大多屬於荒誕不經，但是黃約亭卻一本正經地寫在自己旨在教育後代的《年譜》之中[84]，由此可見黃約亭對於鬼神信仰的

---

[84] 族人黃鴻烈曾對黃約亭的《自記年譜》大加讚揚，他在《醒心隨筆小引》中說：「（乾隆）四十七年壬寅十一月朔，家弟忠美（即黃約亭）聚首情話，間偶出其歲曆《醒心隨筆》（即年譜）紙片疊折於瓶口，笑囑餘曰：貯此久矣，今將以示姪筆，願吾兄為我次第之。余固知……今諸子各就業所長，諒識香臭，欲使知其乃父有力田勇賈之艱辛，是乎否，至言也。忠美恬淡處身、不慕奢侈。諸姪能讀書，青雲得路，拭目可望。顯榮樹德之應於此益券。故且自記後昆以年譜，晉而家乘、而郡國，寧有涯乎！勉之勉之。」是文載《龜湖鋪錦中鎮房黃氏族譜》。

重視程度。明清時期的商品經濟雖然得到了顯著的進步，商人階層和地方商幫的跨區域經營相當活躍。然而，在傳統農耕經濟以及與此相適應的政治社會制度的影響下，商品經濟的活動受到了政治、社會與文化意識等多方面的牽制，致使從事商業活動的行業，比起士、農等行業來，其社會風險明顯偏大。而在另一方面，福建和臺灣的郊行商人們雖然從經營海峽兩岸貿易中獲得了比較可觀的利潤，但是在當時交通工具相對落後、導航科技比較陳舊的情況下，這種冒著跨越大海迎風蹈浪的商貿往來，極具危險性，隨時都有葬身大海的可能。據載：「郊行在經營中，其利雖厚，但因其他原因，致使虧空倒閉者爲數也不少，如船舶沉沒、商品途中遭劫，以及賒銷給客戶的貨款被其吞沒等。這些情況在蚶江的臺灣郊行中曾發生十多起，如錦瑞行滿載貨物的帆船，因颱風沉沒海中；泉泰號也因遇『烏狗暴』而船貨俱沒，船員溺亡；謙勝、協益行於同年時間，裝滿大米、魚巴回程，船在半海被洗劫一空，只剩空船駛回，致使該兩行被逼倒閉，宣告破產。」[85]

正因爲如此，福建沿海地區的居民，不論是從事商業活動與海外貿易者，還是遷移臺灣開墾農田者，基本上都對鬼神的信仰懷有較高的祈望。人們希望通過對鬼神的崇拜，能夠得到鬼神的某種保佑，從而使自己的事業以及生命財產安全有著一定的精神上的保障。在這樣的社會普遍心理之下，黃約亭以及其他郊商也就不能不特別熱心於寺廟的修築和參與各種迎神賽會了。上面所舉鹿港「林日茂」郊行在乾隆、嘉慶和道光年間的許多「善行義舉」中，至少有一半是從事廟宇修建的。再如清代後期鹿港著名的郊商、原籍同爲泉州晉江縣的許志湖家族，其所開辦的「謙和號」郊行是當時鹿港的六大貿易商號之一。他們的族人來往於泉州、鹿港二地，也是經常求神問卦、預卜前途，其中有些記述頗悖常理。據載，許志湖的侄女「許珠（從鹿港）初至泉州染病，始終未癒，儘管祈求當地關帝廟信籤，卻因他是『寄居之人』，泉州神明『不能料

---

[85]　黃杏仁：《蚶江郊商之興衰》，載《石獅文史資料》第一輯，中國人民政治協商會議福建省石獅市委員會文史委 1992 年編輯出版。

耳』，只好捎信請留在鹿港的公公『代備辦香按桌（牲禮），立天臺，代求天公』，以保平安。」[86]顯赫的許氏郊商尚且如此，其他的一般商人對於鬼神的迷信就更不用說了。在劉枝萬先生蒐集編輯的《臺灣中部碑文集成》一書中，現存的彰化鹿港地方的清代修建碑文，也幾乎半數是與寺廟以及神靈崇拜相關連的。[87]時至今日，福建、臺灣兩地寺廟數量之多，民間鬼神信仰之風行，是國內其他地區所不能比擬的。商人由於具有較好的經濟實力，福建與臺灣兩地民間寺廟的修建，也大多敦請商人們出來捐助以竣其事。可以說，閩台兩地寺廟的繁多和民間信仰的氾濫，在很大程度上是與明清時期福建臺灣兩地商品經濟的發展以及商人迷信鬼神的文化意識有著緊密的聯繫。

四、郊商行善鄉里與鬼神信仰的另一種解釋

清代泉州郊商以及其他商人比較熱衷於「行善行李」和鬼神信仰，雖然有著借「行善鄉里」而提高社會地位、擴大社會影響力，以及祈求鬼神護祐等等的心理，但是如果從明清時期中國宗教及民間信仰文化的演變歷程中去加以考察，我們就不難發現，郊商們的這些行為，還有著更加功利性的文化意識。

宋明以來，中國的佛、道等宗教，普遍出現了基層民俗化的趨向，宗教信仰以及由此而派生的鬼神崇拜成了基層社會文化生活和民俗風尚的一個重要組成部分。人們在崇拜佛道鬼神的同時，總是希望能夠迅速而實在的得到鬼神的回報，所謂「有求必應」，民間社會崇拜鬼神，在某種意義上可以說也是一種精神與現實的交易。宋明時期的士大夫和知識份子們，雖然也在一定程度上試圖阻止這種趨向的發展，但是他們努力的成效很不明顯。於是，許多士大夫和知識份子為了引導這一趨向，力圖把傳統的道德禮教與宗教信仰的「行善積德」觀念揉和起來，

---

86 見林玉茹：《十九世紀變局下鹿港郊商的肆應貿易活動：以鹿港許志湖家郊信文書為中心的介紹與討論》。2003 年 12 月參加金門技術學院主辦「閩南文化研討會」論文，尚未正式刊出。

87 《臺灣中部碑文集成》，收入《臺灣文獻史料叢刊》第九輯，臺灣大通書局 1972 年印行。

利用「因果報應」的宗教思想，來宣揚儒家的社會倫理思想，使之成爲民間社會能夠接受而又通俗易懂的行爲規則。在這種背景下，士大夫和知識份子製造和傳播了大量的善書、勸善書，如《太上感應篇》、《關聖帝君覺世真經》、《玉曆至寶鈔》、《文昌功過格》、《父母功過格》、《兄弟功過格》、《朋友功過格》、《夫婦功過格》、《持身功過格》、《居官功過格》、《彙編功過格》、《廣善篇功過格》、《禦虛階功過格》，以及各種各樣的《立命篇》、《自知錄》、《勸戒全書》、《聖功格》、《不費錢功德例》、《崇修指正》等等，迎合了基層民眾「有求必應」的功利思想，因而在民間相當地流行，具有廣泛的影響力。

在這樣的宗教信仰文化氛圍裡，一般的基層民眾認爲只要通過積德行善和崇拜鬼神，或許就可以達到自己求財、求子、求官的種種目的。我曾見到福建寺廟中的碑文，就有不少是因爲祈求神靈賜福如願而還願酬謝的記錄。茲舉二例如下：

（一）東山縣關帝廟《香燈田碑記》

> 立石碑記人雲霄弟子信士陳登魁，前恭念關聖帝君威靈顯赫，登魁欲往南方經營生理，虔誠到廟，親向殿前叩求平安。迨回云，植福無疆，乃自買過梅安鄉水田七坵，受種子六斗二升，早允經冬潔淨稅粟二十石六斗五升，又田契二張，交寺僧收入掌管，逐年收稅納糧，永遠在廟，爲敬祀香燈之費，以答關聖帝君保護之恩。[88]

（二）廈門南普陀《田租入寺志》

> 寺內有租遞興遞廢，不可殫述。至斷臂禪師而租乃大旺。……吾次子宜柎得寺租於曾家，因少艱子，乃禱於佛曰：「佛者有靈，使我舉一男嗣，我願以所得寺租入寺。」果諧所願，水田付了蘊歲收。……[89]

---

[88] 此碑立於乾隆丙午年（1786 年），重立於光緒丁醜年（1877 年），現存於漳州市東山縣關帝廟內。

[89] 《田租入寺志》立於明崇禎十三年，即 1640 年，現存於廈門市南普陀寺內。

　　從以上碑文可以清楚的看到，即使是在廈門南普陀和東山關帝廟這樣正規的佛、道寺廟內，民間「有求必應」的崇拜行為，也儼然以立碑的形式在其中大肆張揚。至於那些雜鬼毛神的寺廟，民眾的崇拜心理就更加不言而喻了。在一些庸俗化的鬼神崇拜信仰中，人們甚至把對神靈的許願和對行善的參與，在某種意義上或許是當作一種成本的投入，有投入就希望有回報，行善積德與鬼神信仰的功利性就益加顯著了。這種文化意識，在黃約亭《自記年譜》中也多少有所反映，試看以下的記述：

> 乾隆二十一年丙子，……買石鋪洋內大路並修理一條橋。乾隆二十三年戊寅，……買板做棺材（以濟因瘟疫死去之人），……五月……粟每擔長五十文，除修橋外，尚長錢七千餘，豈非有報之哉！……
>
> （乾隆）三十三年戊子正月初十早雞鳴二次，後夢見詩禮傳家四個大字，時在鹿港本店。二月十九日龍山寺觀音佛祖華誕，……後三月在鹿港店中夢見一婦人穿月白衫、提一籃粽，內中有大小個，又大餅三個。我母親與引媽食粽，我問何處得來？道此乃三公叔送來。我云恐是要送記叔，他與三公叔合夥。後我往街上，再叫來問他有送記叔否？他云無，是要送我。忽然變作男人。覺而悟佛祖靈矣。……
>
> （乾隆）三十五年，……閏五月，余在新橋行中，十七、八陰雨，至廿二日大雨不止。是早在房中夢見觀音穿白衣來點醒。早飯後稟請伯公先坐轎入城，而行內布筒細軟俱移上樓，什貨物挺安高架。是夜水果淹入行內，約有三四尺。至廿四日漸退。……
>
> 又三十八年癸巳三月起北街西門外店，俱仍舊制。其街路及北勢壁復縮入四尺，以便行人來往。即買此店亦恐他人買去起蓋有礙外公之厝。又九月間江西一地師善堪輿，仝林暖官到南安蔡山看風水。巡至我家祖墓上道：此地在五名內能出一品官，我先於六月十三夜夢見一人指示我有質則有文，有文則有質，官居一品，位至三公。……
>
> 乾隆四十二年丁酉，永甯高圍嫂來城要算「協澧」生理數，言在永甯夢見有和尚化緣云：施傳舍有陰騭，黃時芳亦有陰騭，汝無

陰騭。醒以為患，而不敢言於人，及天明，長子播英生下一男孫，
面方耳大，生成異常，甚以為喜。至十四日而孫死矣。

乾隆四十三年戊戌閏六月初七日得痢疾，延醫七、八人，服參連
藥都不效，日夜數十次無少停。至七月廿六日夜夢見泮叔攜批與
我看內有兩行字，每行十個字，只識「鼎爵」而字分明，遂覺天
光。又夢忠偉弟攜一張單上寫「廣福田」，中橫行有紅字數十個。
其單並香丸三粒還我，我即收入脫格桌內，本有香丸三粒合包做
一處。其痢疾就此少寬。蓋七月二十日食家浚飛兄藥方，用理中
桂附加故紙灸芪，至八月初一日方痊。

在以上《自記年譜》的記載中，也相當清楚地反映出黃約亭在「行
善鄉里」和信仰鬼神的過程中希望得到回報以及積德避禍的心理狀態。
而這種在清代泉州、臺灣郊商中帶有一定普遍特徵的社會文化心理，它
一個方面促進了地方鄉里公益事業的某些發展，以及民間鬼神信仰的氾
濫；而在另一方面，則不可避免地限制了商人開拓精神的發揮空間，凡
事顧忌良多，增長了商人階層的保守性格，從而不利於商業資本的順利
成長。

研究明清時期商人和商業資本的學者們，都注意到商人們行善鄉
里、回報鄉族等與鄉族社會保持著千絲萬縷聯繫的特徵。學者們對於這
種現象的解釋，也大多僅限於所謂血緣和地緣的紐帶使然。然而，我們
從以上泉州黃氏郊商「行善鄉里」和鬼神信仰的行為中看到了另一面的
文化意識，而這種文化意識又是與這一時期中國宗教信仰文化和社會文
化心理的變遷聯繫在一起的。正因為這樣，我們探討泉州黃氏郊商的社
會行為意趣和文化意識，對於深入清代商人的研究，是有積極意義的，
應當引起人們的進一步思考。

第四章　清代閩台商人間經濟糾紛的案例分析[1]

關於明清時期的商事糾紛與商業訴訟，國內外學界已有諸多的研究成果。南京大學范金民教授新近出版的《明清商事糾紛與商業訴訟》一書[2]，更是對這一研究課題作出了比較系統而又富有新意的探索。然而，中國幅員廣大，區域間的社會經濟發展水準及社會文化特徵存在著一定差異。這些差異體現在商事糾紛與商業訴訟上，自然也會呈現出一些不盡相同的表現形式與演變特點。近年來，我在從事閩台區域民間文獻搜集整理的過程中，發見了一部分相關的資料。這些資料深藏在民間私家，極少爲人們所引用，茲將之整理並略加分析，或許對於加深明清時期商事糾紛與商業訴訟的研究，有所幫助。

一、閩台商人的基本特點

隨著明清時期社會經濟的發展和商品市場經濟的活躍，商人階層也得到了相應的發展和壯大，而區域性商幫的產生和商會等行業組織的出現，比較突出地體現了這一時期商人階層的發展特徵。正因爲如此，明清時期的商事糾紛與商業訴訟，除了一般性的商業經營糾紛與訴訟之外，還出現了諸如不同地域商幫之間、商會內部與外部之間、商幫與地方之間等等的多層面的商事糾紛與訴訟[3]。這些不同層面的商事糾紛與訴訟，構成了明清時期商人與商業活動的一個重要組成部分。

福建商幫，又稱閩商，同樣也是明清時期負有盛譽的地方性商幫之一。福建商幫的經營足跡，不僅遍佈中國的大部分地區，而且還遠涉重洋，發展於東南亞及世界的許多地區。福建商幫在省外及海外經營，同

---

[1]　本章部分內容曾在《中國經濟史研究》2008 年第 3 期中發表。

[2]　范金民：《明清商事糾紛與商業訴訟》，南京大學出版社 2007 年 1 月出版。關於國內外學界對明清訴訟問題的研究情況，范金民在此書中已有詳細的介紹，茲不贅述。

[3]　參見范金民上揭書。

樣在省外或海外的重要地點上建立了諸如會館等屬於自己的地域性組
織[4]。這些與同鄉商人生存利益攸關的會館等組織，在一定程度上維護
了同鄉商人的各種權益，為同鄉商幫解決商事糾紛與訴訟，提供了多種
的便利與援助，至少也為同鄉商人解決與外人的商事糾紛提供了道義上
的後盾意義。

　　清代以來，福建商幫中出現了一支專門往返於福建沿海與臺灣之間
的商人隊伍，我們姑且稱之為「閩台商人」。「閩台商人」具有許多與其
他商幫不同的組織特徵。首先是這些商人隨著祖籍的鄉人、族人遷移臺
灣進而從事往返於海峽兩岸商業活動的，因此他們可能既是福建沿海的
居民，同時又可能是臺灣某地的居民。在清代臺灣社會經濟開發的過程
中，福建沿海居民向臺灣遷移，這種具有雙重居民身份的現象是相當普
遍的。其次，「閩台商人」不但沒有脫離自己的鄉族，相反地是依託自
己的福建祖籍鄉族與新移民的臺灣鄉族而經營商業活動的。其三，由於
「閩台商人」是依託海峽兩岸的鄉族而從事商業經營的，這又決定了他
們的經營範圍，並不僅僅局限於單純的「賤買貴賣」式的商業行為，而
是從事著商業、手工業、船運業，以及土地、房產的多方面經營。其四，
明清時期的國內其他商幫在外經營，一般需要在外地建立諸如會館一類
的同鄉或行業的組織，以維護自身的某些權益。但是由於「閩台商人」
基本上立足於自身祖籍或臺灣新移民地的鄉族，因而一直到近現代，他
們幾乎未能、也沒有必要在臺灣島內建立會館一類的同鄉組織，而更多
的是依靠本鄉族的組織以及民間信仰寺廟的組織。而明清時期福建商人
即使在本省內經商，也有跨府縣建立同鄉會館或行業組織的現象。可以
說，「閩台商人」未能在臺灣建立會館等組織的情況，這在同時期中國
地域商人異地經營中是極為罕見的。

　　「閩台商人」的這些組織特徵，特別是他們與兩地鄉族相互結合的
特徵，影響到他們的經營方式，也具有了十分鮮明的鄉族特色[5]。而由

---

[4]　參見陳支平、詹石窗主編：《透視中國東南》，廈門大學出版社 2002 年 12 月；王日根：《中
　　國會館史》，上海東方出版中心 2007 年 7 月出版。

[5]　參見前文，參看陳支平：《清代泉州晉江沿海商人的鄉族特徵》，載北京中國人民大學清史

此而來的商事糾紛與商業訴訟，也呈現出一些與其他區域商幫不同的特點。下面，我選取祖籍泉州府晉江縣沿海「閩台商人」的數宗商事糾紛與訴訟案例進行分析，以瞭解這些商人在商事糾紛與訴訟中所表現出來的基本概貌。

二、非鄉族關係間的糾紛訴訟

這裡先分析清代泉州府晉江縣商人與同安縣商人跨縣之間的商事糾紛與訴訟。

清代晉江沿海商人所從事的往返於海峽的閩台商業貿易，以及其所必須兼營的船運業，是一種高風險的行業。在比較缺乏商業秩序的社會環境裡，他們要面對隨時發生的競爭與欺詐行為。我在晉江縣看到一批陳氏家族商人與其他地區即同安縣的商人相互爭奪船隻的訴訟文書，就十分典型地反映了晉江商人所面對的混亂相爭的商業局面。

這批訴訟文書說的是晉江縣沿海安海鎮陳氏族人，合夥從廈門廳購置一艘官府沒收海盜「逆船」而拍賣的商船，從事閩台兩地的商業經營。事過多年，不意同安縣的張捷、張園父子出來混爭。同安縣張捷的狀詞稱：

> 具呈人嘉禾溪岸商民張捷年八十六歲，為埋沒賂□□思憐開釋勒限究結事。切捷籍馬巷，徙居廈門，汗積建置商船二隻，一名長興，牌名金髮號；一名長春，牌名金如意號。轄同安縣□□□□□所倚源發行保結，歷年各港貿易。冤咸豐三年逃擾，長興舡被匪占踞；長春船在塢重修理。於是年七月十四等日叩前縣主李暨本道憲均批敘後。迨及克復，前主諭令捐需，捷以家破財散，未得一時措繳。詎怡昌號、故怡德號陳意、陳謙、林□愷與長慶號莊旺等偵得兩船堅固，乘間套謀廬海記，因財布賂，將捷兩舡混奪擅收。長興舡改名金慶安；長春舡改名金洽□。當逃到港，捷隨時疊叩到案。

而晉江縣安海鎮陳氏族人的回訴狀則稱：

> 貢生陳應華年五十三歲，晉江縣人，現住安海。搶告陳妻雇工……
> 為案，經斷結扯誣圖翻，乞仰廳控案摘銷杜擾事。緣咸豐四年記
> 奉廈廳示明買助逆壞船一隻，據弟陳義美各出本銀三千員改造商
> 船金洽利，經晉江縣換牌經商。海病故，妻崔氏因欠股銀，將船
> 憑中估價歸美承坐自管。不意同治元年葭月間，該船運載倉米來
> 廈，突有棍徒張園即張田仝楊淵泉等勒賒不遂，據張園父張捷架
> 誣占奪駕逃，串同安縣門丁作案，囑差哄赫，封拘□□□炒……
> 無奈奉道憲蒙批仰廳移銷提究雖嚴，不敵廳縣丁書勾通一氣，懸
> 案莫定。運不得已抄粘執照卜叩藩憲、撫憲，並蒙批行。前憲親
> 提廳縣各卷及張園到案堂訊，驗明印照及賣契約繳案，的當明買
> 無疑。係張園父子捏詞誣告。本應究拿，姑念無知從寬。爰取兩
> 造遵依結狀。詎捷等狡詐復藉伊與源發行互控反穀舊案，扯誣金
> 長青船被怡昌號即怡德號，及陳慈陳謙林天性等謀奪譸詐滋事。
> 道憲批斥應繳反穀，與此案無涉，何得任意牽扯，尤為可惡，飭
> 將捷及抱告張聿發廳歸案究追。迨新廳主榮蒞，捷仍捏奪船瞞聳
> 呈批……大憲據府訊明完結准銷，豈容棍徒瞞廳圖翻。況源發行
> 控捷等負欠反穀，官經數任，與慈等毫不相干，反膽敢藉案牽扯，
> 套差擾索，更屬無法無天。

　　雙方反覆訴訟的結果，是官府以「黃逆滋事，嗣官軍克復，飭封助
逆船隻前道不追既往之咎，准予捐資領贖，予以期限，大張曉諭，爾罔
不知聞。迨至飭廳台變承買，有人始行出頭，藉口入官封變之物，豈能
任爾自由。業經明白批示在案，爾亟應遵照，何於八九年後……復起覬
覦之心？……此項船隻先經陳義美與盧記合夥領買請照運駕，後盧海記
之妻崔氏憑中估價全賣陳義美獨管，是先後承置此船均屬明正交易。且
以事隔多年，乃張園以事外之人突於此時挾嫌以伊父之名赴同安縣混控
圖擾」[6]為由，把商船判歸晉江縣安海陳氏族人繼續掌業運營。

6　以上所引的晉江縣安海鎮陳氏族人與同安縣張捷父子的訴訟文書，由晉江市博物館粘良圖先
　　生提供，研究生盧增夫協助掃描複製，特此致謝！該訴訟文書電子掃描本現藏廈門大學國

　　這艘商船雖然最終判給晉江縣安海鎮的陳氏族人，但是從這些訴訟文書中，我們可以瞭解到當時的閩台商業貿易和船運是多麼的艱辛。商人們的船隻，隨時都有可能遭遇海盜的搶劫，人船俱沒；官府也隨時可以徵調商船，從事糧食軍需甚至作戰的運輸。官府也可以把所謂的「沒官船」（實際上最初的船主一定是商人）重新拍賣給照。因此，同安張捷聲稱該船早年為匪占踞，完全有這樣的可能性。只是因為時過八九年，官府又已經以正式的手續拍賣給了晉江陳氏族人，船隻也就只能判歸給晉江的陳氏族人了。渡海船只是清代連接臺灣海峽兩岸唯一的交通工具，從事於海峽兩岸商業貿易的商人們固然無法缺少，官府對臺灣實施有效的政治統治與管理，同樣不可沒有船隻的運輸。即使是那些出沒於波濤險浪中的盜寇們，也是駕馭著大船巨艦而橫行於海上的。因此在某種意義上可以說，「閩台商人」賴於謀生經營的工具──船隻，儘管從建造到在官府取得正式營業執照，以及投入正式的商業運營，都可以說是擁有自己應有的物業權的。然而一旦臺灣出現社會動亂、官府有種種附加性質與臨時性的徵招，甚至受到颱風、颶風的襲擊發生意外的海難事件，等等，都有可能使這些商人的船隻喪失或者部分喪失物業權。正因為如此，清代「閩台商人」在涉及船隻方面的糾紛與訴訟時，只能完全聽任於官府的判斷。而官府的判斷，也大多依據於自己的邏輯推斷及事主與官府的關係。

　　同樣也是泉州府晉江縣沿海的商人，道光年間亦曾因船隻桅杆的問題引起訴訟。訴訟的起因是晉江縣蔡氏商人經營海船瑞玉、瑞珠、瑞瑛三艘，據船主蔡高良（涼）等稱：道光二十五年（1845 年）六月初七夜遭受風浪，三船均被損壞。其中瑞玉號船擊破，船桅漂沒為漁民所拾，經船主備銀贖回；而瑞珠、瑞瑛二船則因損壞嚴重，桅杆卸下進行修理。而同夜遭災的捷勝號船主李皆，以為這三根桅杆是李氏之物，出首與蔡氏商人相爭，引起訴訟。

　　此次訴訟頗為曲折，前後歷經五年之久。先是，蔡氏商人在嘉義縣

佳興里的鄉人皆為其作證，所謂「嘉義縣佳興裡巡檢為據情轉申事，本年……細詢莊耆人等咸稱此桅系蔡瑞玉、蔡瑞珠、蔡瑞瑛等三船即蔡高良有主之物。上年六月初七夜五條港下湖風浪水災，瑞玉船現擊破，桅被漁人所拾，經已備銀贖回，其餘瑞珠、瑞瑛二船因該船損壞時欲修葺，故將桅木卸下，現在修理未竣，不難勘查。保此三桅俱各有主等語。再回覆查無異。」

然而到了道光二十七年（1847年），捷勝號船主李皆聯絡官差鄭鴻等人進行翻案，案情急轉直下。據蔡高良等人的稟詞稱官差鄭鴻原先「自己整船欠一桅木，即同五條港行保金連芳向玉詭稱此桅戰船甚需，欲買去。」蔡氏商人不允，因而懷恨在心。而此時恰逢蔡、李二家互爭船桅，鄭鴻作為官差，負責案件的事實調查，遂借機祖護李氏。蔡高良等人的稟詞記述其事情的經過稱：

> 為假公強買捏詞稟陷乞恩詳釋以脫誣冤事，玉於去年六月初七夜同瑞瑛、瑞珠在象嶺湖遭風，玉船擊碎片板無存，惟有瑞珠、瑞瑛一沉澳內、一覆岸上。經嘉義縣憫災到勘封候葺修歸口配運案據。迨九月間玉於彰屬中山莊認獲原桅一枝，系被該出漁人所拾，因是備資贖回，呈請笨分縣給照獲運在案。不意拾月間有同時遇災之晚捷勝李皆船亦擊碎出首冒認此桅，訟請鹿分府史蒙訊此桅乃玉原物，李皆冒認是實，案又可據，是此桅木不惟有主，且多其主也。乃憲差鄭鴻自己整船欠一桅木，即同五條港行保金連芳向玉詭稱此桅戰船甚需，欲買去。玉弗許致恨，膽乘奉差數無主留木桅三支，捏玉親等蔡文滔等盜買。稟蒙憲料飭委查報起運□□。茲蒙駕臨查勘，不勝驚駭。第玉之桅爭控鹿分府業已有案，此外二桅一係蔡瑞瑛之桅。一係蔡瑞珠之桅，二船時欲開張修理，暫將桅木卸下，在在有主，何得謂之無主？私此假公強買捏情誣陷，不蒙到船查勘據實申詳，屏冤無伸，遭害曷已？

以常理推論，蔡氏商人既有船隻遭風損壞，又從漁民處備銀贖回桅杆，莊耆人等亦鹹稱此桅係蔡瑞玉、蔡瑞珠、蔡瑞瑛等三船即蔡高良有主之物，則這三杆桅杆屬於蔡氏之物的可能性很大。但是由於官府有權

徵用收沒民間的船隻、船料為官用，官差在此類糾紛訴訟中就得以發揮相當重要的作用。李氏商人一方由於有官差鄭鴻等人的祖護，雖然官府沒有確切的證據可以把這三根桅杆判斷給李氏商人，但是可以把這三根桅杆作為「水漂無主木桅」進行查封沒官。於是，蔡氏商人一干人很快都成了犯罪嫌疑人。道光二十七年（1847 年）四月初六日，道憲下令查拘蔡高涼（良）等人：

> 為嚴飭查拘事案，據道憲料差鄭鴻稟稱查封水漂無主木桅三枝，被奸民蔡□□（高涼）等私買拖匿。蒙飭張蓮複遭王霜等把持□抗等情，業飭查提訊跟去後，旋據道憲料差鄭鴻稟催前來，復經批示在案，合行照案嚴催，為此票仰原差施和、津、寮迅協海保立賫封條回道立封。蔡高涼之瑞瑛等船一面就領家廣裕號提出被稟佈抗之王霜一名先行稟到訊跟仍拘，後開有名被稟傳同原差稟名主身，限三日內稟差赴本鄉府以憑察訊解究，該差毋得阮延趕此火速。
>
> 被稟私買、拖匿奸民蔡高涼、蔡天願、蔡文滔、蔡濟美，佈抗地棍王桑。
>
> 蔡聳原稟，道差鄭鴻。

其後雖然因為官差鄭鴻等人也被牽扯進案件，官府另委他差進行複查，但是其結果基本上與鄭鴻所查的情景相同。道光二十九年（1849 年）定案時，臺灣道衙門的批語是：「此項無主桅木經料差余美於廿九年稟請查□，如果實係蔡高良原物，當時何以不赴案呈明，直至一年之後始行藉詞較賴。該巡檢仍複為之詳請，殊屬非是。仰即物封桅三枝押府廠交收，毋再抗延，致趕參咎。」[7]原屬於民間商人所有的船料，就這樣經過反復的訴訟，成了無主之物而為官府所擁有。

道光年間蔡氏商人與李氏商人的這宗船料糾紛與訴訟案件，再次說明了清代臺灣官府對於民間商人所從事的往返於海峽兩岸的航運業，有

---

[7] 以上所引的晉江縣蔡氏商人與李氏商人及官差鄭鴻等人的訴訟文書，由晉江市博物館粘良圖先生提供，研究生盧增夫協助掃描複製，特此致謝！該訴訟文書電子掃描本現藏廈門大學國學研究院資料庫。

著很強的干預權力；民間訴訟的勝敗結果，在相當程度上取決於訴訟雙方與官府的關係。

三、鄉族關係之間糾紛訴訟

上舉的兩個商人糾紛與訴訟案件，有一個共同的特點，即混告的雙方不存在鄉族、鄉鄰或者戚友的關係。雙方不存在鄉族、鄉鄰或者戚友的關係，官府的裁判權，往往顯得具有一定的權威性。雖然說官府的裁判權會隨著各自關係的不同而有所偏袒，但是僅從訴訟的形式而言，此類案件更加接近於官府法律責任的層面，而不會出現在官府法律責任之外又存在著民間社會關係及民間習慣法相互交錯的局面。這樣的案件，一經官府判決之後，即使經過反復的上訴曲折，但最終的解決結果，還是以官府的判決爲依據。

清代「閩台商人」從事往返於海峽兩岸的商業貿易及航運活動，不僅處在競爭比較激烈、缺乏有序的商人規範的社會環境裡，而且長年奔波於大海之中，往往生死難卜。在機器輪船尚未使用的清代，木船船運業發生海難的事情以及遭遇海盜襲擊的情況是經常發生的。這些因素，都使得這班「閩台商人」，在從事海峽兩岸商業與船運業的時候，必須緊密地依靠鄉族的力量，結合鄉族的各種資源，協作經營，才有可能在這種高風險而又缺乏秩序的社會環境裡取得商業上的成功。

鄉族固然是「閩台商人」從事海峽兩岸經營活動的有力後盾，但是在經濟利益面前，鄉人、族人之間發生利益糾紛甚至於對簿公堂的事情也是不可避免的。清末光緒年間在臺灣發生的兩起蔡姓商人的互控案件，便是鄉人、族人間因經濟利益所引發的糾紛。泉州府晉江縣沿海的蔡膺秀等商人，從祖上起就在臺灣鹽水港一帶開設有「源利」、「源盛」、「玉利」等商行，從事商業貿易、借貸典當以及經營魚蝦養殖業（魚塭）等。族親蔡淺水多年來一直向「源利」等商號借貸銀兩，由於經營不善，欠款越累越多。「源利」號等商行屢討不果，只好把祖上與蔡淺水祖上

合股的養殖魚蝦的「魚塭」股利予以抵扣。蔡淺水一怒之下，赴台呈控，聲稱「源利」號等商行「抗吞塭稅」，請求官府判還。其事由的經過在「源利」號主人蔡贋秀的反控詞中講得十分明白：

> 具呈人蔡贋秀年三十五歲，住大坵田保布袋嘴莊，離城五十里，為昧良圖僥捏誣制抵事。緣秀守份營生，因道光二十七年間有本鄉族親蔡淺水向秀源利塭先後往來借項，結欠去母錢一百二十千零六百七十文，利息尚未算入。又咸豐年水另欠秀鹽水港玉利號佛銀九十五元零八□，帳簿堂訊繳驗，疊討甜言挨延。另秀父祖與水在本莊夥開源盛號杉行生理，原作五股，秀得一股，蔡香得一股，水得一股，蕭鮑得一股，蔡標得一股。至道光十八年正月改號協利號，並易為四股，再添本銀八百元。秀得二股，標得一股，水得一股。其水一股應添本銀二百元，再向秀源利號借抵，母利至今未還。不虞賬項生理及帳簿盡被水吞匿，屢投公人，水不肯獻出。是以秀原有瞨水北中橫塭半股年應稅錢二十六千文，故自光緒二年起稅錢留抵，仍疊次邀水由眾理論，豈期水狡詐居心藉詞挨延，竟敢昧良捏以抗吞塭稅等情，赴台呈控，希圖先發制勝訴。□□蒙跟質究返虧秀血本被僥又受捏誣於心□甘亟瀝情呈乞升憲大老爺明辯日月恩訊跟質返□沾感切叩。
>
> 光緒九年四月□日。

　　這宗商事糾紛互控案的曲直比較清楚，因為涉及到本族人之間的關係，「源利」號等商行的控訴方也不願深究蔡淺水惡意訴訟的責任，只要蔡欠水撤訴息事即可。在這種情況下，官府的判決也以息事寧人為原則，判詞稱：「蔡淺水批十月二十七日據爾遞呈已明晰批斥在案，現呈不敘前批，故作罔知，實屬刁狡。況查爾原控呈詞敘明爾承祖蔡尙應得半股塭稅，每年二十六千文，案卷猶在，茲忽稱被蔡慤崎即蔡昭禮積欠十九年稅銀一千八百餘元，与計每年至一百元之多。即此一節可見爾所控全屬子虛。乃爾因蔡昭禮現與蔡泉控案，希圖死灰復燃，牽扯捏訟，以遂詐索，可惡已極。本應提究，姑念案早註銷，從寬再行申斥。」[8]

---

[8] 以上所引的晉江縣蔡氏商人與族人間的訴訟文書，由晉江市博物館粘良圖先生提供，研究生

　　我在探討明清福建沿海族商的時候，曾多次強調族商依靠鄉族力量以及鄉族力量對於族人從事工商業的後盾支援作用。但是必須指出的是，商人與鄉族的良性依賴關係是相對的，商人們固然可以依靠本鄉族的力量為自身的經營尋求更好的活動空間，但是與此同時，致富了的商人們也就應該為鄉族承擔更多的經濟責任和社會責任。而一般的鄉人、族人，也往往存在著家族內部平均主義的觀念，理所當然地認為致富的族人應該對於本家族有所經濟回饋。而一旦致富的族人未能符合這種經濟回饋的願望，就有可能出現鄉族內部利益糾紛乃至訴訟的情景。再者，每一個鄉族、家族內部，也並不是一團和氣的，鄉族、家族內部有大房、小房、強鄉、弱鄉之分，大房、小房與強房、弱房之間，有時也有相互欺凌的事件發生。在這種情況下，鄉族、家族內部帶有某種勒索性質的糾紛訴訟就有可能出現。同樣是上舉的蔡「源利」號，在光緒年間還遇到強房勒索的訴訟。

　　早在嘉慶年間，福建泉州府晉江縣沿海的一些同鄉族的商人，在臺灣中部布袋嘴莊地方承置一片魚塭，實行合股經營。當時蔡、郭、謝等姓商人立下合約字據如下：

> 全立約字人北中橫塭夥蔡遠由、郭玉川、謝管觀、陳立觀、顏陶觀、溫寶祐、王等觀、蔡居觀、蔡午觀、蔡景觀、蕭廷鄰、蕭鴻蘭、陳綿觀，自我塭開基以來，內分大稅十份、小稅十三份二，每年塭稅銀照大小稅均分。此係我全夥創置之業，全份人等應協力管顧。內有別圖生意不得共事者，因歷年塭中常被人採取魚蝦，當事之人難盡為情，小則可忍，甚則難堪，向阻之中必有意外事端。或覓口而致禍，或被懷怨而生誣陷等情。種種禍端難測。爰是我全份諸人齊集共議，全立約字一紙。自今以後塭中倘有被人採取魚蝦以及偷損塭寮內業器等物，或被人懷怨誣陷，及有意外不測事端等情，傳知我應份諸人，必隨時齊到塭寮計議是非。如果被人橫強損失及其生冤誣陷者，自當協力聞官懲治。自約之

盧增夫協助掃描複製，特此致謝！該訴訟文書電子掃描本現藏廈門大學國學研究院資料庫。

後，傳知不到者，事小則罰戲一台、酒一筵；事大將的份額充公。
此系合全共議，因恐口無憑，仝立約字為炤。

嘉慶二十四年十一月　日仝立約字蔡遠由、郭玉川、謝管觀、陳
立觀、顏陶觀、溫寶祐、王等觀、蔡居觀、蔡午觀、蔡景觀、蕭
廷鄰、蕭鴻蘭、陳綿觀[9]

為了使這項合股經營得到長久的延續，他們還訂立了相應的《規
條》，強調合夥人之間的鄉族「兄弟昆仲之親」。該《規條》稱：「蓋同
出如於友，守望於助，耕者既篤同居之誼，而輔車於依、唇齒於連，漁
者務守同業之情。我北中橫塭自開基以來，本屬一體，及今鹿料雖有親
疏異姓之別，而我登瀛乃是兄弟昆仲之親。魚蝦生而貨財殖，雖非慢藏
誨盜，既得隴而望蜀，誠恐殃及池魚，宵小行竊，既往勿追。壟斷而登，
後車當鑒。爰是集諸同人共商盛舉，大申盟誓，以警將來。集眾立以規
條，垂永遠而昭誠信云爾。」

蔡姓、郭姓等晉江籍的商人在合股承置魚塭之初，雖然一致同心要
長期維護鄉誼、族誼之好，促使魚塭的經營長期延續、共得利益。但是
隨著時間的推移，這些商人中有的經營得到發展，財力日盛，有的則可
能經營失敗，家道中落。到了道光年間，由於遭受狂風海漲的破壞，魚
塭的經營遇到了很大的困難，合股人中間的部分股東及其繼承人，無力
繼續承受經營的成本，於是就陸續把自己的份額轉讓給原來擁有較多股
份的蔡遠由、蔡樹涼（繼承父業）等商人。為此，這些股份人也陸續訂
立了魚塭經營全轉讓的合約文書如下：

（一）

仝立約字人北中□塭夥郭玉川、謝管等，竊謂力小不堪任重，份
少無難辭責，見小必致失大。自我塭開基至嘉慶年間以來，歷年
冬統計長不抵缺。邇來數年中魚蝦聚少，工資費多，塭冬甚是不
利。加以本冬被風波打崩塭岸，川等應協力鳩錢共作，無如修築

---

9 本契約及本章以下的諸種文書，均由晉江市博物館粘良圖先生提供，研究生盧增夫協助掃描
複製，特此致謝！契約文書電子掃描本現藏廈門大學國學研究院資料庫。

之費浩繁,而不勝擔負之歎。爰思塭夥中有能支持不敝者,惟蔡由一人,以言人力則財冠諸夥,一遇塭岸被損可以隨時抽銀前來濟急。以言塭份則十已得五,雖甚艱難局勢,揆之以理欲卸而決不忍卸。川等就此合計長久之利,仝訂公平之議,知責任宜專,願將各人塭份盡贌與蔡由管顧,聽其經營生息。公估全塭永遠定價每年得稅錢一千吊,分發各份大小稅之款。自立約後,蔡由不得以塭冬不利或塭岸破損而辭卸;川等亦不得窺見塭冬稍豐便要均分起稅等情,庶平苦樂意均以厚道相為終始矣。恐口無憑,合仝約字一紙付執為炤。

道光二年十一月　日。

（二）

立重新築造認納鐵稅字人蔡樹涼,切□(此空格號應為立字人蔡樹涼的名字,下同)前同溫雅、周埔、蔡光緞、蔡朝、謝然、蔡淺水、蔡剪、蔡丕、蔡景、蔡取、蔡敬天等置買北中橫塭豐中股份,多寡開明於後。但自道光間以來,歷年統計出息難抵使費,蓋由風雨不調、魚蝦聚少故也。不虞本年狂風海漲,泗濤衝擊,以致塭岸盡為崩壞一望無際。乃諸股疊經集議重新修築,眾皆蹙額不前。蓋慮費繁而利微,思欲捨之而不忍,誠若難肋。維時諸股公同定議辭退,懇□仔肩重新整出工本築造,將地基盡贌□歸一經營永遠為業。公估每年按定塭稅錢七百千文,鐵稅就股聲大小份額勻攤分發,不得短欠挨延。而此塭每年應完嘉義縣塭餉歸□繳納,與諸股無干。苟不幸再遭風濤擊壞,任□有無力量再行修築,悉出乎□之造化,與諸股無涉。而稅錢仍應上納,不得藉以失業為詞卸肩不承,或求減稅錢挨延短欠等情。如此後風雨調順海不揚波,此塭平安無損、得獲大利,亦出乎□之造化,而諸股稅錢仍照舊定章程收繳勻攤,不得翻異強勒加升,以及藉端阻擋貼坐工本欲領回自管自耕等情。此係公仝定議甘願,永遠不易之約,各無後悔。口恐無憑,爰承眾囑立字十三紙,各執一紙永遠為照。

魚塭轉讓給蔡遠由、蔡樹涼等叔侄商人之後,由於蔡氏商人擁有充

足的資金，他們不但經營魚塭，而且還經營「源利」、「源盛」、「玉利」等多家商行號，所以魚塭的經營起死回生，獲利可觀。這樣就使得原先轉讓股份的一些股東的後裔們心理相當不平衡。這些股東的後裔認為既為同鄉族攜手來臺灣創業，如今利益盡歸蔡氏一家，實在有悖於鄉族互助之誼，於是他們經常利用一些藉口，向蔡氏商人索貸錢物。最後竟然發展到一再公開聚眾哄搶的地步。清末光緒十七年（1891 年），塭主之一的「源利」號商人蔡膺賢就向官府報案：

> 具呈塭主源利號即蔡膺賢，年四十一歲，……為強盜火劫銃傷命危喊乞親臨詣勘移營嚴緝贓盜究追懲辦事。切利承管北中橫塭，設寮收管納課，歷有四世罔異。冤因本月二十六日夜三更時分，突被強盜三十餘猛各執刀銃器械明火破門蜂擁入室，撬開大櫃，將內銀錢契卷及皮箱衣物等件洗劫一空，失單粘電。時堂弟蔡春珍喊救被盜開銃打傷左腳頭重傷，沙子在內。賢幫喊救，被盜扛毆右手肘。火光中眼見該盜俱係塗面，負贓從塭路東畔而逸。莊人尾追莫何。越早地保董頭人等為確證，似此昇平盛世有此凶盜潛不畏法明火劫搶銃傷命危……非蒙親臨詣勘移營盡法嚴拏徹辦，誠恐地方害伊胡底？……
> 光緒十七年十一月廿八日入呈李縣主。

光緒二十年（1894 年），塭主之一的「源和」號商人蔡昭禮也向官府報案：

> 具喊稟人蔡源和即監生蔡昭禮，年四十四歲。……為欠債恨抵列械強霸喊乞簽差會營彈壓一面嚴拏訊追法事切切。承祖上渡台嘉慶間在布袋嘴莊外，與郭、顏、王、蔡等姓公置魚塭一口，名曰北中橫塭。原做十份，因被水沖崩，再做十三份零二厘。修築又被水崩盡壞，眾股份無力承築，乃於咸豐年間公同辭退，願就前置四至地基一切歸□，再整工本重新修築。公議該塭築成後應納官餉由□承納外，每年按定七百千文作地基稅錢，與前股夥照份均攤，鐵板不易明約各願立字為憑。時□原本六股，見眾辭卸，勢同騎虎難下，不得已傾家鳩出多本雇工重作大岸添築小岸載樹

木以蔽海潮，始免崩廢。迄今歷傳四世、掌管數十年無異。至光
緒辛巳年，有布袋嘴莊蔡長、蔡集兄弟，以伊承買地基契二紙向
□胎借母銀六十元，每月願貼利銀二分五厘，立字為憑。經□就
地基稅扣抵利息尚屬不敷，積欠母利共銀一百七十元零，疊次列
單向討，長始限終延邀算不算，立意侵吞，甚至昧良恃強欺。□
泉籍來台寄居脅下，易於吞噬，遂唆出伊房親同類之蔡衢、蔡春
風為黨，藉稱明升地稅，膽於本月廿一日糾率四五十猛各執銃械
旗鼓擁塭插牌，強圖霸搶塭貨，乞驗可證。佃人向阻，長等不但
不聽，誇稱此時海防吃緊，正伊得志之日，稍不聽從，立即剿滅。
眾佃聞言不服亟與力較。□恐致大禍，再三勸阻奔投樸局，局紳
莫制，著□赴階鳴冤。詎長等沿途伺拏，□無奈僻行遠路拼命到
此瀝冤泣乞升憲大老爺電察。……
光緒二十年十月　日叩

　　本來，如此大規模的明火執仗實施搶奪，應該是屬於危害地方安寧
的惡性案件，官府有責任對此實行追捕嚴懲。但是地方官員深知案件的
表面現象是聚眾搶奪，但其實質，牽涉到鄉族內部的利益糾紛問題，一
味的使用政府的法律條文，未必能夠最終有效地解決問題。因此，當官
府收到此類的報案之後，並不急於派出官差、兵丁予以挈捕，而是通過
地方鄉族的長者或可以擔當中間調解的相關人士，取進行協調。在這樣
的場合裡，雖然從表面上看，事出洶洶，不能甘休。然而當時雙方的心
裡明白，一旦各有讓步，鄉族長者和中間調解人面子做足，此類的案件
往往可以立馬化險為夷、相安無事。正因為如此，上面所舉的這兩起搶
奪事件，都是經官府撮合，請出公親人等協調解決。「同日據蔡長遣把
蔡梟赴案以恃強抗霸等情具控。該生蔡憨崎提同□訊兩造均稱願赴樸雅
街分局會算帳目，應如所請，候單派安役將兩造押赴分局會算帳目。一
面諭止蔡長不得擅自拷魚以杜爭釁。倘會算不能清楚，仍提案究斷。」
聚眾哄搶的一方取得了某些經濟利益之後，魚塭的經營又恢復了寧靜。

四、鄉族商人間糾紛訴訟的若干解決方式

在「閩台商人」的鄉族關係中，有如上舉的這種比較極端而最終以訴訟手段來解決爭端的現象，相對於非鄉族關係中的商事糾紛與訴訟的現象，畢竟還是屬於少數。事實上，在清代「閩台商人」鄉族間的糾紛中，有許多場合是通過鄉族內部的調解、協商來解決的。在閩臺地區的鄉族社會裡，悠久的歷史傳統和鄉族內部和睦相處的價值觀念，使他們形成了適用於鄉族自身穩定的是非判斷原則，這種適用於鄉族內部自身穩定的是非判斷原則，我們也不妨稱之為鄉族的習慣法。毫無疑問，鄉族習慣法對於解決鄉族內部的糾紛事務時，它的權威性並不一定亞於政府的法律條文。鄉族習慣法的盛行，在一定程度上限制了政府法律的徹底執行，這也正是臺灣官府在處理民間鄉族內部糾紛時，往往不願、也不能深究到底的重要原因之一。

鄉族習慣法形成的最基本的原則，就是盡可能地維護鄉族、家族內部的和睦相處。在這一原則的支配下，比較富有一方的商人，往往要在經濟利益上對另外較為貧窮的爭執一方，作出一定的讓步，最終達成鄉族、家族內部的新的和諧。如此一來，鄉族、家族內部的所謂「宗親」、「公親」根據鄉族習慣法調節糾紛時，就不能一味地根據經濟關係的公平原則來判斷事理，而是需要根據鄉族、家族內部的平均主義觀念和裒富益寡的思路展開的。

這裡再舉泉州府晉江縣蔡氏商人的例子。從嘉慶年間起，蔡氏家族的一些族人合資在臺灣開張有「源利」、「益成」等多家商行號，經過數十年的經營之後，股份各自繼承人的經濟狀況發生了很大的變化，有的股份繼承人經營不善，積欠其他股份繼承人的債務越來越多。債權人和債務人同為族親，只好請來族長等作為「公親」，酌情處理積欠有年的債務。下面，我舉咸豐年間的二紙債務調解合同文書為例：

（一）

　　立合同字蔡進益、蔡源利、蔡媽尖等，因源利前出資本交付益父

犖、尖父軏在鹽水港開張益成號生理，迨至道光□年停止，算帳得利共作四份，源利應分二份，犖、軏各分一份。當經憑賬核算內地、臺灣有放賬項所收免算外，所有未收內地應歸源利，臺灣應歸犖叔與軏叔，連依源利之夥計三份，均各如前。內地、臺灣被欠帳目，源利與犖、軏各有互收，至此勿論，至於家器什物均交源利收抵勿論，餘各收入免算。通計該算源利尚被益父侵欠佛銀千百十元，茲念益尖之父犖、軏兩人已故，姑聽公親求就益父手置園業四宗，計契面銀五百三十五元，繳還源利承管，抵侵之項，及依台賬二份，抹完一賬。日後原主要贖，自當備項向源利贖回，不幹益等之事。至尖之父軏得利應額，公議就將益成號欠帳撥抵自收。此系三面各願賬項，從此照約收取，均無異言生端，亦不得後悔滋事。今立約字一樣三紙，各執一紙永為下代子孫存鑒。

咸豐四年二月　日仝立合約字蔡進益　源利　媽尖

公親、知見

（二）

仝立繳還園契字人鹽水港保鹽水港半街蔡進益等，因父在日與家軏叔有承辦蔡源利號，自出資本在鹽水港後街開張益成號生理。迨至道光廿七年停止，憑帳核結，益父尚侵源利佛銀一千八百一十二元三角零。今因益父去逝，特請公親為向源利求懇減收。益等願即將承父在日有將源利之銀承典過張連捷園地一宗三□坵數不計，受種一甲五分，契面銀一百六十員，年帶納業主陳大租穀一十二石。坐落土名鹿仔草洋二十五份，四至界址俱載明在上手契內明白，即白契十二紙。又典過張連捷園一宗，經丈一甲二分，契面銀二百一十員，年帶納業主陳租糖□斤，坐落頂潭莊後土名竹長墩，四至界址俱載上手契內明白，契二紙。又典過王書轉埔園一坵，受種七分，契面銀四十五員，年帶納業主李租銀三元，坐落海豐莊土名十二份，四至界址俱載上手契內明白，契書單三紙。又典過林曹等園一宗，經丈一甲五分，契面銀一百二十員，年帶納業主陳二八抽的，坐落海豐莊，四至界址俱載明上手

契內明白，契二紙。統計共四宗，契面銀五百三十五員，印白契共十九紙。茲同公見隨即付佃起耕，踏明界址，交付源利號前去掌管招佃耕作收稅。日後倘原主要贖，自當備項向源利號取贖，不幹益兄弟等之事。保此業系益等承父明典之業，與別房親伯叔弟侄人無干，亦無重張掛欠他人之項，並無拖欠大租不明為礙等情。如有不明，益等自出首抵當，不幹源利之事。至所侵項對抵不足，從此讓情抹完。此系二比甘願，各無抑勒反悔異言生端滋事。恐口無憑，今欲有憑，今親立繳還契字一紙並四宗上手印白契十九紙合共二十紙送執為炤。

咸豐四年四月　日　仝親立繳還契字人　蔡進益

在場人

知見人母

公親人

　　在這二紙合約中，債務人顯然不能如數償還債權人應得的欠款數額，但是家族內部的「公親」作出了調節決定，「姑聽公親求」、「公親為向源利求懇減收」，作為債權人的蔡氏「源利」、「益成」等商號，予以適當的讓步；而債務人族親蔡進益等人，也把自家的田園抵還給蔡「源利」、「益成」等商號。雙方延續了二十年的債務糾紛，終於在鄉族「公親」的調解下，比較圓滿地得到解決。

　　即使是一些矛盾比較激烈的糾紛，也可以在鄉族、家族「公親」的調解下，得到解決。晉江縣東石鄉蔡氏家族玉井房就曾經發生過這樣的例子。事情的緣由是該家族族人經營的蔡玉記號和蔡玉勝號商行合夥開張有泰源典鋪、泰興杉行等生意，同時還合資建造有「金聯發」號海船。每年前往南洋及臺灣等地貿易。不料海船遇到海難，帳目盡失，無法結算，雙方引起糾紛。幸好經過家族內部宗親的協調，事情亦有較好的結局，當事雙方即蔡玉記號和蔡玉勝號共同立下合約文書如下：

　　仝立合約完明證據字人晉邑十都東石鄉沙崛境玉井房蔡玉勝號蔡世□……攸帽、攸雁等，玉記號蔡世寮、世馨、尤珠、尤定、尤鈿、蔡棟樑等，二比原屬一本之親，前兩號合夥開張泰源典鋪、

泰興杉行。早年分此歸與玉記號坐去兩月，立退股字為據，而護
厝地前經立契收年完明，又合整金聯發船一隻，每年整往南洋資
本，玉記居多。不幸中途損失，所有船中來往賬條以及玉勝、玉
記兩號來往條目，已經核結。玉勝該侵其款，而聯發船尚有山頂
公存碎物，玉勝號有萬勝內棧間，契面銀載在契上，與西樓腳海
坪一所契面銀載在契上。公人按將業賬並聯發船公存碎物對抵。
玉勝未許，二比分爭，勢所傷情。公人再為調處，將金聯發船所
有公存碎物並玉勝存萬勝內棧間及西樓腳海坪兩處之契，繳交玉
記管業，以為己業，而玉記出口小銀一千八百五十元，交與玉勝
號，其銀即日仝諸公人三面收訖。自此而後，所有公私來往賬條
一筆勾清，永斷葛藤，二比不得別生枝節等情。此係公人勸解，
兩無傷情。恐口無憑，合立約字二紙，各執一紙為據。又後落厝
一座，玉勝日後備契面取贖，玉記不得刁難。祖厝口公店所有闖
份之額租錢，就本年收起，不得渾稱前租未明等語，合併標明。
仝立約字人玉勝號蔡世
（公人、代書人等略）

在這份合約文書中明白寫道：兩個商行都是家族的族親，「二比原
屬一本之親」，合夥開張生意，而因海難導致帳目難於清算，「二比分
爭，勢所傷情」，幸得族內公親調解，事情得以解決，「兩無傷情」。

我在晉江縣東石鄉蔡氏家族的民間文書中，還看到更為激烈的族內
糾紛。由於蔡玉記商號經營海峽兩岸的多種貿易獲利頗豐，生意的規模
越來越大，族內的一部分人認為蔡玉記號未能提攜其他的族人，不合家
族互助的常理，故糾合起來，無端鬧事，「相邀同心與之為仇」。蔡玉
記號只好請出族內公親，予以調解，雙方同樣訂立了和解合約如下：

仝立約字人東石鄉蔡世福、蔡尤為、尤九、尤冽、尤啟，因與族
人蔡玉記號素隨嫌隙，緣渠家居殷實，並無提攜福等，相邀同心
與之為仇。今蒙東埕德鬃、德豈、世錦、尤照，西郊德志，及本
族德扇、尤床出勤，解著玉記號看破，共助福等銀九十六大員作
為外出路費及經紀資本。其銀即日經公人親手如額交福等收足，
明約自此以後用不敢再萌別念滋擾。恐口無憑，即立約字一紙付

執為炤。

宣統三年閏六月　日立約字人　九、列、福、為、啟

代筆人　蔡膺彩

這樣的合約文書，形同勒索，並不符合一般的社會法律常理。但是在閩台社會的鄉族、家族觀念裡，似乎有著一定的存在空間。因為鄉族、家族內部的團結與和睦，是維護鄉族、家族成員整體利益的最基本前提。

在經濟利益的誘惑下，鄉族、家族內部不可避免地會出現形形色色的經濟糾紛以至訴訟，但是在較多的場合裡，家族、鄉族內的商業糾紛能夠通過公親的調解而得到比較圓滿的化解，這一方面固然是因為家族勢力、鄉族勢力在其中發揮了一定的督促管理作用，而在另一方面，家族和鄉族相互扶助的基本特徵，以及維護鄉族、家族內部基本和睦的傳統觀念，也促成了商人及其他族人、鄉人在家族、鄉族的框架之下，能夠順時因勢地相互妥協、相互忍讓、息事寧人、和諧共處。雖然從表面上看，鄉族、家族內部也存在著以上這些不合社會法律常理的負面現象，但是這種鄉族、家族內部帶有某些衰富益貧、平均主義性質的行為，在一定的意義上也可以說是維護鄉族、家族整體利益和鄉族、家族團結的不可或缺的環節之一。正是有了這種家族平均主義的調節行為，家族、鄉族才能長期有效地發揮著團結對外的社會功能。這也正是清代「閩台商人」寧願對其鄉族、家族內部「看破吃虧」，而在對外經營運作時可以緊密依託鄉族家族力量的根本原因所在。

五、商業社會環境與商業糾紛訴訟

最後我還要再次強調的是，雖然清代閩台商人的經營活動取得相當的進步，但是終清之世，畢竟未能形成具有近現代意義的商業市場經濟的社會環境，以及與之相匹配的商業資本運行機制，如近現代的資本投資機制、資本經理制度、經營會計制度、資本經營風險保障制度，以及資本運行的監管機制，等等。這種社會環境與商業資本運行機制的缺

失，反映在商業糾紛上，無意是十分耐人尋味的。我曾接觸過民國年間泉州城內關於商鋪糾紛的一起訴訟文書，值得一提。該訴訟案件中訴、抗雙方的呈詞如下：

（一）原告訴狀詞

為抗租濫開侵佔霸業懇請嚴傳到案迅還侵地租金搬空交管以保權利事，竊才等有承祖公共店屋乙座，坐在胭脂巷內，店面乙間，店後房一間，後坐廳乙間，枋棚一所，坐在胭脂巷口左畔第三間。前租與泉苑號東張偉人營業，現每月載租七元五角（前租二元半，後因丁巳年起蓋起租五元，合共七元五角），緣丁巳年回祿，才將公店一座新起蓋一間，中留通巷一所。其□地□棚因乏款繼續建築，暫留為空地，後竟被泉苑號張偉人將空地枋棚一概佔築。屢向交涉，偉人亦屢次甘言安慰道之：才既無力建築，而地亦可伊等營業，所要□□簡略起蓋，款項無□，代費之款□免配息，而□棚空地，才等亦不得長租。日後如將代費之款交還，租金另有相商之處。才等以偉人所言盡係情理，由是相安無事。迨後對於鋪捐一節，逐年浮開出三□□，開出三十□□半，甲子年五十□□□角，乙丑年八十四元八角，概無單據，均係該租戶借□□混開，而才等□□□每年□有九十六，實收只有五元二角。才□宗親□租戶如此□□全無合理，□不能□□，亟欲將該店收回另租，□□不肯，甚將□□□□……，偉人反汙枋棚餘地是伊之業，將□□才等上手老契分明確鑿。該租戶乃借用機心，用租代築，繼則浮開鋪捐□□□□□□，又將空地枋棚佔為己有，且以店口私租他人，為□之食為鯨□□□，司馬之心路人皆知。但□佔之手段雖巧，而事實發見終難掩高明之眼。彼縱作□未免徒勞。才等至此租金已歸烏有，□□□店業又岌岌難保，為祀事計，為被壓迫計，不得不瀝情乞鈞院察核迅傳被告人到案追還侵佔租金搬空交管。……

中華民國十八年　月　日

具狀人　林緒楚、林緒佑

（二）被告辯狀詞

辯訴人張偉人年四十七歲，晉江胭脂巷口泉苑茶莊經理，為對於林緒楚等妄訴抗租濫開侵佔霸業一案，提出答辯，懇准駁回原告之訴，算清租金，仍舊照租店面以維商業而免損失事。竊敝號泉苑經營茶葉生理，自被告人等先祖開設，迄今百有餘年，其店屋係先代向徐、黃兩姓先租後買，惟左畔又向林姓（原告祖上）租賃店屋一所，直連三間，曾立認批付執為據。建設馬路之後，該店拆去二間，僅存一間，照舊租用，每月租金小洋七元五角，歷年付清。至丙寅年以後，原告未來收租，被告方面正不知其何意？此次該原告突以被告抗欠三年餘租金二百九十二元五角分文不給等謊瞞聾鈞聽。該店自被告祖上承租至被告經理店務，租金悉由賬櫃逐年算清，未欠分文。嗣後敝號賬櫃開給清單，原告不來支租，原告汙敝號三年餘租金未付，不知其中尚有敝號代墊鋪捐廊溝各費，應行照扣。原告不來會算，何汙抗租？鋪捐一節，因近年軍興，政府徵收甚巨，此係業主鋪戶分擔，原告居業主地位，鋪捐應出多少，敝號先墊後，於租金扣回，原為通例。向來敝號賬櫃與該原告當面會算將單據付執並載明租折，何謂濫開？敝號店屋只有修理，並未建築，所有敝號自己店屋坐落四至間聲均照契管業，事實俱在，無難勘明。原告汙被告將伊空地枋棚一概佔築，試問原告有何空地，其枋棚樓閣則敝號買自徐、黃兩姓，有契可憑。所租店後通巷（即小灣），原係徐姓產業，被告先代向徐姓先租後買，租批買契煌煌炳據。原告誣被告侵佔霸業，究竟有何證據？如果通巷枋棚為原告所有，敝號租店認批自應載明，該原告何不提出為證？此空言主張妨害被告名譽，大非法律所許。為此請求鈞院察核准予秉公判決（一）原告之請求駁回，其店屋仍由被告租賃；（二）訴訟費用歸原告負擔。

中華民國十八年七月十三日

具狀人張偉人

　　仔細地閱讀這兩份狀詞，就會發現一個極為有趣的現象：雙方交惡的關鍵點，是在於「鋪捐一節」。所謂「鋪捐」，是民國二十年代政府對於經商鋪戶所徵收的一種稅捐。原告訴說承租的「泉苑茶莊」交納「鋪

捐」之後，用於互抵店鋪的租金，「鋪捐」於乙丑年（即 1925 年）一年
多達八十四元八角，而每年店鋪出租給「泉苑茶莊」的租金僅有九十六
元，互抵之後，只剩一十一元餘，形同白租。而被告的辯狀稱「鋪捐應
出多少，敝號先墊後，於租金扣回，原爲通例。」以一般情理而言，店
鋪既爲「泉苑茶莊」所承租經營，鋪捐設立的初衷，自當由經營者承擔；
何況此店鋪每年租金僅九十六元，與鋪捐相差無幾，實難互相抵扣。時
當亂世，如果國民政府再加什麼商捐，店鋪原主豈不倒貼？由此可見，
這宗訴訟的緣起，與其說是店鋪原主與承租者之間的糾紛，倒不如說是
當時泉州城內商業環境的不規範所導致。而從另一方面看，「泉苑茶莊」
是當時聞名於泉州、廈門，乃至東南亞地區的企業，與這一帶的官商均
有較爲密切的關係。「泉苑茶莊」爲這每年區區數十元的店鋪租金，與
普遍原主對簿公堂，這裡面似乎不能排除「泉苑茶莊」仗著自身氣大財
粗、關係網密切的霸道因素。而商人們的仗財倚勢，顯然是中國商人的
傳統惡習之一。它在一定程度上妨礙了中國傳統社會裡良好商業環境以
及商業資本運行機制的形成，值得思考。

第五章　臺灣楊氏族商的經營方式[1]

明清時期的地方性商人集團，即所謂的地方商幫，已經引起中國經濟史學界的廣泛興趣，研究成果甚多。然而組成地方性商幫的具體商人，尤其是以鄉土血緣為紐帶的家族商人，由於文獻資料的欠缺，涉足研究者相對稀少。近年來本人一直從事福建與臺灣區域的民間文獻資料搜集整理工作，獲見臺灣台中、彰化等地的楊氏家族的一批文書，其中包括《楊同興族譜》、《寓鼇社口楊同興號鬮書》及《楊家文錄》等數十份，本批資料承蒙台中陳炎正先生見示，特此致謝！這些家族文書對於深入探討清代中後期臺灣民間家族的商業經營與家族組織的運作，饒有史料價值。現略加整理分析；論列如次。

一、楊氏家族的繁衍與經營概況

楊氏家族的祖籍是福建省同安縣，始遷祖楊咸曲攜胞弟楊咸仙，於清代乾隆年間從同安遷移臺灣島的彰化地區。不久胞弟病逝，楊咸曲獨撐家門，奮力經營，有所成就。《楊同興族譜》載楊咸曲事蹟云：

> 咸曲公，字啟泰，謚士直，運裕公之長子，生於雍正癸丑十一年二月初一日子時，乾隆丙子二十一年由福建省泉州府同安縣蔡壩後洋原籍渡台，卜居鼇峰之西勢，即今清水。是為分支之始祖。經營實業，克勤克儉，粒積創置，厥後成家致富。至道光七年，三子分鬮，設楊同興號，廣置產業，以供子孫歷年輪流祭掃之資，及備培養子弟諸費之無本之無缺。編智、仁、勇三字為長、二、三大房鬮書之號。今以清水為中心，子孫蕃衍全台。遠及日本國等，士農工商各盡其業，人才輩出。……顧及弟咸仙公無子，九以第二子舒獻公奉祀。[2]

楊咸曲初到臺灣之時，主要從事農業開墾。生有三子：舒崑、舒獻、

---

[1] 本章部分內容曾在《中國經濟史研究》2007 年第 4 期中發表。
[2] 民國《楊同興族譜》（下），《咸曲公》。

舒霧，分爲三大房。因叔父曲仙早逝無嗣，遂由次子舒獻兼祀之。舒崑、舒獻、舒霧三人繼承父親的遺業，雖仍然以從事農業爲主，但也開始兼營商業。如次子楊舒獻與大嫂龔氏，均協力於商業生理，「龔氏閩名宜娘，號靜勤，……生於乾隆壬辰三十七年閏六月九日辰時。襄理舒獻公極力治家，從耕商發達。」[3]到了第三代，楊氏族人中從事商業的人數不斷增多，如族譜載「芳西公，舒霧公之第五子，敕授文林郎，道光癸未三年五月十九日午時與四弟啓明公孿生。六歲失怙，遵母訓、重兄命，承父兄之丕基，率子侄以盡職，共居者五世，同食者百人。或耕或讀，惟期繼長而增高；或賈或商，莫不積銖而累寸。一堂濟濟，後先媲美。遠近之人樂爭頌之。……大振家聲，編堂號曰同美。」[4]

至遷台第四代，楊氏家族族人從事商業活動的規模有了顯著的擴大。長房楊克杏之妻吳氏，矢志培養自己的子弟從事商業活動，「楊吳氏，大甲街吳源泉之女。……道光二十七年夫故，氏年二十三歲，守至光緒十二年。……孝事翁姑，自養生以至送死，俱無少懈。又複節勵冰霜，步不逾閫外，至老不移其志。教訓子孫，讀書經商守分，督責克盡義方也。」[5]尤其是第三房楊舒霧的孫輩，出現了不少經營商業的能手。如楊清和、楊清俊等人，均以商賈致富：

> 先考諱清和，字昌五，號穆如，乳名克順，又名克哲。……祖芳忠公，姚陳太孺人，生三子，其長子也。三代皆忠厚存心，以務農為業。公獨長於生理。凡所貿易，有約必行。一生多儉樸寡欲，深沉不露，莊重不佻，言動舉止悉中規矩準繩，人所難能而鮮及也。……尤善理財。凡貿易生息，輒得厚利而無所私。如六房大公出本銀二百元交公經營，生理十餘年，旋至一萬餘金。當時人皆不知其多少。比及分釁之日，乃始獻出，親戚鄉鄰皆服其能，稱羨不置。……其一生勤儉粒積，此金與六房均分。現諸弟各紳

3　民國《楊同興族譜》（下），《祖姚龔氏》。按龔氏入選彰化縣節孝錄，參見周璽：道光《彰化縣誌》卷8，《人物志》。

4　民國《楊同興族譜》（下），《芳西公》。

5　民國《楊同興族譜》（下），《祖姚吳氏》。按吳氏亦入選彰化縣節孝錄，參見周璽：道光《彰化縣誌》卷8，《人物志》。

袗彬濟，公獨未有頂戴榮身。宜將此項先抽二百元與公捐監以酬其勞。載在六房鬮書。又三房小公當年本銀七元交公經營生理二十餘年，伸長至三千余金。分爨之時獻與弟侄均分。公又首倡義設書田，定育才貼考費，凡六房及三房各子孫有能應試者，皆得有所幫助焉。懿戚良友慕公忠義，恒有所交托。多則為之生息多，少則為之生息少，無不十倍其利。而公自貿易之財，亦居積致富矣。行事如此，何愧為陶朱公哉！

公諱克聰，字敏五，謚梅英，官章清俊，臺灣縣人也。……父諱芳東，妣陳太宜人。公其長也，弟二先卒，公承祖父遺業，留心貨殖，至晚年家資饒，更置良田數頃以繼先人。[6]

　　由於楊氏家族自乾隆年間遷台以來，一方面辛勤墾殖，田地擁有量不斷增加，而另一方面則積極從事商業活動，故到了清代後期，即道光、咸豐年間（1821-1861 年），已經成爲台中彰化一帶地方較有經濟實力和社會影響力的家族。楊氏家族自始遷祖楊咸曲在清代乾隆二十一年（1756 年）遷居臺灣以來，父子兩代一起創業，同堂共爨。嘉慶八年（1803 年）楊咸曲去世後，其子孫們共奉母親徐氏依然一道生活。道光二年（1822 年）徐氏去世。道光七年（1827 年），次子楊舒獻與三子楊舒霧率同長房侄楊芳英等，進行了該家族的第一次分家析產。在這次分家中，家族財產已經相當可觀了。他們所訂立的分家鬮書是這樣寫的：

仝立鬮書人叔舒獻、舒霧，侄芳英等，溯我父祖士直公壯年自同安蔡壩後洋鄉與胞叔學詩公，後先同母親徐氏來台，住居寓鼇頭西勢莊生理為業。叔早逝，雙親勤苦，粒積創置苟合。兄舒崑亦壯年早故，而次兄舒獻原繼叔父一脈，同母親及兄嫂龔氏勤儉治家，拮据經營。竊欲慕效同居休風荊樹懿德，因家務浩繁、孫曹日熾，兄居艾年，欲避俗冗，是以叔侄兄弟互相體貼，和心共議，悉將父祖叔親遺下及後來守承創建各件田業厝宅財物，邀請房親尊長公全抽出水田二所及胎借銀項以為交輪公業；又抽出叔原遺番丁歸管而弟與侄思念長嫂守節克苦、次兄竭蹶匪懈無可圖報，

6　民國《楊同興族譜》（下）《克順公・克敏公》。

撥出水田及生理等項銀員以為二老贍養。其餘等業及零碎番田借項品搭均平，分為三股，禱神拈鬮，逐件規條開列於左。至於官府門戶、忌辰祭掃應酬等項公事公費值年輪當私事私費支理。此系至公無私，憑鬮為准，各管己業、各完課租。不得紛更侵漁，亦不得挈長較短，則和氣薰蒸，家聲丕振，可操券而得也。今欲有憑，全立鬮書一樣三本，各執一本，子孫永遠存炤。

計開：

一陳厝莊田三甲七分半，帶厝一座，年載大租三十六石，又社口莊南田六分，載大租四石八斗，又蔡護觀胎借銀二百五十五大元，利粟三十三石二斗。……另業主借項二十四元，年扣大租四石五斗，共粟五十九石七斗，以為祭費，其餘租及利息，除書房內及中元各神壽公費外，俱存伸長登賬，存置公業。各公契現付值年收貯，或欲別收再行公議聲明炤。

一望高寮前阿末悅阿甲巴禮等合田五丁，歸付舒獻承繼，叔父永遠掌管。

一南簡莊尾田厝一所，公撥付長房漢英為己業，內抽出田價銀七百元，以為長兄嫂贍養炤。

一社口莊南貝天保田七分，並和記油車生理分並借項母利銀，俱公撥付二放舒獻以為養老之資炤。

一西勢瓦厝一座，公議歸長房居住照管為己業，大廳存公奉祀祖先，值年者應貼油香燭費。其社口莊瓦厝一座及田園竹園壙地禾埕茅店，公議就中廳前後直透其田立石為界，左歸二房，右歸三房，各去隨界照管為己。大廳亦存為公，或欲進主，各祀先人，不得異言。書館一間，為各子孫書室，內中修理就公開費。……一公議所典三處犁分水田，或有意外使費，均就公開費用。其各鬮分私業契券各取去收執炤。

一舒獻拈得南簡莊中田在北畔四甲五分，配北畔瓦草厝半座，就公廳中前面至車路一直為界。其禾埕菜園俱各對半，左歸左畔。如有樹木就界內掌管分配。收承紀家司單粘印契一紙，每年帶納大租粟三十六石炤。

一舒霧拈得南簡莊中田在南畔四甲五分，配南畔瓦草厝半座，就
公廳中前面至車路一直為界，其禾埕菜園俱各對半，右歸右畔。
如有樹木，就界內掌管分配。收上手司單粘印契二紙、洗找契一
紙，每年帶納大租粟三十六石焗。

一長房拈得贌家媽居、阪良水田帶厝一所三甲七分零，又承置家
文德等埠口水梘頭番田一段，又海仔等芊蓁林北勢圹田五丁，又
阿眉佃社口莊頭田一所，又愛姑埠仔口田三處，又番仔英埠仔口
田三處，又帶陳阿申借項，其各大小租聲田價借項等銀，俱登明
在數焗。

一二房拈得典家講觀水田三甲九分零，又發仔社口莊南田八分，
又百字罵等芊蓁林北勢田九丁，又淡仔屢埠口田二處，又明仔大
耳社口莊後田一所，又六仔罵埠口田一所，又帶陳阿申借項，其
大小租聲田價借項等銀俱登明在數焗。

一三房拈得典家菊英觀楝榔仔莊水田帶厝一所五甲一分半，其借
項修理厝各銀在內，又承買白吉社口莊南水田一甲七分，又阿萬
罵埠口及社口水梘尾番丁田二所，又阿皇班北勢番丁田一丁，又
加已支厘芊蓁林北勢圹田三丁，又帶家述觀借項銀，又另配暫收
蔡護觀利粟二十三石，補小租額，其所欠母銀係為公，又另典過
蔡祿觀西勢瓦厝四間，後來歸管。其各大小租聲田價借項等銀俱
登明在數焗。

一批明社口本厝埕邊小溝透埠水圳，公訂永遠存為出入通流。至
鬮書三本，以「智仁勇」字為長二三房次等名號。各將此號執憑
管業焗。

道光七年花月　日全立鬮書人舒霧、舒獻、侄芳英
（以下各署名從略）[7]

　　根據以上鬮書，楊氏長、二、三房此次分析財產，作為家族提留的
共有物產，即用於祭祀、書燈及特定贍養費用的部分，大約有田地六甲
左右，而分給長、二、三房的田產，合計實田、典田、番丁田及大小租
數種，每房大約有十甲左右。如此三房相加及家族共有田產，則至道光

[7]　《寓鼇社口楊同興號鬮書》，《舒獻、舒霧、侄芳英等鬮書》。

前期，這個從大陸同安縣遷移過來繁衍二代的楊氏家族，至少擁有田地三十六甲以上。臺灣的田地計量單位與清代其他區域以畝計量的方式有所不同，每甲約等於十一畝之數，折成清代通行的畝數，則楊氏家族在第一次分家析產時的田地有四百餘畝，其他房產、借項等尚未計算在內。楊氏家族自乾隆二十一年（1756 年）遷居至道光七年（1827 年）分家，正好歷經七十年。父子兩代白手起家，在短短的七十年裡就把田地產業擴大到四百餘畝，可知這個家族在墾荒務農的經營上還是相當成功的。

在上引鬮書中，還有一個現象值得注意。這個家族的分析財產中，包含了從事商業權子母的收入，如其中所載「和記油車生理分並借項母利銀，俱公撥付二放舒獻以爲養老之資。」和記油車生理的具體情況，由於資料缺載而不得其詳。關於借項母利銀，則在鬮書的記載中爲數不少。如在共有留存部分，就有「蔡護觀胎借銀二百五十五大元，利粟三十三石二斗。……另業主借項二十四元，年扣大租四石五斗。」[8] 至於分給三房的借項，由於僅載「借項等銀俱登明在數」，具體數額不明。但根據家族共有留存與分割給三房的比例，其總額也應該在一千元以上之數。

從道光年間至清代末年、民國年間，楊氏家族進入到一個較快發展的階段。一方面是從第三世起，人丁的繁衍比較迅速，在這一百年間，楊氏家族的人口已經有數百人之數。另一方面隨著家族人口的大量增加，族人們在田地墾殖和工商業的經營領域，也隨之得到長足的進展。於是到了清末民初的時候，當地的許多士紳已經把楊氏家族稱之爲地方望族了。光緒二十年（1894 年）甲午科舉人鄭家珍在爲楊氏家族貢生楊鴻達撰寫的墓誌銘中盛讚該家族云：「原籍福建同安縣。世居埔尾蔡壠後洋鄉。其高伯祖咸曲公清嘉慶時與弟咸仙公渡台，居台中之清水，經營實業。……公世其業，克勤克儉，家道日隆。父欣崇公幼業儒，有遠志，篤前人成烈，擴而大之。……先生既承命爲政，先意承志，體佑

8　《寓鼇社口楊同興號鬮書》，《舒獻、舒霧、任芳英等鬮書》。

啓之深心，得生財之大道，不數年富甲於鄉。」[9]民國年間臺北師範學校助教授劉育英在爲楊清珠撰寫的紀念文序中亦稱：「先代由來，知祖籍泉州同安縣世居蔡壩後洋鄉，至咸曲公始渡台，住中部牛罵頭今改清水是也。公生子三：長舒崑、次舒獻、三舒霧，別編房號曰智、仁、勇。厥後成家致富，置公田以供輪流祭祀及培養子弟諸費。……自咸曲三傳而清珠公出焉，……舒崑公之孫也。崑年方及壯，出營生業，以過勞殞其身，兩弟踵起，與寡嫂極力持家，從耕商發達，遂至殷富，當地稱望族焉！」[10]

二、楊氏家族的殖產與分析

　　楊氏家族作爲一個中國傳統的家族組織形態，不可避免地要經歷著不斷殖產與分析的過程。研究中國經濟史的學者，往往有一個比較趨同的認識，即以爲中國傳統社會裡家庭及家族式的析產分家制度，導致家庭及家族財產的零碎化，是阻礙資產積累的一個重要因素，不利於社會經濟的發展與進步。我們通過楊氏家族殖產與析產的考察，並不能印證中國經濟史學的這一趨同性的認識。

　　上引的楊氏家族於道光七年（1827 年）第一次分家的這份鬮書，與清代福建、臺灣等地的一般鬮書在形式上沒有太多的差別：在財產分析給長、二、三房之前。需要提留一定數額的田業物產作爲祭祀、書燈及特定贍養費用之外，其餘財產則「品搭均平，分爲三股，禱神拈鬮，……至公無私，憑鬮爲准，各管己業、各完課租。」三房分析之後，把家族共有留存的產業稱爲「同興號」。

　　楊氏家族第三代的分析鬮書，以三房楊舒霧的兒子芳字輩鬮書最具典型意義。楊舒霧共生六個兒子，分別爲芳馮、芳忠、芳夏、芳東、芳西、芳六。光緒九年（1883 年）三房芳字輩分家析產，茲把該鬮書摘

[9] 民國《楊氏文錄》，《前清誥授奉政大夫賞戴藍翎銓選儒學廩貢生澄若楊先生墓誌銘》。
[10] 民國《楊氏文錄》，劉育英得三於民國十年（1921 年）撰。

錄如下：

> 立鬮書字人四房叔啟明、五房叔長庚暨長房侄樹五、二房侄克
> 順、三房侄徽五、六房侄克樹等，竊謂敦宗睦族，綿九世十世以
> 同居，創業守成，……六房濟美，綿綿瓜瓞，五世其昌。值垂條
> 第結繁，謀分支而衍派。……兄弟侄聲平心妥舉於存公而外，作
> 六房均分，對神焚香憑鬮拈定，以「博厚高明悠久」字之號，為
> 長二三四五六房之名。厥後子子孫孫各自繩繩繼繼，經營己業，
> 振作家聲。……謹將條規詳為開列仝立鬮書一樣六本，各執一本
> 永遠存炤。……
> 一批明克順乙丑年支同益本銀二百五十員開張同德生理，至壬午
> 年止，得利銀九千五百八十九員，除存公項下，承同德建置瓦店
> 一座，連家器在內，的銀一千員；又承同德出借洪文銀三百六十
> 五員。二條項下承同德買陳黎水田銀三百五十員，及德隆承同德
> 財本銀六百員，並同益前支銀一千七百四十三員，暨癸未年當堂
> 現支贍老嫁娶諸項一千六百五十員而外，存現銀四千一百三十一
> 員。茲以克順營商著有微勞，且系諸侄輩之長，合將此項撥出二
> 百員，付其獨豎榮身，其餘存銀三千九百三十一員，當堂作六房
> 均分炤。
> 一批明聰英庚午年支同德本銀六百員開張德隆生理，至壬午年
> 止，得利銀二千九百四十員，計共母利三千五百四十員，除前同
> 益支銀一千六百四十六員而外，存現銀一千八百九十四員，作六
> 房均分。茲聰英備銀如數交付各房均分。其德隆生理一齊歸聰英
> 自行掌管歷年生理得失，不干各房之事炤。……
> 一存承買劉家下橋頭莊厝地連田一所，盡價銀三百零七元，年的
> 厝稅田租共穀九石正，其大租帶在門口犁份田內完納炤。
> 一存承買蔡光侯社口莊草厝連地基一所，盡價銀四十五元六角，
> 翻蓋草厝一座，年實收稅銀六元炤。
> 一存贖回西勢莊瓦草厝一座，翻蓋草店二座，稅與伍帳司開張生
> 理，年實收稅銀二十八元炤。
> 一存同德買順泰店一座，再為翻蓋，並建置家器什物等項的本銀
> 一千員，年的稅銀八十員炤。

一存梧棲東勝號在本銀一千員炤。

一存邑內錦茂號典鋪在本銀八百員炤。

一存社口舊厝門口庭下田仔半坵，年的小租穀一石五斗正炤。一存社口舊大厝門口南畔水田一坵，年的小租穀三石正炤。……

一存紀培胎借秀水莊田一段，去銀四十員，年實收利穀八石炤。

一存楊欽水借去銀三十員，年實收利穀五石，一存楊榜胎借去銀三十員，年實收利穀四石二斗，一存王從胎借去銀二百五十二員，年實收利穀三十二石七斗六升，一存感恩社業主蒲借去銀二十五元，……一存感恩社業主蒲借去銀七十一元三角五點。

一存高美莊洪文等對同德與泉源胎借去銀七百三十員，應得一半，實銀三百六十五員，年實收利穀四十七石四斗五升，胎借契字交泉源收執炤。……[11]

　　在光緒九年（1883 年）三房的分家鬮書中，楊氏家族的財產並沒有因第一次的分家而有所削弱，相反的其子孫輩的財產比起父祖輩又有了增長。雖然這次分家是六個兒子，財產必須分成六份，每份分得的田地面積均在十甲以上，超出第一次分家時各房所分得的田地數量。舉二房的為例，僅承買楊伯淵楝榔莊水田五甲一分五厘、承買蔡水枔楝榔莊水田一甲二分九厘五絲、買過陳黎官田寮莊水田六分、與洪三才合買過紀和尚等麻踏崙水田一甲一分，就已經是八甲餘，其它的大租、小租、番丁田及房產、借項等尚未記入。

　　這紙鬮書所反映的另一種情況，是在承繼家族第二代分家時所遺留的共有財產之外，又設立了屬於本房份的共有財產。這些共有財產總計二十六項，其中除了數甲田產及房屋之外，最突出的一點，就是商業及權子母的財產大大增加。如上引資料所顯示的那樣，楊氏三房不僅有族屬的商號如「同德」、「德隆」、「泉源」等，還有許多店鋪出租經營，同時還把多餘的銀兩出借生息，以及放債收穀等等。這種情況也反映了楊氏家族自第三代起，家族的經濟經營，農業之外的商業及放貸獲利，成了家族致富的重要途徑。為了便於管理，三房子孫把鬮書留存共用的族

---

[11]　《寓鼇社口楊同興號鬮書》，《啟明、長庚、樹五等鬮書》。

產稱之爲「同益號」。

　　日據時期，臺灣民間的產權制度有了很大的變化，但是從楊氏家族三房第四代的鬮書看，其分家析產的形式，依然基本保存了傳統家族的承繼習慣，其財產主要分爲留存共有族產與兒子均分的原則。這裡試引楊芳西長庚的四個兒子在民國三年（即日據大正三年、1914 年）的分家文書爲例：

> 仝立鬮書字人台中廳大肚上堡社口莊土名社口楊同美號派下長房楊宅徠、二房楊端五、三房楊清沂早殤、四房楊爵五孫楊瑤名、五房楊尊五等，因念先父大人歲貢生楊金波字長庚公，生平耕讀辛苦，培育子孫廩增附者數人，並創置苟合。前清癸未年承同益公分嘗租穀及典借計有四百餘石。厥後我兄弟侄拮据經營粒積，再置計有一千零二十五石五斗。本擬欲效張公藝九世同居之遺風，無如生齒日眾、用費浩繁，不得已爰集兄弟侄等協議分嘗，各自治家。於是邀請族親懿戚同堂相議，定規將同美號所有土地厝宅財產家器等項，先踏起存公祭祀瞻養承祀長孫諸租額，而外餘皆作四大房均分。即日焚香告祖，憑鬮拈定，從此各業各管，不得異議生端滋事。[12]

　　由上所述，從光緒九年（1883 年）至民國三年（1914 年），已經過了三十年，楊氏家族第三房四代的這支分房，雖歷經數次分家析產，但是他們的財產，仍然在不斷地增長，所謂「我兄弟侄拮据經營粒積，再置計有一千零二十五石五斗。」再如楊氏家族長房楊舒崑派下的子孫，經過數次分家析產之後，財產也有繼續增長的趨勢。清末宣統三年（1911年）楊緒火兄弟子侄再度分家時，除了照例提留共有財產外，各人所分得的財產依然相當可觀。如長房拈得第三鬮項下：「一大肚堡南簡莊土名陳厝第七〇番地田一甲七分一厘六毫，又全所第一〇七番地田二分五厘，此二筆租七十八石六斗，收佃磧地銀六十八元；又拈得當時楊同發分下楊智記白氏祖母爲瞻養業在大肚上堡秀水莊土名蔴豆崙第一六八

番地田十二甲四分八厘一毫五絲，又全所第五七番地田九厘五毫五絲，又全所第六一番地田二分七厘七毫，又全堡大棟梆莊土名口棟梆第二一二番地田三分四厘七毫五絲，又全所第二一四番地建物敷地三分二厘三毫五絲。以上田及建物敷地計三筆，合十三甲一分五厘二毫五絲。⋯⋯該房例份一百七十石零二斗五升。」[13]楊緒火共有五個兄弟，而每一個家庭在分家時能夠分得如此之多的田產，可知這個家庭在未分家之前，每年僅土地租穀的收入，大約在一千石左右。

　　至於商業及借項各款的財產，同樣也在增長之中。如民國三年（1914年）的鬮書中所載：「一批明昔日各房備出資本金，交於先父生息，建置水田二段，每年租穀七十三石，⋯⋯三批明社口德美藥商資本，係尊五建置開張，與各房人等無干聲明炤。⋯⋯十三批明現存被楊顯欠借項金二百員，又被欽益欠借項金一百零三員，自今分配以長房宅五應分得楊顯借項金瓦十員，又分得欽益借項金二十五員七十五錢；二房瑞五應分得楊顯借項金五十員，又分得欽益借項金二十五員七十五錢；四房孫瑤名應分得楊顯借項五十員，又分得欽益借項金二十五員七十五錢；五房尊五應分得欽益借項金二十五員七十五錢，楊顯借項金五十員聲明炤」[14]當然，到了民國時期，隨著現代工商業經濟的進步，家族經營的資金，並不完全局限於放貸生息方面，為了籌集資金擴大經營規模，適當地引借他人的資金來充實自己的事業，也是現代資金流動與產業經營的一個重要方面。我們從這一時期楊氏家族的一些合約文書和分家鬮書中，同樣也可以看到引借外族資金及族人資金相互貸借情景，都可以說明楊氏家族的產業，自清代中期乾隆年間遷居臺灣以來，基本呈現不斷上升的趨勢，並沒有因為歷代的重複分家析產而受到嚴重的挫折影響。

[13] 宣統三年（1911年）即日據時期明治四十四年：《長房智記號三房亨字鬮書》。
[14] 《寓鼇社口楊同興號鬮書》，《楊同美派下孝字鬮書》。

三、楊氏家族的族商經營

所謂「族商」，其實是一個泛指的概念。從目前中國經濟史學界的論述上看，主要指的是某一個家族有許多族人外出經商並且存在一定的聯繫，即爲族商。我以爲，族商應該包括兩方面的含義：一是同一家族的族人外出經商並且存在一定的聯繫；二是以家族的力量及其形式從事工商業活動。臺灣的楊氏家族，更多地體現了後一種的族商經營形式。

如前所述，楊氏家族在歷次分家析產時，都給家族留存了一定數量的共有財產。在明清時期福建、臺灣的家族組織裡，一般的家庭、家族保留共有財產，除了一部分屬專指的贍養費之外，大部分是作爲家族的祭祀、教育及其他公共開支之用。而在臺灣的楊氏家族，家族的共有財產，還具有更爲積極的經濟意義在內。這就是家族的共有財產，可以作爲一種資本，通過不同的經營方式，使得共有財產得到良性的增長。

我們在前面所引用的光緒九年（1883 年）第三房楊啓明、楊長庚等人的分家鬮書中，他們所提留的各種共有財產款項有二十六項之多，除了商號、借項、地基、房產、竹圍、魚池之外，其中土地有十五項，其中面積數額較大的田地就有以下數種：

> 一批明全年祖先忌辰祭費，配訂承買白水田一甲七分，盡價銀五百員，配納大租穀一十三石六斗，起蓋新瓦厝外，尚存餘田的小租穀四十石零四斗。又瞨阿萬罵招耕田二處，價銀三百二十五元，配納大租穀一斗；一在埔仔堵小租穀二十五石，一在社口大厝前南畔的小租穀一□□□□□小租四十石，計共小租穀八十石零四斗，作六房輪辦開費炤。……
> 一存承買楊伯墉等七房埔仔口公田三甲一分，盡價銀二千六百九十員，配納感恩社業戶大租穀三十二石，年實收小租穀二百四十六石炤。
> 一存買洪永程等四塊厝水田一甲零四厘，盡價銀六百員，配納業主楊大租穀八石三斗二升正，佃人年實收小租穀八十石，收佃磧地銀五十員炤。

一存承買宏金獅等四塊厝水田五分，盡價銀一百五十員，配納業
主楊大租穀四石，佃納年實收小租穀二十世紀九十年代石，收佃
磧地銀二十員焐。

一存承買林源陞社口莊水田旱園瓦草厝二所，盡價銀六百七十
員，配納感恩社業主大租穀一十一石二斗，年實收小租穀五十
石，收佃磧地銀八元；又業主借銀六十五元五角，利穀一十石零
四斗，歷年就應納大租扣抵，尚剩八斗給單存焐。

……[15]

在這次分家中，三房「同益」號共有財產中的土地部分，合計約有
租穀六百石左右。而在這六百石的土地中，指定用於祭祀費用的有「小
租穀八十石零四斗，作六房輪辦開費」。其餘的五百石，主要還是用於
族產的增殖。正因為如此，到了民國十四年（1925 年），經過四十多年
的經營，三房「同益」號共有財產中的土地部分，租穀收入已經達到一
千餘石，增長了近一倍。這一年因為日本統治者強制規定各家族共有財
產一概必須以真實戶主登記，經營了近百年的「同益」號共有財產，終
於再一次分給所屬六房。該鬮書云：「楊同益公派下六大房關係人等，
仝承祖先遺下存公業產田畑厝宅等項，自昔以來係諸派下人等照六大房
依序輪流辦理祭祀等費，每年至年末結算，費利殘金照六大房持分配
當，歷管無異。今因照臺灣地租規則施行規則第五十一條整理，爰諸派
下人等齊集邀請公親開族同堂妥商議決，除前踏起存公永久祭祀田厝租
穀外，尚存租額一千零二十二石三斗，當場平均分配作六鬮，以六大房
諸派下齊集在祖先爐前憑鬮拈定，各房照鬮各管，不得藉端異議等情。」
除了這一千餘石的租穀田地之外，家族共有的建築宅基地也有不少，《鬮
書》又云：「批明凡有要鬮分之建物敷地連地上建物，因配搭難平，是
以從公親結價分配，每房應得四百五十円相當之額。然此鬮取得社口三
八番建物敷地連地上建物一切結價金八百円，是故除應得額以外，應貼
出金三百五十円，以貼他鬮。」[16]我們對比三房楊「同益」號共有財產

[15] 《寓鼇社口楊同興號鬮書》，《啟明、長庚、樹五等鬮書》。
[16] 民國十四年（1925 年）即日據時期大正十四年楊同益派下鬮分人：《鬮分字》。

在光緒九年（1883 年）和民國十四年（1925 年）的土地增殖情況，就可以十分清楚地看到這個家族共有財產在經濟運作上的重要作用。

楊氏家族第三房「同益」號共有財產土地部分的增殖，在很大程度上是得益於他們在商業上經營的成功。他們利用原有共有財產的租穀、利息、租金等方面的收入，投入到商業的運營中去。而當商業獲利之後，或是繼續擴大商業的經營規模，或是回歸到土地上，大量購買土地，從而使族有的共有財產得到進一步的擴展。所謂「各房備出資本金交於先父生息建置水田」[17]，這也正是三房「同益」號能夠在短短的四十來年時間裡，土地數量得以成倍增長的秘密所在。

楊氏家族利用共有族產經營商業活動，除了如上面資料中所反映的自己開設商號、店鋪之外，其所採用的一個主要的經營方式，是把族產中的貨幣部分，向族內和族外需要資金的人及商號進行放貸，以收取利銀及利穀。尤為值得重視的是，楊氏家族的共有財產還積極為族人從事商業活動提供資金，也就是所謂的「貸本經營」。關於這一點，我們在上面所引用的光緒九年（1883 年）三房「同益」號的分家鬮書中已經有所反映，這裡再引《楊陳氏同合號囑書》的記載如下：

> 聰英癸未年支同合本銀一千四百五十員，在梧棲開張德隆生理，至戊戌年止，得利銀一萬二千零五員六角六點，計共母利銀一萬三千四百五十五員六角六點，除前同合支銀九千員以為建置田宅及家中嫁娶吉凶雜費等事之需，尚剩銀四千四百五十五員六角六點，分鬮時一齊繳付同合支回清楚，而同合扣還諸人之外，尚存實銀一千六百零一員零七點四厘。茲公議以聰英經營生理著有微勞，且為一家之長，合應獎賞，以鼓舞後生。訂將此項抽出一千員以為養老之需；又抽出六百員開貼各房冠婚之費，餘存日清尾沼。……
>
> 德隆生理結算清楚，除前同合支回九千銀而外，現存四千四百五十員六角六點，茲經族長公人議定紹川兄弟備銀如數當場交付同合分發，其德隆生理數項貨底及什物一齊仍歸長房自行掌管歷

[17] 民國三年（1914 年）即日據時期大正三年六月：《楊同美派下孝字鬮書字》。

年生理，不干各房之事。[18]

一批明克順辛亥年交母親本銀八員作同合生理，自壬子年起至癸未年止，得利銀三千一百八十五員，除撥作長孫租一款及存公項下承同合水田、承同合借項暨各房承同合借項並三房項下承同合水田而外，存現銀一千一百零二員，當堂作三房均分。[19]

再如楊昌五，「芳忠公之長子，生於道光乙未十五年二月初三日辰時，精於商賈，性行忠信，有諾必行，時人賴之。」他在清同治四年（1865 年）向三房「同益號」共有族產貸本經營，獲得成功：

乙丑年支同益本銀二百五十員，開張同德生理，至壬午年止，得利銀九千五百八十九員，除扣建置及贍老嫁娶諸費外，茲以公營商著有微勞，且係諸侄輩之長，將此項撥出二百員付其捐監，獨豎榮身，其餘存銀三千九百三十一員當堂作六房均分。又辛亥年交母親本銀八員，作通合生理，自壬子年起至癸未年止得利銀三千一百八十五員，除諸撥及存公項下外，存現銀一千一百零二員，當堂作三房均分。[20]

其三房堂弟楊敏五，也同樣向「同益號」貸本經營，獲利不少：

敏五，芳東公之長子。生於道光甲辰廿四年八月廿九日亥時，忠厚正直，克己待人，富有商賈之才。芳東公主持農務，而公主持商務，父農子商，對同益公業之發展，實有多大貢獻焉。……同治庚午九年同益號出資六百元，至光緒壬午八年得母利金三千五百四十元。光緒癸未九年同合公出資一四五○○元，至光緒丁酉二三年得母利金一三五○○元。[21]

---

[18] 《寓鼇社口楊同興號鬮書》，《楊陳氏同合號囑書》。另據族譜下卷記載，「同德生理」即是從事海峽兩岸商業貿易經營的「郊船商行」：「楊德隆船郊行，同治庚午年（1870 年）支同德本銀六百員，開張德隆生理，至（光緒）壬午年（1882 年）止，得利銀二千九百四十員，除扣諸開支外，存現銀一千八百九十四員，作六房均分，其德隆生理一齊歸公自行掌管，今後生理得失不幹各房之事。又癸未（光緒九年，1883 年）支同合本銀一千四百五十員在梧棲開張德隆上列，至戊戌年（1898 年）止得利銀一萬二千零五員六角六點。」

[19] 《寓鼇社口楊同興號鬮書》，《同仁號三房人字鬮書》。

[20] 民國《楊同興族譜》（下），《昌五公》。

[21] 民國《楊同興族譜》（下），《敏五公》。

從以上引述的這些資料中可以看出，楊氏家族共有族產爲族人從事商業活動提供資金，「貸本經營」，取得了很大的成功。一方面，以家族的集體力量，可以比個體家庭聚集更多的資金；另一方面，由於家族對於貸本經營者採取了一定的獎勵措施，也在一定程度上激勵了經營者自身的積極性。尤其是當貸本經營到了一定的期限後，家族與個人結算清楚，該商號生理就永久歸個人經營者所有，所謂「德隆生理結算清楚，……其德隆生理數項貨底及什物一齊仍歸長房自行掌管歷年生理，不干各房之事。」這些措施對於促進家族產業和個人經營者的產業發展，均能起到積極的推動作用。

四、楊氏族商的管理機制

臺灣楊氏家族爲數不菲的家族共有財產特別是族有商業的經營，無疑需要得力的管理人員運作操持。就明清時期福建、臺灣各地家族管理族產的一般情景而言，往往採取族長管理、各房輪流管理及指定專人管理的多種形式。人們更多地注重族產管理與分配的公平性，以便使族產有效地發揮敬宗睦族的作用[22]。而在楊氏家族，由於族產的管理和運營有著更爲積極的經濟意義，他們除了強調族產的公平性之外，還必須選擇有一定社會地位和經濟管理運營能力的族人來承擔。因此，這裡的家族共有財產，需要指定專人負責保管、運營和開支的日產事務，以確保家族的共有財產得以良性迴圈乃至增殖擴大。

楊氏家族採取指定專人負責管理運營家族的共有財產，其最大的優點就是可以發揮專門人才的管理優勢，使得家族的共有財產得到比較合理而又富有效益的迴圈再生。在清代道光年間楊氏家族的第一次分家析產時，家族共有財產「同興號」，由二房的楊舒獻管理。楊舒獻就是一個經營商業和管理產業的好手。據族譜稱，「舒獻公，咸曲公之第二子。

22　參見陳支平：《近 500 年福建的家族社會與文化》第四章，《族產與義田》，三聯書店上海分店 1991 年 5 月出版。

生於乾隆戊戌四十三年閏六月十八日辰時，治家有方，從耕商發達，逐至殷盛，奠定同興公號，當地稱爲望族。兄弟分爨後，同興公業賴其管理，頗增業產，編堂號曰同興記。卒於咸豐壬子二年四月十二日戌時，享壽七十五齡。」[23]

繼楊舒獻出任家族共有財產管理人的是長房第四代的楊克湖。楊克湖不僅是一位管理家族事務的能手，而且還能善用家族的資源，爲擴大家族在地方上的社會影響力，作出了很大的貢獻。族譜載：「克湖公字彙五，……少孤事寡母寡嫂，以孝友聞。睦宗族、和鄉黨，以信義聞。凡鄉鄰爭鬥、官紳爭訟。經公調處，皆一言而解。入彰化縣庠，再授新竹縣儒學正堂。……好施捨、善賑恤，見義勇爲，寬宏大度，首倡興學，信譽早播，屢爲地方出畫財力而不居功。……舒獻公掌管同興公業。甲午年臺灣淪日，公等爲避亂，舉家與族親避對岸祖國暫住。迨至丙申年亂平，因公業事先遣壽若公同母白宜人由泉州回台。始邀請族親開會議，將同興公業選交族叔瑞五公管理。」[24]

繼任的楊瑞五是三房族人，據族譜云：「心烈公字瑞五，……長庚公之次子，生於咸豐壬子二年十月廿一日午時，蒙學道憲歲考取進彰化縣學入泮補歲增生。乙未歲臺灣版圖新入日本國，舉保良局副總理，授賞紳章，繼匯五公膺任同興公管理人，至民國二年達十七年之久，業產大有增進。……凡地方有鼠雀之爭，皆聽決於公之一言而解。」[25]

我們從以上歷任管理「同興號」共有族產的管理人的經歷看，由於這些管理人有很好的財產管理及運營的才能，所以促使這個家族的共有族產特別是其中的商業贏利得到不斷的增殖，誠如族譜所云「逐至殷盛」、「業產大有增進」。至於「同興號」之下的各房、各分房的共有財產管理人，也大多是一些富有經濟管理經驗的族人。

從清代至民國年間，楊氏家族共有財產的管理人都是精明強幹的經濟管理和運營人才，而隨著共有財產的不斷增殖，管理人的責任、能力

23　民國《楊同興族譜》（下），《舒獻公》。
24　民國《楊同興族譜》（下），《克湖公》。
25　民國《楊同興族譜》（下），《心烈公》。

及品德愈來愈顯得重要，於是自清末以來，這個家族逐漸形成了一套家族共有財產管理以及遴選、任用及監督家族共有財產管理人的機制。

　　從目前尚存的楊氏家族契約文書看，較早以家族內部約章形式規定族內共有財產管理機制的是在清末光緒二十九年（1903 年，即日據時期明治三十六年）。是年五月三房「同益號」有「同益公議定約章」云：

> 一公議同益所有租穀、利穀每年收兌仍依舊歸等五房楊丕若管理，所有應酬事項聽其自由焆。
> 一公議同益所有田園厝契齊交長房楊楷若收執保管，如六房中要查閱，不論何時聽其取出查驗不得刁難焆。
> 一公議同益公租、利穀每年收兌以及開費，訂至翌年正月二十六日六房齊集會算結定，或留存或均分臨時酌議焆。
> 一公議每年忌辰租穀四百石，聽每年值東人自收取焆。……

　　這份約章比較簡單，裡面所規定的要點有二：一是在每年公議的前提下，充分給予管理人行事的權力，二是契約券由另人保管。到了民國二年（1913 年），楊氏家族闔族共有的「同興號」，就制訂了比較完善的共有財產管理條例的合約文書：

> 全立契約字人大肚上堡牛罵頭楊同興號派下人等，因念始祖咸曲公渡台生下三子，分作智、仁、勇三大房，……道光七年兄弟分爨，議設楊同興公田，以為歷年祭祀讀書之費，歸舒獻公管理開費外，尚有儲蓄，竟增田產。厥後……選拔芳英公第四子楊匯五……管理，……至今十有七年矣。今者年近古稀，思欲靜養清閒，爰是邀全族中子弟址輩，敬請公人會議，依智、仁、勇三大房每房各選一人為管理：長房楊遷，二房楊澄若，三房楊麗水等，繼承管理責任，協力幹旋保存楊同興田畑家屋及山林壙地，永為同興公業，不敢轉移變更。維念祖先創業艱難，同心保護以垂世世相傳勿替。所有新立條約，開列于左。
> 第一條，凡有同興遺下上中下則水田，計得每年租穀一千零九十六石三斗，厝租穀三十四石二斗四升，租金二十一圓二十錢，以及建物敷地畑山林等稅若干，交付管理人收支完納，日後如有加

減，一切歸公理會聲明照。……

第五條，公定議倩書記一名，代管理人辦理事務，食費並辛金年一百五十圓。但書記之人須定倩外人聲明照。

第六條，每年同性地租金、家屋稅，並寄附金、中元等費，由公支理聲明照。……[26]

　　在這紙合約文書中，最引人注目的一個條款是規定在由家族成員擔任共有財產管理人的同時，聘請一名書記員，代替管理人辦理事務，而且這名聘請的書記員，不能由本族之人擔任，必須「定倩外人」。明清以來福建、臺灣一帶的族產管理，雖然形式不一，但是有一個共同的弊端，就是由本族之人管理共有財產，難免出現偏袒徇私的現象，久而久之，致使許多族產管理流於形式。而在臺灣的楊氏家族，除了遴選族中專門人才擔任管理人之外，又聘請外姓之人擔任「書記」，代管理人辦理事務，這無疑可以在一定程度上防止族人身在利益之中而出現的某些偏袒徇私的情況。這種「書記」人員，已經與近現代企業管理中的經理制度有著一定的相似之處。事實上，福建臺灣地區是受近現代外國企業制度影響較早的區域之一，特別是日據時期以來，日本統治者在臺灣強制推行了許多具有近代制度的措施。這一系列的時代變遷，不能不對中國的傳統家族制度以及家族中共有財產管理運營形式產生影響。楊氏家族共有財產管理運營形式中的「書記」人員的出現，顯然也是在這時代的變遷中所出現的產物。到了二十世紀中葉，臺灣許多民間家族的「祭祀公業」即家族共有財產紛紛轉化爲公司制的管理運營模式，其中管理人員轉化爲現代企業的「經理」，也就理所當然了。再者，清末以來楊氏家族在遴選共有財產管理人的時候，已經開始使用「選舉」的辦法，如上引合約字中所謂的「每房各選一人爲管理」；又如民國十年（1921年）楊同益號管理人楊麗水去世，該派下子孫訂立「引繼書」，更明確地說明投票選舉新的管理人：「茲因楊同益原總代人楊麗水自大正六年辦理同益公之租穀財帛等務，至大正九年止，但現年……原總代人不幸

---

[26]　民國二年（1913 年）即日據時期大正二年《楊同興派下人等仝立契約字》。

棄世，諸管理人及關係人投票用紙決議，再選西新總代人楊聯科辦理同
益公號之租穀財帛財務等項。」[27]像這種用投票選舉決議家族共有財產
管理事務的形式，無疑也是受到近現代社會制度影響所出現的產物。

　　當然，在這家族共有財產管理與運營的轉型時期，即使是在同一個
家族之內，其管理和運營形式也不可能是完全一致的。如楊氏家族遷台
第三代即第三房楊同益號的共有財產管理和運營，則採取了所屬六房各
派一人為管理人、另簽選一人為「總代兼書記」的做法。民國六年（1917
年）楊同益號六房簽立合約字略云：

> 仝立合約字人大肚上堡社口莊楊同益公六大房派下關係人
> 等，……會集族親戚友，懇請……商議，決將六大房派下選舉各
> 房長子或長孫計六名，為同益公管理人，另簽選一名為總代兼書
> 記，專責辦理收兌租穀以及諸務，歷年應開祭祀等費各款訂立條
> 規，載明於左，日後決無藉端異議等情。……
> 第二條，同益公所有田畑家屋贌佃租穀一千一百餘石，扣踏忌辰
> 祭祀租四百石以外，尚剩租額議定交總代之人收取。每年訂冬至
> 日請諸管理人會議結算，按納地租家稅負擔金及學務費等項以外
> 尚存多少，照六大房應份攤分不得異議照。……
> 第四條，每年收入支出照約字內條件聽總代之人自行辦理，倘有
> 不載約字內者，臨時請諸管理人會議，方准舉行。……
> 第十一條，六大房諸管理人可以參議舉事，不得執管租穀財帛等
> 項。如管理人及總代書記倘有不都合行為，聽諸派下關係人改換
> 別人，不得異議照。……
> 第十五條，如總代書記有不都合之出，選換別人，其副本簿冊租
> 穀財帛等項一切隨時引繼交新總代書記，不得異議照。……[28]

　　在楊同益號中，雖然管理人由六房各出一人，但是實際上這六人更
類似於現代企業中的「董事」，這些管理人「可以參議舉事，不得執管
租穀財帛等項」，而真正管理運營共有財產日常事務的是「總代書記」，

---

[27]　民國十年（1921年）即日據時期大正十年《楊同益總代引繼書》。
[28]　民國六年（1917年）即日據時期大正六年：《楊同益公派下關係人仝立合約字》。

「專責辦理收兌租穀以及諸務」。楊同益號的「總代書記」雖然與楊同興號的「書記之人」有所差異，但是都是在家族的授權之下得以全責管理共有財產的運營和收支。在這種機制的保障之下，總代書記和書記之人才有可能較大程度地發揮自己的管理才能，使家族的共有財產得到更好的運營和增殖。民國二十四年（1935 年）楊同興號管理人楊肇嘉由於擔任眾多社會職務（詳見後述），一度請辭管理人的職務。楊氏家族爲了讓樣肇嘉繼續留任，特地爲此立書字再次強調了管理人得以自主行事的權力。該書字云：「本祭祀公業自選任肇嘉當任管理，迄今十一年，創立當時預定收入僅足以充祭祀香煙等費而已，然至此結算尚有剩餘者，乃管理人之處置得宜所賜也。本年恰遭震災景氣不佳，蒙將剩餘一部分配以濟年關之困，凡屬派下者甚爲感激。……此回肇嘉提出辭管理人之任，因無適任者，於是一同挽留再爲重任。……今後關於本公業收支一任管理人自由處置，排下不得擅自再請分配，或臨時請求援助，務須體貼管理人，……不使管理人有難爲之事。專此誓約，決不食言。此炤。」[29]楊氏家族盡力排除家族成員對於家族財產管理運營及管理人職權的干擾，這不僅在機制上保障了家族共有財產的良性迴圈與發展，同時從家族制度的管理體制本身來講，也是一個有益的探索和進步。

五、楊氏族商的社會責任

研究中國商業及商人發展史的學者們，都注意到中國傳統商人特別是明清時期商人對於提高自身的社會地位以及攀附於官場勢力的重視。這其中的原因，一方面是中國歷來有著輕視商人的文化傳統，商人們在發家致富之後，普遍有著提高自身社會地位、光宗耀祖的逆反心理；而在另一方面，在大一統專制的政治體制裡，政治官場勢力掌握著太多的社會資源和經濟資源，商人一旦攀附於官場勢力，必將給自身以及家族的發展帶來諸多的經濟利益和社會利益。楊氏家族雖然自清代中

---

[29] 民國二十四年(1935 年)即日據時期昭和十年：《楊同興派下全員挽留肇嘉繼續擔任管理書》。

期遷居臺灣以來，經歷了清王朝、日本佔據和國民黨統治的三個不同時期，但是其潛在的文化意識並沒有根本的變化，他們在獲得一定的經濟地位之後，急欲提升自身和家族的社會地位的意識始終存在於許多族人之中，並且這種意識將隨著家族的擴大、經濟地位的進一步提升而愈來愈強烈。

商人們提升自身社會地位和攀附官場的最有效途徑，主要有兩個方面：一是利用自身的經濟實力，積極參與地方社會的各種事務；二是著重培養家族裡的後輩子弟，讓他們讀書入仕，從而在官場上掙得一席之地。楊氏家族自清代乾隆年間由楊咸曲兄弟遷居臺灣之始，可謂是胼手胝足，幾近赤貧。但是在經過若干年的勤勞奮鬥之後，逐漸有了積蓄，於是他們從遷台的第二代開始，就盡可能地給自家的子弟創造良好的讀書環境，讓他們較爲系統地接受傳統文化的教育，力圖培養具有社會影響力的精英人才，爲家族的發展創造更大的社會活動空間。

根據《族譜》的記載，楊氏第二代楊舒霧，始創族學，教育家族子弟。「舒霧公，咸曲公之第三子，生於乾隆戊申五十三年十月廿六日辰時。性樸實，務農。念父兄創業之難，嚴督子孫力學，設書房曰蘭軒於社口本宅南畔，敦聘名師教訓子弟。又創置公業楊同益號，以備六大房子孫歷年輪流祭掃及教育之資。」[30]《楊氏文錄》載第三代三房的楊長庚的事蹟云，「官章金波，號芳園，雲霧公之第五子也。自咸曲公由泉州府同安縣井仔崎鄉移居臺灣府臺灣縣大肚西上堡西勢莊，至公始卜居社口莊。母林氏、兄弟六。妻蔡氏不育，繼室鄭氏生五子，長男清蘭，次男清藩，三男清沂，四男清華，五男清芬。長房孫紹材、紹渠、紹琛、紹潛，二房孫紹奎，四房孫紹起，五房孫紹堯、紹田等一堂濟濟，後先媲美矣。公六歲失怙，遵母訓重兄命，不苟言不苟笑。及長端方廉正，督子孫、課弟侄，嚴取與，慎交遊。……年近三十始泮遊，四十補廩膳，六十擢明經。生平惟讀書篤嗜，不染俗情。而諸後嗣亦類能繼述以掇科第而榮祖宗。長子清蘭入泮補廩，次子清藩入泮補增，三子清沂未成而

---

[30] 民國《楊同興族譜》（下）《舒霧公》。

夭，四子清華入泮顯名，五子清芬自幼業儒，現應試。從此科甲聯翩，何莫非公之好學有以收其報也。」[31]再如第四代長房楊清珠「先考楊府君諱清珠，字彙五，號冰如，少名克湖。臺灣縣人也。……祖諱漢英，妣陳太宜人，公其第四子也。三代皆以公貴，賞戴藍翎追贈奉政大夫修職郎。三兄早喪，公獨以壽終。少孤，事寡母寡嫂，以孝友聞。……初，楊姓之在鼇也，讀書者少。公首倡學，設書田。後來文士聯翩，皆公之澤也。」[32]清末的楊緒洲，「曾祖父克順公例授雍進士。唯先代世世皆務農，而獨公長於商道，在梧棲街同益公號開設之德隆行內經營貿易，達二十餘年，頗得厚利。於是家道日隆，遂奠定了同昌公號之丕基。……祖紹墩公循守祖業、克己待人嚴律子孫，尤重教育。……先考即其次也，抱經綸之志、懷英偉之才。時臺灣淪日，乃於壯年留學日本之東都，實開清水地方留日學生之端。後來清水青年往日本求學者層出貢獻於學政商界者輩出，公先導之功與有力焉。」[33]

楊氏家族甚至把培養家族人才作為一種制度而載入各種家族文書之中，使得後世永遠遵行。道光七年（1827 年）楊氏家族三大房第一次分家時的鬮書就規定把祖屋留出一間，作為子孫讀書場所：「一西勢瓦屋一座，公議歸長房居住照管以為己業。大廳存公奉祀祖先，值年者應貼油香燭費。其社口莊瓦屋一座及田園竹園壙地禾埕茅店，公議就中廳前後直透其田，立石為界。左歸二房，右歸三房，各去隨界照管為己業，大廳亦存為公。或欲進主各祀先人不得異言。書館一間，為各子孫書室，內中修理就公開費。」[34]在光緒年間的鬮書中，對於贊助家族子弟讀書更有進一步具體的規定：

> 一內渡謁祖，每人盤費銀一十元炤。
> 一小試生童，每人盤費銀二十員炤。
> 一鄉試諸生，每人盤費銀四十員炤。

---

[31]　民國《楊氏文錄》，《賞戴藍翎誥授文林郎明經進士楊金波公墓誌銘》。

[32]　民國《楊氏文錄》，《賞戴藍翎誥授奉政大夫敕授修職郎楊府君墓誌銘》。

[33]　民國《楊氏文錄》，《先考新專醫學士臺灣公醫楊公緒洲追遠錄》。

[34]　《寓鼇社口楊同興號鬮書》，《舒獻、舒霧、芳英等鬮書》。

　　　　一會試諸生，每人盤費銀二百員焩。……

　　　　一書館賓客來往諸費，俱開公款，向值年辦公之人收取焩。[35]

　　這種家族助學的制度，一直到日據時期依然被延續下來並有所發展。民國二年（1913 年）的家族合約追述先祖設立公田以爲子孫讀書之費的遺意，並強調應予繼續光大的意願云：「因念始祖咸曲公渡台，生下三子，分作智仁勇三大房。長房曰舒崑公，二房曰舒獻公，三房曰舒霧公。不幸舒崑公壯年身故，子芳英尤少。舒獻公耕商粒積，創置苟合，與長房祖姒龔氏，勤儉治家，拮据經營之相助也。至道光七年，兄弟分爨，議設楊同興公田，以爲歷年祭祀讀書之費，……不敢移轉變更。維念祖宗創業艱難，同心保護以垂世世代代相傳勿替。所有新立條約，開列於左：……第三條，凡有派下欲往同安祭祖之費，公議費金五十圓，三年一回，二人爲限，聲明照。第四條，公議設書館三處，一在長房公厝，一在二房倚竹山房，一在三房蘭軒。宜聘教師設教，聽各房子孫入學。但教師每位全年束金公定一百圓。又議書房每所諸用費每月金六圓，學當人即向管理人支取備辦聲明照。……第七條，凡派下子弟由公學校卒業後，及台中試驗及第者，往臺北肆業，學資二十四圓；往內地留學，學資六十圓。以現際本校卒業爲限。倘欲再轉別校之時，不得領取公項。……第八條，公學校授業料及運動旅費一切由公支理聲明照。」[36]

　　隨著家族人口的不斷增加，不同的分房及分支房也往往在全家族助學和開設書塾的基礎上，訂立各自的助學條款甚至另設書館。如第三房楊同益號，就在自己房份內開設了「蘭軒」等書房，支持贊助房內子弟讀書教育。民國六年（1917 年）該房份訂立共有財產管理合約時，一再強調開設書房和助學的必要性，「自今以後諸派下如有往台中中學校留學者，每名訂貼金三十員；如往臺北留學者，每名訂貼金四十員；如往內地留學者，每名依舊貼金六十員，不得異議照。……蘭軒書房油火

---

[35]　《寓鼇社口楊同興號鬮書》，《啟明、長庚、樹五等鬮書》。

[36]　《楊同興號派下契約書》（日據大正二年，即民國二年）。

燭等費每年貼金三十六員，不得異議照。……自今以後如要修理公廳、公墓及書房等費用，須當酌議舉行，不得異議照。……凡六房中如要添設書房，每年訂貼金三十六員，須關係人開會議，半數以上承諾按印方准舉行照。」[37]楊同益號再分派下子孫也是如此，楊同仁號楊克順等兄弟，在鬮書中也明確規定：「一訂內渡謁祖每人盤費銀五員焓；一訂小試每人盤費銀一十員焓；一訂鄉試每人盤費銀二十員焓；一訂會試每人盤費銀一百員焓。」[38]可以說，到了清末民初，楊氏家族已經形成了整個家族層層興學助讀的氛圍。

　　正因爲楊氏家族在業農經商致富的基礎上，重視家族人才的教育，族人們很快就在科舉功名上嶄露了頭角，從而使得家族在地方事務上擁有著越來越多的權力，參與地方社會事務的舞台也越來越廣闊。據《楊氏文錄》的記載，家族第四代中的楊克順，「公獨長於生理，凡所貿易，有約必行。……至於對宗戚姻朋，每以公平忠恕爲念。凡有義舉，必勇於爲，或救災，或恤患，或濟困窮，無不曲盡其心，故鄉黨間公或一至皆敬信而聽從焉。」[39]楊清俊，「留心貨殖，至晚年家資饒，更置良田數頃以繼先人。且族中兄弟或有宿怨相持不下，公必多方勸解，使相和睦而無違言。至其慷慨仗義、恢宏大度，施捨湯藥，周恤窮困，種種善事，未嘗自矜自伐，尤爲人所罕及。」[40]楊克湖，「睦宗族和鄉黨，以信義聞。凡鄉鄰爭鬥、官紳爭訟，事至叩閽欽差督撫難遂平者，發公調處一言而解。咸豐間臺灣中歲饑。公倡義運米賑濟，全活數萬人。同治間大肚水災，公雇筏振救數百人。壯入彰化縣庠，以助江浙軍餉，予貢教職。同治元年戴逆亂未萌，謁大憲言其事，皆不信。及亂，乃服公之先見。公首揭義旗，日數十百戰，保全鄉里，歸者甚眾。二年台道丁公日健督辦全台軍務，自備資斧連日克復山海十十莊。單騎說降加投一帶，……十一月首先入城，論功賞戴藍翎五品銜。……復城後委公辦善後事，公戰

---

[37] 民國六年（1917 年）即日據時期大正六年：《楊同益公六大房合約字》。

[38] 第三房派下楊同仁號光緒九年（1883 年）：《三房人字鬮書》。

[39] 民國《楊氏文錄》，《皇清例授雍進士楊府君墓誌銘》。》

[40] 民國《楊氏文錄》，《皇清例授修職郎楊府君墓誌銘》。

撫兼施，境內粗安。三年餘匪再豎青旗爲號，與僞侍王李世賢遙應。公全彰邑令且守且戰，中路獲安，公之力也。光緒八年閩撫岑公毓英巡台，公率練丁往迎，岑公器之。……自是以來法逆施逆之亂，公皆倡義團練。」[41]當臺灣發生地方動亂時，楊氏家族能夠以自己的力量，組織團練，協助官兵克服縣城，[42]可見到了清代後期，楊氏家族已經成爲台中彰化一帶比較顯著的巨家大族了。

　　甲午戰爭之後，日本帝國主義竊據臺灣，爲了穩定其基層社會的統治，也不得不在一定程度上借助於楊氏家族在地方上的影響力，讓楊氏家族的上層分子出來擔任社會公職。如楊鴻達、楊肇嘉父子，「先生楊姓諱鴻達，字澄若，少名泉。……父欽崇公幼業儒有遠志，篤前人成烈擴而大之。同治間以軍功賞同知銜，晚年委家政於先生。……光緒十年補邑博士弟子員，嗣以歲科疊試優等上舍貢成均，銓選儒學，復以軍功賞戴藍翎。……台改隸後，當道器其人，委以學務，授之紳章，又任爲清水區長，成績卓著。大正九年地方自治制施行，當道者追念前勳，清水街長覆命其子肇嘉任之，繩武貽謀後先輝映矣。先生性剛正，不輕然諾，諾則必踐其言。里黨有不平事，得先生一言輒解。地方公益視力所能逮者，無不踴躍以赴，如修紫雲岩、築防水石堤，與夫台中中學校之建設，各處實業會社之振興海內外，水旱震災之救濟，皆一乃心力思日贊襄，可謂當仁不讓矣。……先生寢疾時，手制遺書，於處置家事外，諄諄以辦理社會慈善事業及建設圖書館附設體育器具爲囑。爲鄉閭謀幸福、爲學界晉文明，允哉仁人君子之用心已！」[43]

　　楊氏族人雖然在日據時期出任地方行政職務，但是他們熱愛祖國的情懷並無改變。我們在上面所引用的資料中已經可以看出，該家族在日據時期依然鼓勵族人不斷前往福建祖籍祭拜先祖和到大陸讀書考取功名。楊肇嘉雖繼其父楊鴻烈之後出任日本統治下的清水區長，但他成爲當時爲了擺脫日本統治而推行「臺灣自治」運動的主要發起人之一。當

[41] 民國《楊氏文錄》，《賞戴藍翎誥授奉政大夫敕授修職郎楊府君墓誌銘》。

[42] 關於地方士紳協助官府剿定動亂事，可參見賴熾昌：民國《彰化縣誌稿》卷10，《人物志》。

[43] 民國《楊氏文錄》，《前清誥授奉政大夫賞戴藍翎銓選儒學廩貢生澄若楊先生墓誌銘》。

楊肇嘉七十壽辰時，臺灣自治運動主要人物、後來成為國民黨政要的連震東、謝東閔、辜振甫等人在獻給楊肇嘉《七十壽序》中追述了這一艱苦抗爭的歷程：

今之過清水者偶向途人詢及楊肇嘉先生，其人一知詢者為先生知交，必欣然相接，如遇上賓；稱及先生，敬愛之色盎然面背。先生之德之入清水鄉人之心，其深若此。……先生幼承茂才王父澄若先生庭訓，略通經義。弱冠負笈日本，畢業歸台，日人勵以為梓桑服務，長清水街，非所好也。民國十二年拂衣罷去。翌年被同志公推為臺灣議會請願代表，偕霧峰林獻堂先生赴日本東京奔走改革台政。先生尋覺臺灣政治運動中心捨東京莫屬。十五年遂陽稱為子女教育計，盡室徙東京，實則日從臺灣議會運動，而身複更入早稻田大學研討政治經濟。旋被舉為新民會領袖，發行新民會叢書，揭櫫啟蒙運動，……與在臺灣同志互相通聲氣，成犄角之勢。二十年回台，本殖民地不同化主義，組織臺灣自治聯盟，以促進臺灣地方自治制度之實現。迨七七抗戰，日本軍閥嚴加壓迫于諸同志，乃遷避上海。本省光復，始由滬歸。三十八年任省政府委員兼民政廳廳長，四十二年辭去本兼各職。翌歲復任省政府委員，以迄於茲。歷任勞績炳然，為政府所倚重。……清光緒乙未之割台也，台人不甘淪於異族，呼籲清廷如石投海。乃一本民族正氣，摯梃挾椎作困獸之鬥，前赴後繼、肝髓塗野者不可勝數。先生處鐵蹄威脅、積重難返之勢，……為台人脫羈陋而摩放奮鬥，至毀其家而不稍惜。……允稱鄉賢完範。[44]

除了連震東、謝東閔、辜振甫等二十餘位當年一道從事臺灣自治運動的同仁之外，國民黨臺灣省政府周至柔主席、秘書長郭澄等率省政府所屬官員亦在楊肇嘉七十壽辰之際致獻壽言。楊肇嘉晚年，還被國民黨政府聘為「總統府國策顧問」。由此可知作為台中彰化楊氏族人的楊肇嘉，已經與連震東、謝東閔、辜振甫等一樣，是上一世紀臺灣政壇上可以發揮重要作用的顯要人物。

---

[44] 民國《楊氏文錄》，林柏壽：《清水楊肇嘉先生七十壽序》。

　　楊氏家族自清代乾隆年間遷居臺灣以來，先從耕墾起家，隨之兼營商業而致富。他們能夠充分利用家族的經濟實力，興學培育子弟，進身科舉功名，逐漸擴大家族在地方社會上的控制力和影響力。經濟實力和社會影響力二者相互促進，使得這個家族日益擁有更多的社會資源和經濟資源。我們從上面所引述的地方士紳楊肇嘉一再被族人挽留擔任家族共有財產管理人的事例中，便可進一步暸解到家族擁有地方社會控制力與家族發展的重要關係。楊氏家族最終成爲台中彰化地區乃至整個臺灣島內都具有舉足輕重地位的顯赫家族，顯然是與他們經營致富後積極投身政治和積極參與地方社會事業分不開的。

　　楊氏家族在致富之後，能夠積極參與地方社會事務，從事公益事業，這其中的動因，固然有擴大社會影響力、提高本家族在地方社會上的地位的追求，然而這一系列的行動，畢竟爲促進地方社會的平衡發展，起到了一定的良性作用。再者，從近現代商業資本發展史的角度來考察，商業資本部分地向社會公益事業轉化，也是一個必然的趨勢。商人們通過參與地方社會事務與地方公益事業，提升自身的社會地位。與此同時，商人們攀附官場乃至直接投身政治取得某種政治身份，又進一步加強了在地方社會上的領導地位。研究中國封建社會後期的學者都十分重視「鄉紳階層」在中國地方社會乃至中國政治史上所發揮的作用，而作爲「鄉紳階層」的形成歷程，從臺灣楊氏家族的個案中所反映出來的由經商殖產致富進而參與地方社會事務躋身官場，毫無疑問是其中一個重要發展途徑。

　　商人階層固然可以利用經營致富後所擁有的經濟實力，積極參與地方社會事務以至攀附官場躋身於鄉紳階層，但是我們反過來從政治學的角度來思考商人們熱衷於攀附官場的行爲，則又不能不說假如商人是作爲一個較爲獨立的社會階層的話，那麼這個階層缺乏一種自主發展的堅強性格。攀附官場的商人們固然可以從艱辛掙來的的政治社會地位中取得更多的經濟資源和經濟利益，然而它也很可能在政治變遷的隨波逐流之中，大起大落，甚至爲政治所遺棄。中國的傳統商人階層，終究不能

像歐洲中世紀末期的商人那樣，形成以自身為主體的社會政治力量，並且在催生新的社會制度的過程中發揮重要的作用。抗戰勝利後，楊氏家族走上了政治的巔峰時期，而當楊氏族人為此感到躊躇滿志的時候，臺灣政局的變幻詭異，卻給熱衷於政治事業的楊氏家族當頭一棒。二十世紀五十年代，楊氏族人楊基振參加第三屆台中縣長的競選活動，就得到了深刻的教訓。他在《我從競選失敗中得到的知識》一文中這樣寫道：

> 參加競選就是文政，而我之參加競選則更是由於目擊時艱準備獻身於民主政治，可是犯了幼稚病的我，雖然爭取了大多數的選票、充備了必勝的實力，但卻忽略了現實政治作風和執政黨歷史心理的發展，就決定了我成為多數光榮的失敗者中之一個。
>
> 我的競選……必須遵守規定的活動限制，但是國民黨籍的候選人早就公開活動，由黨內延展到機關團體與民間，由政府力量作種種活動，暗中都是為國民黨候選人預定選票，更有掩耳盜鈴的宣傳品印著黨內活動、黨內秘密等字樣，而在活動期限之前早就滿地飛散，這是以公開違法的方式在不平等的條件下比賽。……
>
> 取得候選人資格依循法定手續自不待言，我在經驗上覺得雖然迂回遲緩，但在民政廳及選舉事務所方面不能說不接受，或者久滯不辦。可怪的是在正式發表之後，鄉鎮公所會給你一個無理的挑剔，以舞文弄法的手段，似是而非的措辭，簽報上級，竟欲撤銷我這候選人的資格，這是有卷可查。……
>
> 本人競選時發現國民黨台中縣黨部以興安國校名義印發的宣傳品，在各地黨員開會時按席分發，內容是捏造事實，對基振妄加詆毀，列舉了十七項資料。……在競選活動的緊張關頭，又在山線一帶發現了不知來歷的宣傳品，印著楊基振的署名，內容是說當選之後，把台中縣政府遷移到清水（按：楊氏家族所在地）來。這件事分明又是怪信一類的作品。縣治所在地是否縣長有權變更的老百姓不會比他們更愚蠢。台中縣設治於豐原，是楊肇嘉先生長民廳任內秉公決定的。楊是清水人，當年不肯聽從清水設治之議，海線父老昆弟都諒解的，我能拿出這種條件去爭取選民的擁護嗎！……

四月十三日晚上在烏日鄉一位運動員家中忽然來了一位警員，質問何以替楊基振活動競選？助選不是犯法的事，不過鄉村里人違背了警員的意旨，總有一天要遭大虧。他心中恐惶起來，弄到不可開交，只好藉辭抽身。……

投票時間終結，正在開票天色晚了，電火明瞭，忽然海線一帶全部停電。……開票結果的情報可以證明黑暗中的開票手段雖拙，結果已如其初願。清水鎮南社里是我的原籍，南社里的選民不但是和我有氏族閭裡的關係，而且對國民黨候選人往年的秕政知道得清清楚楚，決無投選之理，是我所深知而確有把握的。但是公佈結果是林鶴年的票多過我的票。……霧峰鄉在當天十一點多的統計我已得二千三百餘票，但開票發表數字總共只有五四四票，還低過我住在霧峰的姻親的人數。大雅鄉一個投票所，選民大都是楊姓，該處楊某為人慷慨，素為村民所崇仰，此次全力支持我，已有清一色的選票，決非對方威脅利誘所能攻入。但開票結果，我的票少於林鶴年。……

競選活動以後的餘波，縣屬公教人員凡與我親友相關而被認作曾為我助選者，概予降調或免職處分，軍事機關亦有同樣事例。選民原與政府機關及公營事業機關有商業上之往來者，如代碾公糧購配紙張等，此次被認有曾為楊基振助選之嫌疑，則累年交易的歷史便一律抹煞，立予停止交易。[45]

　　經過此次台中縣長競選事件之後，楊氏家族的社會政治勢力受到了較大的打擊。這個家族在台中一帶的社會影響力出現了下降的趨勢。

　　一二千年來，中國的商人始終與官場政治結下了不解之緣，中國商人依附於政治的性格似乎是與身俱來的。商人們依附於政治固然可以得到一定的社會資源和經濟利益，但是缺乏自身主體的附庸行為往往又會隨著政治的變幻而為政治所斷送。明清時期許多著名的地方商幫的興起與衰落，大多與這種依附政治的軟弱性格有著一定的聯繫。臺灣楊氏家族族商興衰的演變歷程，更可以為中國商人階層的本質特徵增添一個較

---

[45] 原文發表於《自由中國》第十七卷第十二期，1957 年 12 月 16 日。此處引自《楊氏文錄》。

爲典型的例子。

六、考察楊氏族商的三點啟示

我們根據上面對於臺灣楊氏家族的殖產過程與特別是商業經營方式的考察，可以得出三點初步的論點。

一，以往人們對於傳統社會裡的分家析產、兒子基本平分祖先財產這一制度之所以有著諸多的批評，基本上是建立在對於小農經濟維持簡單生產與重複再生產的基礎上的。而這種小農經濟的生產與再生產，又是建立在生產資源匱乏、生產技術與手段長期停滯不前的基礎上的。在生產規模與效益得不到顯著擴大的情況下，個體經濟的分家析產，自然會在一定程度上導致家庭及家族財產的零碎化，從而阻礙資產的積累與發揮。

然而，社會生產規模與效益的擴大，是需要社會的諸多因素加以配合的，在清代的歷史條件下，至少需要生產資源較爲豐富、市場環境相對良好這兩個方面的積極因素。而這兩個積極因素，恰好在清代的臺灣地區有所具備。一方面，臺灣是一個正在開發的農業區域，農業生產的自然環境十分優越，人們在有較多自然資源的情況下，可以有效地進行較大規模的農墾事業。而家族的繁衍，人丁的增多，又是促進農墾事業發展的一個重要前提。再者，由於臺灣與福建大陸區域隔海相望，從漢人從事經濟開發的那時起，就與大陸保持相當密切的聯繫，特別是商業市場的聯繫，人們從事商業活動有著比較寬鬆的發展空間。到了近代，雖然因爲日本侵略者的干擾，但是對於商業的發展，反而有了更多的機遇。正是由於清代至民國時期臺灣區域基本具備了生產資源較爲豐富、市場環境相對良好的兩個積極因素，從而使得臺灣的許多家族，能夠在繼承十分傳統的家族制度的基礎上，經濟得到比較良好的發展。

不僅台中彰化的楊氏家族在歷經近二百年的殖產與分家析產的沿襲過程，家族規模與經濟實力並沒有由此日益細分萎縮化，我們從臺灣

的其他家族的發展歷程中，也同樣可以看到家族雖屢屢分析而仍然不斷擴展壯大的事實[46]。當然，一個家庭及家族的發展壯大與否，還與家庭及家族成員的文化經濟素質有著重要的聯繫。在同樣的社會條件和環境之下，有些家庭及家族得以發展壯大，有些家庭及家族則不然。即使是在楊氏家族內部，不同的房支，其發展的程度就存在很大的差異。這個因素，就跟家族的分家析產制度更加不相干了。我們以外在研究家庭或家族經濟發展的時候，往往忽視了個人素質的分析，這顯然是需要我們今後應當予以重視的。

二，過去我們對於家族共有財產的運作及其對於社會經濟史的作用，大多予以比較消極的評價。這是基於傳統社會的家族制度及其組織，多少包含有原始村社制殘餘的認識而衍生出來的。但是我們如果從傳統家族文化發展的層面來考察，則傳統的家族制度可以容納商業經濟的事實，就不足為奇了。中國的家族制度固然有其久遠的歷史痕跡，然而中國文化包括中國家族文化的核心精髓之一，是具有比較廣闊的包容性和自身修復與適他功能，這也就是傅衣凌先生所指出的「彈性」的社會特徵。這種包容性和自身修復與創新功能，使得中國的家族制度可以不排斥時代的新生事物，而一旦在社會環境允許和經濟形態變遷的情況下，家族組織也可能在一定程度上接受或適應時代所催生的各種新事物，包括家族組織適應商業市場經濟的運轉模式。台中彰化楊氏家族在清代後期社會環境與社會經濟不斷變化的情景下，能夠不失時機地適應商業市場經濟變化的潮流，以傳統的家族共有財產，或直接投資於工商也活動，或積極為家族和族人從事商業活動提供資金的幫助，從而使得這個家族歷經清代與近代、現代的激烈演變，與時俱進，有所發展壯大。這正證實了中國傳統家族制度完全有可能在近現代的社會經濟變遷歷程中，發揮比較積極的適應和促進工商業市場經濟進步的作用，從而保持與時代潮流的共同前進。

---

[46] 參見陳支平：《民間文書與臺灣社會經濟史》第五篇《福建向臺灣移民的家族外植與聯繫》，嶽麓書社 2004 年 8 月出版；又關於福建泉州與臺灣張士箱家族的分家析產情景，參加王連茂、葉恩典整理：《泉州·臺灣張士箱家族文件彙編》，福建人民出版社 1999 年 9 月出版。

　　從中國近現代企業的發展歷程看，無論是海外的華人華僑企業，或是當代的私營企業，有著一個共同的顯著特徵，即是這些企業都在不同程度上帶有家族經營的色彩。這種家族經營的特徵，往往受到學者們的垢病。但是如果我們從中國家族制度具有包容性和自身修復與適他功能的文化角度來思考，則中國私營企業的這種特徵，就不難為人們所理解。而更為重要的是，不管人們對於中國私營企業帶有家族經營色彩理解與否，這種社會經濟現實卻是始終存在，而且還必然存在在一個相當長的歷史時期裡。與其如此，我們還不如從中國家族制度及其組織本身去尋求家族制度與近現代商業市場經濟相互關係的真正原因，遠比置身於家族文化之外的不理解要切合實際的多。正因為如此，我們今天探討台中彰化楊氏族商的問題，應該對於深入瞭解中國家族與近現代工商業市場經濟的互動關係，對於解釋近現代中國私營企業帶有家族色彩的特徵，有所裨益。

　　三，所謂族商，顧名思義就是指商人們與鄉土家族有著密不可分的密切聯繫。這種聯繫所表現出來的一個重要特徵，就是與鄉族土地的結合。楊氏家族無論從事何種行業的經營，始終不能與土地失去聯繫，事實上，土地一直是他們殖產運營的一個重要方式與目標。研究中國經濟史的學者，一直對於中國傳統商人把商業資本與土地資本的結合抱有消極的成見，認為商人們一旦把經商賺來的財富投入到土地的經營之上，商人們似乎又回到了原先比較落後的起點。

　　馬克思曾經說過，土地是人類社會發展歷程中的主要生產資料。其實，到了現代社會，土地作為生產資料乃至作為資本的重要性一點也不會比歷史上任何一個時代所表現出來的重要性有所降低，相反地，隨著現代商品市場經濟的告訴發展，土地表現在資本上的重要性，已經到了前所未有的高度，而且這種高度還會不斷攀升。土地作為資本重要性的發揮，取決於社會環境與社會制度的變化，而不取決於商人是否擁有土地資本。在社會環境和社會制度許可的情況下，商人們擁有土地，無疑將比社會上其他階層擁有土地產生更為突出的經濟效益和社會效益。隨

著近現代社會的轉型，無論是福建沿海也好，臺灣也好，或者是中國的其他發達地區，土地資本所發揮出來的巨大社會與經濟能量是有目共睹的。楊氏家族在清末民初的經營里程中，土地資本的運營已經越來越顯現出它的優勢。因此，當我們在討論中國商人在明清以來轉型時期的社會變遷時，不應當還是以傳統的眼光來對商人們擁有土地抱有消極的成見。同樣的，我們對於商人們積極參與地方社會事務特別是從事地方社會的公益事業，也有必要予以比較積極的思考。

　　中國的商人階層熱衷於攀附官場政治，至少是由兩個方面的因素所促成。一是中國二千年來所形成的文化意識，造就了包括商人在內的所有中國人的官奴性格；其二則毫無疑問是出於獲取更多的現實利益的考慮。這兩種因素作用的結果，一方面使得中國社會的不公平狀態得以長期的延續以至加劇；而在另一方面，從長遠的發展歷程來考察，它也使得中國的商人階層終究處於一種不穩定的漂浮狀態之中。雖然從短時期的效應看，攀附官場政治乃至躋身於官場政治，將獲取莫大的社會效益和經濟效益，但是它終於缺乏長期穩定發展的內在持續力，從而無法使自身成長為有獨立自主性格的堅強的社會力量。因此，無論如何，中國傳統商人所體現出來的依附政治的軟弱性格，畢竟是令人感歎惋惜的。

杨氏家族迁台五代世系表

始迁祖杨咸曲（同兴号）

第六章 從民間契約文書看李氏家族 與蘆洲的土地關係

　　學者們對於蘆洲開發史研究的一個很大的遺憾是文獻資料的不足。由於文獻資料的缺陷，使得蘆洲開發史上的許多重要問題，較難進行更爲深入的探討。這正如《北縣文化》的編者所言：蘆洲的歷史與文化看來有些面目模糊起來。正因爲如此，搜集和發掘有關蘆洲歷史與文化的民間資料，尤其顯得重要和不可多得。我們在蘆州從事社會調查時所查閱到的這一批尚未爲人引用的民間契約文書等資料，無疑對加深瞭解蘆洲的開發歷史，有所裨益。在此，我們試用這批民間資料對李氏家族與蘆洲開發史上的土地關係，進行初步的分析。爲了保存資料的完整性，我們在此盡可能地引錄契約文書的全文，以便人們對於這些資料及其所反映的社會經濟內涵，有一個更爲全面的瞭解。

一、清代蘆洲的土地佔有關係

　　關於清代蘆洲即和尙洲的土地屬性問題，綜合以往研究者的說法，大體有官莊、關渡媽祖宮產業、平埔族社番屯諸種說法。但是由於缺乏進一步的資料，研究者們對於清代蘆洲的土地屬性，大多持存疑態度。如溫振華先生在《蘆洲湧蓮氏——一座鄉廟的形成》一文中就指出「關渡媽祖宮取得的產業權是屬於哪種性質的也不清楚。再其次，蘆洲的地權是官方的，或是平埔族社的？和尙洲之官莊性質，或可提供一些思考的方向。」[1]總之，蘆洲的土地屬性問題，還有待於更多資料的映證和說明。

　　所謂關渡媽祖宮產業，這是與蘆州的原地名——和尙洲的來源傳說有著直接的關係。這個傳說比較詳細地見諸於文獻的是日本人伊能嘉矩在《大日本地名辭書續編・第三臺灣》中對於和尙洲歷史的介紹：

---

[1] 溫振華文載《北縣文化》第 50 輯，第 6 頁。

雍正十年（1732 年）左右，在八里坌的漢人，招佃經觀音山山麓，向新莊移墾。和尚洲位居此開墾路線之中間位置，因此遺有中路莊之名。又因地形上，河水環繞，而有河上洲之稱。乾隆年間，新竹城隍廟僧侶梅福，向官方稟請，獲准將此地產充作關渡媽祖宮之油香錢。每年來水湳莊設宅徵收租穀，因此鄉人稱和尚厝。「和尚」厝之音，與「河上」洲近似，彼此相混，而形成「和尚洲」新地名。

伊能嘉矩的這一說法，至今在蘆洲民間尚有廣泛的流傳。然而作為文獻上的記載，卻往往被認為是孤證，需要更多的資料來驗證、充實。[2]所幸的是，從蘆洲李氏家族現存的這批契約文書中看，伊能嘉矩的這一記載應當是正確的，自清代中後期以來，和尚洲的一部分農戶，每年確實必須向關渡媽祖宮交納數額不等的「媽祖大租」。這裡引三紙李氏家族承買的、均與關渡媽祖宮大租相關的契約文書如下為證：

（一）

全立杜賣盡根契字人陳賤、撻、尚、輝、賜、佳、佛因兄弟等，有承先父鬮書應份內抽出北勢園大埒中段壹所，坐落土名和尚洲中路頭。東至堂兄弟石、勸園為界，西至堂兄來園為界，南至小路為界，北至車路為界，四至界址明白，年配納關渡媽祖宮大租穀柒斗正。今因乏銀別創，澱等史弟願將此業出賣。先問親疏人等不欲承受外，托中引就與李清水觀出首承買，三面言定依時價佛面銀壹佰三拾大圓正。銀即日全中交收足訖，園遂即踏明界址交付李清水前去起耕掌管永為己業，葛藤永斷，寸土無留，日後子孫不敢言找言贖。保此業係澱兄弟等承先父鬮分應得物業，與親疏人等無干，並無重張典掛他人財物來歷交加不明為礙，如有等情，澱兄弟等出首一力抵擋，不干銀主之事。此係仁義交關，各無反悔，口恐無憑，今欲有憑，全立杜賣盡根契字壹紙付執為炤。

即日全中親收過契字內佛面銀壹佰三拾大圓完足炤。

批明買過錘大契系子路收存，要用之日付其取出不得刁難炤。

批明此業闈書系潑兄弟收存，要用之是付其取出，不得刁難炤。

代書作中人　堂弟　克家

　　作中人　李大挑

　　場見人　潑長子九穹

　　　　　　堂弟　子路

同治元年拾壹月　日

仝立杜賣盡根契字人輝、潑、撻、佳、賜、尚、因。

（二）

仝立杜賣盡根園契字人陳佛、虎等，有仝承祖父闈書內應得買過章捷埔園壹段，在西勢，坐落土名和尚洲中路莊。東至李家園，西至李家園，南至橫路，北至路外□□，四至界址明白，年配納關渡媽祖大租穀折實四斗貳升正，經爵撫部院劉丈明中則貳份柒厘玖毫陸絲壹□□微。今因乏銀費用，願將此埔園盡行出賣，先問親疏人等不欲承受外，托中招引李長利記出首承買，三面議定依時值盡根價銀折紋庫銀壹佰三拾捌兩正。銀即日仝中交佛等收訖，園隨即踏明界址交付買主前去起耕掌管收稅納課永為己業。自此一賣千休，四至內並無留存寸土，佛等及日後子孫不敢言及找贖生端滋事。保此園係是佛等仝承祖父闈分應得物業，與別房人等無干，並無重張典掛他人及來歷不明為礙，如有不明，佛等出首抵擋，不干買主之事。此系兩願，各無反悔，口恐無憑，筆乃有據，仝立杜賣盡根園契字壹紙並帶闈書壹紙、丈單壹紙，共三紙付執為炤。

即日仝中親收過盡根契字內佛銀折紋庫銀壹佰三拾捌兩正完足炤。

批明買契原係潑收存，要用公看不得刁難聲明炤。

批明內添注「路」字壹字聲明炤。

代書人　族親　溪津

知見並為中人族叔文傳

光緒拾玖年八月　日　立杜賣盡根園契字人陳佛、虎

（三）

　　立杜賣盡根園契字人陳粒，有承先父遺下鬮分應得埔園壹段，址
在和尚洲中路莊，東至李得祿、樹華竹為界，西至買主為界，南
至陳興為界，北至竹外路為界，四至明白，年配納媽祖香燈租貳
斗壹升正。前經清丈中則園壹分零四毫捌絲三忽貳微。今因乏銀
費用，願將此業盡行出賣，先問親疏人等俱不欲承受外，托中招
引李樹華兄弟等出首承買，全中三面議定依時值盡根價龍銀壹佰
貳拾大圓正。銀即日全中交粒親收足訖，園隨即踏明界址交付買
主前去起耕掌管收稅納課永為己業。自此一賣千休，四至內並無
留存寸土，粒及日後子孫不敢言及找贖生端滋事。保此業係是粒
承先祖父遺下鬮分應得之物業，與別房人等無干，亦無重張典掛
他人以及來歷不明為礙，如有等情，粒全花押諸人出首抵擋，不
幹買主之事。此係兩願，各無反悔，口恐無憑　立杜賣盡根園契
字壹紙並帶丈單壹紙共貳紙付執為炤。
即日全中親收過盡根契字內龍銀壹佰貳拾大圓完足再炤。
代筆人　陳廷堅
為中人　李水
場見祖母　陳吳惜
明治三拾四年拾貳月三十日　　立杜賣盡根園契字人　陳粒

　　參照這三紙契約，我們可以知道伊能嘉矩所記載及當地人口碑流傳
的所謂和尚洲的田地的一部分屬關渡媽祖宮所有、鄉民須交納關渡媽祖
宮大租的說法是可以相信的。並且綜合各方面的民間契約文書看，當時
僧人梅福向官府請求把河上洲的部分田產撥充關渡媽祖宮作為油香
錢，這些土地大多集中在和尚洲之中路莊一帶。

　　關渡媽祖宮田租自乾隆年間開始收取之後，沿襲的時間頗為長久，
如上舉第三紙契約中，李氏家族李樹華向原業主陳粒購買中路莊媽祖宮
埔園時，正是日據時期的明治三十四年（1901年）。我們曾見到一紙日
據時期大正九年（1920年）關渡媽祖宮的收租執照，執照中寫著：「收
過蘆洲莊佃戶中洲媽祖應納癸巳年分大租粟三石零斗零升零合零勺

正。合給完早執照」。由此可知日據時期雖然對各類田地產業進行認真
的清理，但關渡媽祖宮大租穀卻依然被保留了下來。即使是這些土地已
經挪為別用，不再作為農田種植農作物，但作為關渡媽祖宮香燈油的大
租穀，仍然照交不誤。如鄭元官曾向李活酺等人承買店地基起造店屋，
在雙方訂立的契約中，仍然申明大租穀的交納情況，該契約略云：「仝
立杜賣盡根瓦店契字人李活酺、苧狡、波豬兄弟等，有仝承祖父明買葉
家店地基併合夥買仝立珍成號店後地基毗連壹所，建造瓦店壹座連墻地
在內，坐落土名和尚洲，……四至界址明白，年配納媽祖宮大租穀陸升
七合正。」可見這塊店基地已經輾轉出讓好幾次，但交納媽祖宮大租穀
的責任卻一直被沿襲了下來。

　　關渡媽祖宮的大租既然是由僧人梅福向官府稟請獲准而得來的，那
麼這些土地原來也是同屬於政府所有的「官莊」，只不過是把原來屬於
政府「官莊」的大租穀分撥一部分給關渡媽祖宮而已。但是關渡媽祖宮
並沒有獲得這些田地全部的「官莊」土地所有權。因為從清代淡水廳所
屬的「官莊」的年徵租穀情況看，這些「官莊」的租穀分為正供與耗穀
兩種，同治年間陳培桂所撰修的《淡水廳志》記載該廳的「官莊」租穀
情景云：

> 拳頭母山，田每甲納租穀六石、園納三石，應額徵正供穀一千一
> 百三十七石六斗七升七合三勺。
> 和尚洲，田每甲租穀四石、園三石，應額徵正供穀二百六十七石
> 一斗四升五合二勺。
> 拳頭母山，額徵耗穀九十四石八斗六升零四勺，……
> 和尚洲，額徵耗穀七石四斗四升四合九勺，……又徵天后宮城隍
> 廟耗穀一十四石八斗一升七合三勺。……[3]

　　據此可知關渡媽祖宮所得只是原屬「官莊」的正供穀，而耗穀則仍
須上交給淡水廳官府。因此，和尚洲農民交納的所謂「關渡媽祖宮大租

3　陳培桂：《淡水廳志》卷四，志三，《賦役志·官莊》。見臺灣文獻叢刊本第172種，第
　　95頁，1963年8月出版。

穀」，具有雙重的屬性，一部分固然是作爲媽祖宮的香油錢，另一部分則仍然是官府所有。

　　根據以上各方面的資料，似乎還可以得出另一個結論。即陳培桂在《淡水廳志》中記載該廳的「官莊」主要有拳頭母山和和尙州二處，而自乾隆二十四年（1759 年）以後，這二處官莊的正供額與原先的定額不符五百餘石，該《廳志》云：

> 淡廳官莊二所，乾隆二十二年所陞，年徵穀三千七百七十二石八斗七升七合。二十四年，豁免穀一千八百四十九石四斗零八合，實徵一千九百二十三石四斗六升八合；與今冊所徵正供不符五佰餘石。舊案已久，無從互核，姑存其目。[4]

　　其實這五百餘石缺額的正供穀，極有可能就是乾隆二十四年（1759 年）以後撥充給關渡媽祖宮的田地。因爲在上引的和尙州官莊的額徵耗穀是七石四斗餘，而天后宮城隍廟的耗穀是一十四石八斗餘，天后宮城隍廟的耗穀額正好是和尙州額徵耗穀的一倍之數。耗穀的徵收是以正供額爲基數的，和尙州官莊的額徵正供穀是二百六十七石餘，以一倍之數累加，則天后宮城隍廟的額徵正供穀恰好就是五百餘石。如果折成面積甲數，和尙州的官莊田每甲徵租穀四石、園三石，額徵正供穀二百六二七石餘，尙存的官莊面積約有 70-80 甲左右；天后宮香油田爲其數之一倍，大體在 150 甲左右。至於《淡水廳志》中所說的天后宮城隍廟，既然乾隆年間爲關渡媽祖宮爭得官莊田地作爲香油田的是新竹城隍廟僧侶梅福，那麼這些所爭得的田地，自然也是屬於新竹城隍廟和關渡媽祖宮所共有。只不過是關渡媽祖宮距和尙州比較近，一般的和尙州農戶，便把這些屬於寺廟香油錢的租穀統稱之爲關渡媽祖宮大租穀了。

　　和尙州的官莊，自乾隆二十二年（1757 年）建立起科以來，其面積是逐漸減少，先是二十四年（1259 年）的豁免，接著是新竹城隍廟僧侶梅福的稟請撥充寺廟香油錢。到同治年間陳培桂編修《淡水廳志》

4 陳培桂：《淡水方志》卷四，志三，《賦役志》，見台灣文獻叢刊本第 172 種，第 87 頁。

的時候，僅有 70-80 甲左右。從現在所能看到的清代後期和尚洲的民間契約文書中，確實也有一部分田產是屬於交納官莊大租穀的土地。茲引二紙相關契約如下：

（一）

> 仝立杜賣盡根田契人郭吟觀、郭軒觀，前年有仝置林權觀得水田貳段，並帶水屈（窟），坐落土名和尚洲田仔尾。南勢水田一段，東至楊家田，西至林家田，南至□家竹圍，北至陳□觀田。北勢水田一段，東至林家，西至楊家田，南至李家地，北至大路□，四至明白為界，立（曆）年酌約官租三斗貳升。今因乏銀別創，將水田二段並水屈出賣，先問叔兄弟侄不欲承受外，托中引就與黃彩觀出首承買。三面言議盡賣出時價佛面銀肆拾陸大圓□□□銀即日仝中收訖，水田貳段並水屈（窟）即付銀主前□□掌管永為己業，不敢阻擋。壹賣千休，日後子孫不敢找贖及增添契尾等情。保此業係是吟觀、軒觀二人仝置得物業，與叔兄弟侄無干，亦無重張典掛及胎借不明為礙，如有等情，田主一力抵擋，不幹銀主之事。此系二比甘願，各無反悔，恐口無憑，立杜賣盡根契壹紙付執炤。
> 即日仝中收過契面銀肆拾陸大員完足再炤。
> 再批明其上手大契仍是田宅收存。
> 代書人　楊□榮
> 為中人　郭□觀
> 嘉慶□□年貳月　日　仝立杜賣盡根契人　郭吟觀　軒觀
> 知見人　郭添觀

（二）

> 立杜賣盡根契字人王金廣，有仝胞兄明買得楊滔水田即林權份陳淵應份塭田一所，帶水屈（窟）溝源在內，坐落土名和尚洲下南港田仔尾橫垾田，東至林家田，西至陳家田，南至路外林媽祖業，北至路。四至明白為界，年配納官租穀貳斗柒升伍合正。今因乏銀別創。情願將此水田一垾出賣，先問至親不欲承受外，即托中

引就向與李賜燕宅承買。當日三面言議出賣盡時價佛面銀貳佰肆拾捌大圓正。銀即日全中交廣收足訖，將此水田全垾隨即踏明界址一盡對佃交付李賜燕前去起耕掌管瞨佃收租納課永為己業。不敢阻擋，日後子孫亦不敢言及找贖增添契尾滋端。保此田係是廣承母陳氏囑書鬮分應份物業，全長兄共契，分後則全買契此橫埒田廣應份物業，與兄侄無干，並無來歷交加典借及大租不明，如有不明，廣出首抵當，不干買主之事，一賣千休，界內寸土無留。此係二比甘願，各無反悔，今欲有憑立杜賣盡根契字一紙付執為炤。

即日全中見親收過契內佛面銀貳佰肆拾捌大圓正完足訖再炤。

一批明大契字紙原本交胞兄德旺收存，其囑書合同俱各帶管別業，係廣收存，倘要用之日，各取出公看不敢隱匿聲明再炤。

　　　代書人　　男士紅自筆
　　　作中人　　陳媽衛　李士根
　在場知見人　　胞兄德旺　窗明
　　　知見人　　男佛助　士臨　妻劉氏
同治貳年四月　日　立杜賣盡契字人　王金廣。

　　以上契約中所注明的「官租」，就是官莊之租穀。所謂「官莊」，《淡水廳志》記云：「官莊，設縣之後，郡屬文武各官報墾，因而遞授於後官者也。」[5]清代前期，官吏的俸祿十分低微，以正常的俸祿往往不能夠維持家用，故各地地方官員均設立名目，以增加地方經費的收入。臺灣初入版圖，中土之人多視為偏僻之地，為官尤為艱難，官員入台後報墾無主荒地以增加衙門及私囊收入，往往得到省、府大員的默認和許可。根據以上的記載，和尚洲官莊的設立，就是在雍正元年（1723年）新設彰化縣之後，府縣官員趁機在此報墾，從此之後這些官莊的租穀收入，便使大部分成為蒞任於此地的地方官員們可以自主支配的一種地方性財政收入。《淡水廳志》在記載官莊租穀的使用分配時是這樣寫的：

　　（淡水）廳額徵官莊二所，供耗餘穀共二千四百八十四石八斗九

5　陳培桂：《淡水廳志》，卷四，志三，《賦役志》。臺灣文獻叢刊本第172種，第87頁。

升四合八勺。內歸本廳額徵正供穀一千四百零四石八斗二升二合五勺，尚存耗餘穀一千零八十石零七升二合三勺，定以每石六錢二分，估變價銀六百六十九兩六錢六分九厘六毫二絲六忽，解府充餉。[6]

這也就是說，官莊的正供租穀全部存留於淡水廳作為地方經費，而耗餘穀等則上繳於府郡充餉。

清代和尚洲的土地，除了以上所述的官莊之外，還有所謂的「隆恩租」，這在契約文書亦有所反映，試舉二紙如下：

（一）

立杜賣盡根契人族叔祖李緝叔公，前有明買得林博觀埔園壹所，作伍坵，坐落土名和尚洲下南港仔，東西至界址俱載在合約內。□□納隆恩大租壹石捌斗壹升五合。今因乏銀別創，將此埔園先盡問叔兄弟侄不欲承受，托中引就與族侄孫李思、治孫出首承買，三面言議盡賣出時價佛頭銀貳百伍拾大圓正，銀即日全中收訖，埔園壹所伍坵即付銀主前去耕作掌管栽□□圍起蓋居住永為己業，不敢阻擋，一賣千休。日後子孫不敢找贖及增添契尾插花等情。保此園係是緝明買得物業，與叔兄弟侄無干，亦無重張典掛及胎借不明為礙，如有等情，園主一力抵擋，不干銀主之事。此系二比甘願，各無反悔，恐口無憑，立杜賣賣根契壹紙並帶墾單壹紙，合約一紙，上手契壹紙□□紙付執為炤。
即日全中收過契面銀貳佰伍拾大圓完足再炤。
知見人　男密觀　慶觀　涼觀　祿觀
嘉慶肆年拾月　日　立杜賣盡根契人　族叔祖緝叔公
代書並作中人　李學□

（二）

仝立杜賣盡根絕契字人李讚、秀、水仝嗣侄天順等，有承父仝伯

6 陳培桂：《淡水廳志》卷四，志三，《賦役志》。臺灣文獻叢刊本第 172 種，第 104 頁。

父明買得李緝叔公己業田園陸段，坐落土名和尚洲下南港仔大旗尾。先年父在之日，與胞伯均分得半，鬮書可據，照份承管，年分配納隆恩大租穀三斗正。其田園大旗尾壹段，東到溝為界，西至田為界，南至李家竹圍園為界，北至鬮分內園為界。又一段豎寮田園，東至李家田為界，西至大港為界，南至李家田園為界，北至鬮分內田園為界。又一段四角仔園，東至鬮分內田為界，西至李家園為界，南至葉家竹圍為界，北至鬮分內園為界，四至界址明白。今因父親喪事乏費，又兼嗣侄幼少，與其父母撫養長大婚娶之資，兄弟叔侄相議願將此業出賣。先問伯叔兄弟不欲承買外，托中引就與房叔李岩叔出首承買，三面言議盡賣得時價佛面銀四佰四十大圓正。其銀即日全中交收足訖，其田園即付銀主踏明界址前去起耕招佃耕種掌管永遠己已業，不敢阻擋生端。其田園並無重張典掛他人不明為礙，如有不明，賣主四房兄弟侄甘願一齊出首抵擋，不干銀主之事，至於日後不敢增添契尾插花等情，亦不敢言找言贖，一賣千休，寸土不留。此系二比甘願，各無反悔，今欲有憑，全立杜賣盡根絕契字壹紙，並帶上手契壹紙，共二紙付執為炤。

即日全中收過契內佛面銀四佰四十大圓正完足再炤炤。

再批明伯父合約字賣主收存，其鬮書並上手大契司單乃堂兄錯奇收存，倘日後要用之日，須當取出不得刁難再炤。

代書並作中人　李伯修

知見人　母親吳氏　侄天雲

道光拾柒年　　日　立盡根絕契字人　李讚、秀、水、嗣侄天順

知見人　堂兄錯

　　隆恩大租穀，應當也是屬於官租的一種。《淡水廳志》記載：「以上合計……實徵穀一萬三千零七十石四斗六升九合（官莊、隆恩、叛產供穀俱在內。其檔案乾隆五十一年被匪焚毀無存）。」[7]根據日據時期的調查，隆恩租「是以公帑買置的田園、糖廍或魚塭等所發生的租穀或租銀，始於雍正八年。每年秋收後由武營派員向佃戶徵收稻穀或糖觔稅銀等，

---

[7] 陳培桂：《淡水廳志》卷四，志三，《賦役志》。臺灣文獻叢刊本第172種，第93頁。

並按民業地稅率抽出正供繳縣後，餘額六成存於營部充爲在台戍兵賞恤
經費，四成解送布政使司充爲戍兵家屬賞恤經費，而淡水廳志營制曰：
『八年，總鎮王郡奏准發帑銀，就台郡購置田園、糖廍、魚塭等業，歲
收租息，以六分存營賞給兵丁及有病革退者與夫拾骸扶櫬一切盤費，以
四分劃兌藩庫賞戍兵家屬吉凶事件，此即隆恩莊之始也。』……隆恩租
地亦有沒收地、無主荒埔或捐獻地等，且有買收與土地無關的水租權，
例如竹南一堡的隆恩圳。隆恩租的權利人是水師或陸營，隆恩租地原則
上要負擔正供，可謂此等武職衙門以業主身份管理。但就每年要報告收
支，且部分要解送布政使司言之，是屬於國庫收入的正款。……武營最
初取得的隆恩租權，其中亦有業主權屬於佃戶及可視爲純粹的佃耕關係
者，此等土地均以武營爲業主，日據後皆編入官有地。」[8]可見蘆洲鄉
民所耕種的隆恩地，基本上是一種屬於官莊性質的土地。

　　清代和尚洲的土地，除了上述的官莊、隆恩田、關渡媽祖宮油香田
這三種爲官府擁有一定所有權的土地之外，隨著清代後期和尚洲地區水
患的減少和農業開墾環境的改善，原先那些屬於河灘地和蘆蕩地帶的荒
地，也逐漸得以開發。這些新開發的土地，官府已經不可能再把它們納
入官莊的範圍，於是也就出現了一部分由墾戶向官府報墾的土地，這些
土地必須向官府交納「地丁錢糧」。隨著時間的推移，墾戶再把這些土
地轉讓出售，這些土地就有了大租穀及小租穀等等的名目。請看以下契
約文書中的記載：

　　（一）

　　　　立杜盡賣□契字人陳便、再係觀有承父全章祥觀合夥開墾得埔園
　　　　壹所，兄弟作三分均分，坐落土名和尚洲頭前厝，東至陳錫叔爲
　　　　界，西至□兄□爲界。南至中路爲界，北至□路爲界，四至明白
　　　　爲界。今因乏銀費用，先盡問叔兄弟侄□□不欲承受外，托中引
　　　　就將再、便系等園三分賣與楊弁觀邊出首承買，三面言議□□時

8　《臨時臺灣舊慣調查會第一部調查第三回報告書臺灣私法第一卷》第228-229頁。臺北成文
　　出版社有限公司1985年出版。

價銀壹佰肆拾伍大圓正。銀即日全中交訖完足，園即付銀主前去
起耕種作召佃掌管，不敢阻擋永為己業。保此園係是再係、便係
應分物業，與他人無干，其園亦無重張典掛□□為礙，如有交加
來歷不明等情，園主出頭抵擋，不干銀主之事。一賣千休，日後
子孫亦不□□□契面，亦不敢言贖言找異言生端。歷年配納大租
粟肆石正。此係二比甘願，各無反悔，恐口無憑，今欲有憑，立
杜盡賣□契字壹紙付執為炤。
銀即日全中收過契面銀壹佰肆拾伍大圓完□□□。
再批明其墾單議存□是章祥觀收等□□□□□不得開拆聲明再
炤。
代書便自筆
為中人　陳第
嘉慶元年拾貳月　日　立杜盡賣□契字人　陳再、便系係
知見人　胞侄川

（二）

立杜賣盡根契字人李篆，有承叔父與長房鬮分應得園連田壹段，
址在和尚洲下南港仔鴨母窟。東至李胡界，西至溝外路，南至葉
家界，北至路，四至明白。篆應得壹段，其大租與厥腹合納壹斗
伍升，篆應納柒升伍合。錢糧正耗與厥腹合納陸錢壹分柒厚捌毫
肆絲，篆應納三錢零捌厘玖毫貳絲。今因乏銀費用，願將此壹半
田園盡行出賣，先問至親人等不欲承受外，托中招引李長利記出
首承買，三面議定依時值盡根價銀貳佰大圓正。銀即日全中交收
足訖，田園隨即踏明界址，交付買主前去起耕掌管收租納課永為
己業。自此一賣千休，四至內並無留存寸土，篆及日後子孫不敢
言及找贖。保此業系是篆承叔父與長房鬮分應得物業，與別房無
干，並無重張典掛他人及來歷不明為礙，如有不明，篆出首抵擋，
不干買主之事。此係兩願，各無反悔，口恐無憑，筆乃有據，立
杜賣盡根契字一紙付執為炤。
即日全中親收過契字內佛銀貳佰大圓完足炤。
批明內帶合約字壹紙，其丈單與胞叔厥腹連合，系厥腹收存，前

年賣過李長利並帶在內聲明炤。

代筆人　　陳永世

為中人　　功叔金鎗

場見人　　長男糞

光緒貳拾年拾壹月　　日　　立杜賣盡根契字人　　李篆

　　在上引的第一紙契約中，明白寫著該田是由賣主陳姓和章姓合夥認墾的土地，當陳姓把自己份額內的土地交易給楊姓時，還須特別說明其墾單議存章姓手中，不得開拆等語。而在第二紙由李氏家族李長利記所承買的土地契約文書中，關於交納租課的記載就與前面所引的各種契約文書中關於交納租課的記載不甚相同。前面各處所引的契約，或是寫明交納關渡媽祖宮大租，或是寫明官租、隆恩大租等。而在這張契約裡，除了交納大租之外，還得交納錢糧正耗，即所謂「其大租與厥腹合納一斗五升，錢糧正耗與厥腹合納六錢一分七厘八毫四絲」，顯然這裡的「錢糧正耗」，是交納給官府的；大租則是交納給另外的墾戶或田主的。所以這種土地並不屬於官莊性質，而是屬於《淡水廳志》中所說的業戶之田：「田園之主，其名有四：曰官莊。……曰業戶，紳衿士民自墾納賦，或承買收租而自賦於官者。……。」[9]

　　這種自墾納賦的田產一經從官府那裡認墾之後，即使一時還沒有被開墾出來種植農作物，同樣也是一種私家的物權，可以買賣和繼承，我們曾見到一紙嘉慶十五年（1810 年）的分家囑書，其中就有從外人處購得荒地開墾權，而作為財產而分析給各位兒子們：

立囑書人母洪氏，為並分□□以克永世事。竊維九世同居，風□□□□□別理勢必然。余家而父□帝錫生養爾兄弟九人，長淵、次養孫祿、三噴、四荅孫來□、五肪、六洴、七響、八湖、九稍等，既皆婚□□□□□□□不幸而家□，及次、四兄弟先世猶幸而家慈及祿□□□孫曹□恙。因念同氣連枝，以和為貴，和在□□□□□□□□□□□□茂□派自然各別，世遠年湮，家業

9 陳培桂：《淡水廳志》卷四，志三，《賦役志》。臺灣文獻叢刊本第 172 種，第 87 頁。

□為合一。夫祀宗各為神明之後，而子姪並原於黃帝，□□□□□□而魯衛□□其封，矧乎草野人家，甯不預先區處！用是涓吉處請鄉族耆老一堂徵見，將爾父在日所建□□物業，抽出以為養贍祭業及公厝地之外，皆作九份均平鬮分，無差毫黍。茲爾九人等既皆在此膝下面會一堂，咸徵於鄉族耆老，憑鬮拈定，以後各守爾家業，各立爾門戶，各和爾兄弟，各敦爾子職，往盡乃心，毋廢毋命。今欲其有憑，立囑咐九紙各分一紙付執為炤。

計開：

一買得鐘捷官熟園二坽，帶竹圍一所，在和尚洲中路頭□□□竹□為公厝地，又買林博官和尚洲西頭塭內週邊田二項，與塭內熟田全契。其內園田一所，合中路頭園少坽的作二分，而竹圍田□□中路頭園大坽的作三分。此項五分，其園大租亦作五分均分完納。此五分湖兒拈得少坽東勢，湃兒拈得少坽西勢，響兒拈得大坽東勢，稍兒拈得大坽中節，來孫拈得大坽西勢。一買得林博官熟田一所，在和尚洲西頭塭內，坵數不等，內帶大租五斗。此項作二分均分，其大租亦作二分均納。其斗門塭岸及水族魚蝦所利，亦交於此二分收管，此二分噴兒拈得西頭塭內田東勢，淵兒拈得西頭塭內田西勢。

一買得蔡烏官園帶塭一所，在八仙埔內，抽出外坽園二坽帶塭，以為□母養膳及祭費公業，而大契交老母收存。其餘內坽園四坽作二分均分，其大租亦作二分均納。另有土地公銀多寡，亦交此二分收□□□分肪兒與祿孫拈得，但其坵段開墾未完，姑俟三年以外開墾明白，然後坵段均分拈定。

一買鐘捷官大契系稍兒收存。

一買林博官大契系噴兒收存。

代筆人　元輔

知見人　胞叔滾叔　胞叔用叔

鄉老楊友官

嘉慶十五年十一月　日　立囑咐人母洪氏

長淵、次養孫祿、三噴、四苓孫來

五肪、六湃、七響、八湖、九稍

　　分家囑收中所講的「熟田」、「熟園」，是指已經栽種農作物並且取得收成的田地。而購買蔡烏官的一所帶塭的田園，在分家之時尚未開墾完成，「姑俟三年以外開墾明白，然後坵段均分拈定。」以上這些屬於自行報墾並相互轉讓交易的土地，大多處在和尚洲的邊緣位置，如契約中所講的鴨母窟一帶。因為較中心地帶的土地，大多在雍正年間及乾隆前期為地方官員所報墾而成為官莊，後來民間報墾的土地只能是較為邊緣的更加水澤之地。

　　根據唐羽等先生的研究，清代康熙、雍正時（1662-1735 年）的和尚洲一帶，仍是一個隨潮汐漲退而浮沉的河上洲，常遭水災之苦，不便種植，大部分地區實際之開墾遲至嘉慶年間（1796-1820 年）以後，當時由於新莊街取代了先前八里坌的地位，成為臺北地區最大的市場與墾殖中心，和新莊街相距僅四公里的和尚洲也就逐漸成為一個以供應新莊街日常農作物所需為主的農墾聚落。[10]清代中後期和尚洲的迅速開墾並與之相聯繫的居民人數的迅速增加，不僅使這裡的開墾日益向邊塗地區拓展，而且民間相互進行的土地物產交易，也逐步突破和尚洲的地域界限，延及於興直保、八里坌等許多相鄰的區域，我們在前面所引述的蘆州李氏家族購置的山場田園有相當一部分坐落於小八里坌，就是一個典型的例子。而在這一土地開墾、買賣的拓展過程中，與原住民平埔族社發生了某種聯繫也是理所當然的，根據《淡水廳志》的記載，當時在淡水廳境內的平埔族社還有不少，「歷年番社半歸漢業，間多雜處」。因此在現存的民間文書中，間亦可以見到與「番屯租穀」或「番口租穀」相關的記載。如唐明羽先生曾在 1986 年發表了一紙清同治十年（1871 年）的「找洗字」契約，便提及和尚洲舊港嘴的田園應納「番屯大租穀」，

10　參見唐羽：《清乾隆間新莊街的興起與興直埔之開發》，連載於《北縣文化》第 48、49、50 期；又高傳棋：《蘆洲百年來土地利用變遷與其都市化過程之研究》，連載於《北縣文化》第 50、51、52 期。

茲轉引如下[11]：

> 立找洗字人楊江海仝胞弟三湖，有明買陳成德埔園壹段，土名溪尾莊舊港嘴。兄弟以（已）經鬮分，對半均分，應納番屯大租穀東西四至俱載大契內明白。於道光二十六年十一月托中引就，立杜盡根向賣與葉孝記、振合合買，價足銀實。本不欲啟齒，茲因邇來家中男兒妖（殀）亡，家中窘乏，衣食維艱，舉手莫措，告貸無門，無奈托中引就向葉孝記、振合找洗出佛銀壹拾大元。又前所借佛銀陸大元，共壹拾陸大元正。銀即日仝中親收足訖，保後日子子孫孫不敢言找洗等情，亦不敢反悔滋事，俱各甘願。今欲有憑，立找洗字壹紙付執為炤。
> 即日仝中親收過字內找洗佛銀壹拾陸大員正完足再炤。
> 代筆並中人　朱成章
> 知見人　男楊碧、兒贊、男孫楊常
> 同知拾年貳月　日　立找洗字人　楊江海

我們曾見到一紙道光年間的山埔水田厝宅樹木的盡根買賣文書，也提及「年配納番口糧文租穀」，該契約如下：

> 立盡根契字人黃觀麟、瑞麟、端麟、宗麟、仝侄天蔭等，有承祖父祿周明墾買得長開山埔一所，坐落土名觀音山麓寮嶺坑頭。山埔開築陂圳水田厝宅樹木等項，坪湖數崙，東至崙上分水界，西至崙上分水界，南至曾家墳墓，北至觀音山尖頂界。四至為界明白，年配納番口糧文租穀結銀肆錢。今因乏銀別創，商議情願將此山田等業出賣，先問至親不欲承受外，即托中引就與李清泉孀宅承買，當日言定出賣盡時價佛面銀三佰貳拾大圓正。銀即日仝中交麟收訖，將此山田園隨即踏明界址，並厝宅埕廁石木竹泉源陂圳荒埔一盡交付李泉孀前去掌管起耕贌佃收租納課開築永為己業，不敢阻擋異言，一賣千休，四至界內寸土無留，日後子孫亦不敢言找贖增添契尾滋端。保此山埔系是麟等承祖父遺下物業，與他人無干，並無來歷交加典借不明，如有不明，麟等出首

---

[11] 本契約承蒙唐羽先生提供影印件，特此致謝。

抵擋，不干買主之事。此係仁義交關，現銀明買，二比甘願，各
無反悔，今欲有憑，立盡根契字壹紙，帶繳印契連司單壹紙共貳
紙付執為炤。

即日全中親收過盡根契字內佛面銀三佰貳拾大圓完足炤。

一批明麟祖墳五穴及前出給古墳聽依舊修掌不得異言再炤。[12]

　　清代和尚洲的居民雖然購置有一部分與番租相關的土地，但其數量
應當是相當有限的。

　　綜合以上的分析，清代和尚洲即蘆洲的土地，以官府所屬的關渡媽
祖宮油燈田、官莊田、隆恩田佔有主要的份額，乾隆、嘉慶以來，隨著
和尚洲農業開墾的不斷發展，民間報墾的土地逐漸增多，佔有一定的份
額。而經過民間買賣交易得來的諸如「番租」等特殊的田園，僅佔有極
少的一小部分。

二、清代蘆洲的土地賦稅關係

　　清代和尚洲的土地既然是以官府所屬的官莊、隆恩田，以及半官府
所屬的關渡媽祖宮油香田為主，那麼照理說淡水廳的地方政府對於這些
土地的管理和徵收租稅應當更為直接和更有效率。但實際上，自乾隆年
間地方政府在這一帶設莊徵課以來，民間的實際耕地面積與政府的土地
登記和課稅數額始終存在著很大的差距，並且這種差距隨著和尚洲土地
開發的不斷進展而日益擴大。

　　根據何炳棣先生以及其他許多學者的研究，中國歷朝政府對於土地
和賦稅的管理和控制，至少自宋代以來就越來越缺乏效率，民間隱瞞田
地、賦稅的現象相當普遍，政府對於賦稅的徵收，大體只能維持一種「原
額」而已，雖然明清兩代人口不斷增長和土地不斷開墾，但是人口數量
和耕地面積的增長並不能較為相應地體現在政府的賦稅徵收上面。在這

---

[12] 這紙契約因年久破損，未明落款年月，但在另一紙有關黃觀麟兄弟出賣山埔風水的契書中，
落款年月是道光二十三年十月。

樣的基本環境之下，作為新開發地區的臺灣，土地開墾與政府賦稅徵收的相互脫節就顯得更加嚴重。有些地方官員甚至認為作為邊遠地區的臺灣，從情理上說也不應當對土地課以嚴格的賦稅，因此臺灣地區土地關係之複雜及其田賦租稅的混淆不清也就成了理所當然的事情。雍正年間，地方官員尹秦曾在《臺灣田糧利弊疏》中這樣說道：

> 竊查臺灣全郡，盡屬沙壤，地氣長升不降。所有平原，總名草地。有力之家，視其勢高而近溪澗淡水者，赴縣呈明四至，請給墾單，召佃開墾。其所開田園，總以甲計，每田一甲，約抵內地之田十一畝有零。鄭氏當日，分上、中、下三則取租。開台之後，地方有司即照租征糧，而業戶以租交糧，致無餘粒，勢不得不將成熟之田園，以多報少，欺隱之田，竟倍於報墾之數。臣等細訪，向來任其欺隱不行清查之故，則其說有五：現征科則，計畝分算，數倍於內地之糧額，若非以多報少不能完納正供，此其說一也。臺灣少地，每歲夏秋大雨，山水奔瀉，田園沖為澗壑，而流沙壅積，熟田亦變荒壤，若非以多報少，將何補苴虧缺，此其說二也。臺地依山沿海，所有田園，並無堤岸保障，海風稍大，鹹水湧入，田園鹵浸，必俟數年鹹味盡去之後，方可耕種，若非以多報少，何以抵納官糧，此其說三也，台郡土脈炎熱，不宜用肥，兩三年後，力薄寡收，便須荒棄兩年，然後耕種，若非以多報少，焉能轉換辦公，此其說四也。佃丁系漳、泉、潮、惠客民，因貧地寬，可以私墾，故冒險渡台，設使按畝清查，以租作糧，伊等力不能支，勢必各回原籍，以致田園荒廢，額賦虛懸，此其說五也。夫田糧之欺隱若此，其所以致此欺隱而難以清厘者又若此，宜作何變通，以除欺隱之弊？海疆至大，與內地不同，臣等愚昧，不敢輕議，謹據實奏請聖裁。[13]

不說尹秦對於臺灣這種欺隱田地、賦稅不清的現象束手無策，即使是這一奏疏上報於雍正皇帝，最後的結果也是不了了之。臺灣民間開墾

---

[13] 陳培桂：《淡水廳志》卷十五（上），附錄一，文征（上）。見臺灣文獻叢刊本第 172 種，第 372-373 頁。

的土地日益增多，而私下隱瞞不納稅的土地也隨之日益增多。《諸羅縣誌》、《淡水廳志》的作者甚至把這種民間隱瞞田產的行為說成是固海疆捍外圍的保障之一，該縣誌云：

> 台賦甚重，民不覺其病者，新墾田肥，載長補短，雖輸賦加倍，地力有餘。此在國家為漏卮，在小民為遺利，不可以此登版籍，宜施法外之仁。無論聖漠宏遠，不屑屑島嶼刀錐，而此邦士民非有蠅頭之利，孰肯遠隔重洋，安土重遷，處於天盡海飛之地哉？且朝廷宿兵，歲靡餉至鉅，豈有求增賦而盡地利之心？其要在撫綏安輯，固海疆外圍，為閩、粵、江、浙之遮罩，台郡安而四省安也。[14]

　　清代臺灣地方官府對於民間開墾土地和升科納賦既然抱有這樣的態度，那麼民間大量隱瞞田產和賦稅也就不能不成為一種普遍現象。再加上臺灣開發之初的認墾制度，以及民間土地買賣和地權轉移現象的頻繁發生，土地業權主人分化為大租主、小租主等多層的角色，所謂「臺地新墾田園未畢升科，……業戶是報墾時出首，徵收代納不及十之二、三，官無從稽核。……內地惟正之供，就田征賦，悉由田主交納，包糧者有禁；而淡水田主所收者謂之小租，官所征者謂之大租。大租概由業戶徵收轉以納官，所收浮於所納，每田各帶大租若干。業戶自有契據，可以典賣，實與內地包收包納同。」[15]這樣就使得民間實際耕種的土地，與官府每年所據以徵收賦稅的土地，幾乎成了兩種完全不同的概念。地方官府只要能夠收到原來冊籍上所登載的賦稅額，對於新開墾土地的登記升科並不十分關心。從《淡水廳志・賦役志》中可以看出，這裡的田園舊額是五百二十九頃餘（按：舊額是指雍正年間及乾隆前期的田園額），從乾隆二十八年（1763 年）至乾隆四十三年（1778 年），報墾新升科的田園約三百頃，合計舊額、新升，淡水廳在冊田園為八百三十一

---

[14]　陳培桂：《淡水廳志》卷四，志三〈賦役志〉，見臺灣文獻叢刊本第 172 種，第 88 頁；又參見周鍾瑄：《諸羅縣誌》卷六，〈賦役志〉，見臺灣文獻叢刊本第 141 種，第 87-88 頁。

[15]　陳培桂《淡水廳志》卷四，志三，《賦役志》。見臺灣文獻叢刊本，第 172 種，第 87-88 頁。

頃餘。而從乾隆四十三年至同治年間編修廳志時的一百年時間裡，新登記升科在冊的田園僅有二十頃又一十甲零。[16]眾所周知，淡水地區移民和開墾的高潮期是乾隆年間之後的嘉慶、道光、咸豐、同治各朝（1796-1874年），在這個開發高潮期裡所開墾出來的土地，其數量一定大大超過雍正、乾隆年間的開墾土地數量。但是這種情況並沒有反映在地方官府的田地賦稅冊籍中，嘉慶至同治年間所開墾的土地，雖然不能說全部被隱匿下來，但其中有相當一部分未能登冊納賦，卻是毫無疑問的事實。

當然，地方官府從增加財政收入和維持社會公平安定的角度出發，還是希望能夠盡可能地落實民間的土地和賦稅，使擁有大量田產的業主多承擔一部分租稅，同時也使一部分窮苦的佃耕農戶能夠獲得耕種土地的權利。因此自清代中期雍正年間開始地方官府就試圖在臺灣推行某種程度的「按田問賦」，並且把臺灣特殊的土地面積計量方法即以甲計數改為與清代各地通行的以畝計數的計量方法統一起來。《淡水廳志》記云：

> 臺灣田賦與中土異，自荷蘭令中土遺民受種，以十畝為一甲，分上、中、下則徵穀，……偽鄭取之，改為官田，耕者為官佃，輸租乃舊。……洎歸命後，悉為民業，故不以畝計，仍以甲計。按內地制，六尺為弓，積二百四十弓為一畝，……台田一甲，當內地十一畝三分零。……賦法凡田一甲，上則徵銀（穀？）八石八斗，中則七石四斗，下則五石五斗；園一甲，上則徵穀五石，中則四石四斗。淡廳田園康熙五十三年始報升科，照彰化縣舊例。雍正十年奉旨：自九年始照（福建）同安例，田園均化甲為畝，以一畝作十一畝。其田照同安民穀例徵收，上田畝徵銀八分五厘三毫四絲，秋米六合九抄五撮；中田畝六分五厘八毫八絲四忽，秋米三合八抄七撮；下田畝五分七厘五毫五絲，秋米免。其園照同安鹽米不徵鹽，折例徵收，上園視中田，中園視下田，下園畝

16 見陳培桂：《淡水廳志》卷四，第三，《賦役志》。見臺灣文獻叢刊本第172種，第91-94頁。

徵銀五分六厘一毫八絲，米亦免。凡銀三錢六分，折徵穀一石；
凡秋米一石，徵穀二石。計上田每甲應徵穀二石七斗四升有前
奇，中田每甲二石八升有奇，下田每甲一石七斗五升有奇；上園
視中田，中園視下田，下園每甲應徵穀一石七斗五升有奇。[17]

　　雖然說官府希望把臺灣的土地計量方法與內地通行的計量方法等
同起來，以便落實土地和賦稅冊籍，但是其實行的效果並不理想，民間
在進行土地物產等交易時，基本上還是我行我素，照樣以甲計算，所以
政府在許多場合也無可奈何，甚至聽之任之。以至地方官員在編修地方
誌時，在同一本方志的同一卷目中，也無法把這種計量方法統一起來。
同治年間編修的《淡水廳志‧賦役志》中，既有田園若干頃若干畝若干
分、厘等等的記載，又有若干甲若干分若干厘、毫、絲、忽等等的記載。
這種混亂的記述方式，本身就有力地說明了從雍正年間以來臺灣地方官
府試圖進行土地、賦稅的清理和落實，效果是不理想的。

　　到了光緒年間，福建巡撫兼臺灣防務大臣劉銘傳到臺灣，除了奏請
臺灣建省和落實許多防務措施之外，於光緒十二年（1886 年）開始在
臺灣著手清理土地和租賦，在省、府、縣設立了「清賦局」，清丈土地，
希望在臺灣真正做到「就田問賦」和「就戶問賦」。劉銘傳的清田問賦，
實際上是在某些程度上沿襲了雍正九年的「化甲爲畝」的辦法，光緒十
三年（1887 年）劉銘傳曾爲清賦事告示全台民眾略云：

照得全台田畝，前經出示，奏明清丈，已據各縣陸續報丈清楚。
查臺灣自隸版圖以來，田園未經切實丈量，供賦輕重南北懸
殊。……自道光初年之後，續墾田園相率欺隱，又有番租、隘租
各項名目，影射吞匿，均未報升。此次清丈竣事，額溢數倍，若
仍照舊章開徵，輕重不一，小民苦累不堪，自非通籌全域，別議
賦則不可。已將現丈田園，無論新舊，悉照同安下沙成例，分別
等則，化甲為畝，以一甲作為十一畝，仿一條鞭辦法，刪去各項
名目，凡地丁糧米耗羨等款，一併在內，並化折征穀價，提充正

[17] 陳培桂：《淡水廳志》卷四，志三，《賦役志》。見臺灣文獻叢刊本第 172 種，第 94 頁。

賦。本爵部院係照臺屬各縣最輕之賦，有減無增。此外沿山各處及墾荒未熟田園，暫予別歸未入額，從緩升科，分別完納正耗。……為此，示仰闔屬業戶人等一體知悉：爾等須知朝廷恩膏下逮，務當踴躍輸將，自此次定錢糧科則，並隨收補水準余，以後作為永遠定額完納正供。[18]

劉銘傳的這次清賦運動，可謂雷厲風行，但其效果卻各地不一。若以和尚洲的情景而論，則其效果仍然是不容樂觀。雖然也經過清丈、驗契、頒發丈單、印照等一系列手續，但從現存的民間契約文書看，僅就「化甲為畝」這一點，就完全沒有做到。請看下面的由李氏家族李長利記承買的二紙土地交易文書：

（一）

全立杜賣盡根田契字人李建智全侄西日等，有承父明買王金廣水田一所，坵數不計，內帶水窟一口，址在和尚洲田仔尾莊。東至林家田，西至陳家田，南至林姓聖母竹圍，北至塭溝底，四至明白，經爵撫部院劉丈明下則田肆分肆厘伍毫捌絲零捌微，年配納隆恩租穀壹斗伍升正。今因乏銀別創，願將此水田盡行出賣，托中招引族親李長利出首承買，三面議定依時值盡根價銀紋銀庫它壹佰柒拾貳兩伍錢正。銀即日全中交智全侄等親收足訖，田隨即踏明界址交付長利前去起耕掌管收租納課永為己業，不敢異言阻擋。自此一賣千休，永斷葛藤，四至之內並無存留寸土。竊此業係是建智同侄等承父明買物業，與別房人等無干，並無重張典借他人以及來歷不明，如有等情，智等出首抵擋，不干買主之事。此係兩願，各無反悔，口恐無憑，筆乃有據，立杜賣盡根田契字壹紙帶買契壹紙丈單壹紙等三紙付執為炤。
即日全中親收過盡根契內佛銀壹佰柒拾貳兩伍錢完足炤。
代書人　陳濱津
為中人　族弟金
在場知見人　弟婦陳氏

光緒十五年十一月　日

仝立杜賣盡根田契字人　李建智　胞侄西日

（二）

立起耕典園田契字人李仙評，有承先祖父闍書內公業田園數段，垞數不計，址在和尚洲，或在大旗尾莊，或在南港莊前後。田丈明下下則一甲一分七厘三毫八絲一忽六微，園丈明下則三甲四分七厘三毫七絲四忽六微，東西四至載明丈冊內，年納隆恩租穀六石七斗二升正。仙評十二份應得一份。今因乏銀別置，願將此十二份一份公業田園盡行出典。先問房內至親人等不欲承受外，托中招引李長利出首承典，仝中三面議定典價銀一百四十六大圓正。銀即日仝中交仙評收訖，田園隨即踏明界址交付李長利前去起耕收稅納課不敢異言阻擋。其田園限典二翻，每逢丑年巳年與胞叔對半均收，限滿之日，當於八月半前先送定銀為准，余候冬至前備足契面銀贖回原字，各不得刁難。保此田園系是仙評承祖父闍書內公業十二份應得一份，與別房人等無干，亦無重張典掛他人及來歷交加不明為礙，如有不明，仙評出首抵擋，不干典主之事。此係兩願，各無反悔，口恐無憑，筆乃有據，即立起耕典契字一紙付執為炤。

即日仝中親收過典契字內佛銀壹佰肆拾陸大圓完足炤。

批明契券丈單系是長、次房收存聲明炤。

批明此數段田園系是仙評頂四房輪流公業□□公李長利耕作有磧地銀並借項在內，經立字為憑，仙評應份得磧地銀並借項壹拾肆元正，總立在典契字內，異日取贖之時不得糊塗照。

批明光緒拾玖年冬至前仙評再向長利記借銀三拾元，每年貼息銀肆元，不得推諉再炤。

為中並代書人　堂侄尚生

在場知見人　男瓊瑞

光緒拾捌年壬辰十一月　日

立起耕典園田契字人　李仙評

上引這兩張契約，第一張訂立於光緒十五年（1889年），第二張訂

立於光緒十八年（1892 年），均在劉銘傳實行清賦後不久訂立的。契約
中明白寫著所賣之田「經爵撫部院劉丈明下則田肆分肆厘伍毫捌絲零捌
微」和「丈明下下則壹甲壹分柒厘三毫捌絲壹忽陸微」等，表明雖經過
劉巡撫的丈量清賦，但這裡的土地計量方法依然如故，並沒有「化甲爲
畝」。

　　如果說上引的契約文書是屬於私家文獻的話，那麼光緒十四年
（1888 年）頒發給業主的丈單，應當是貨真價實的官府文件。然而在
這些文件中，同樣明白記載清丈之後的田園，還是以甲計數，茲引和尚
洲業主陳石和王貶的兩張丈單爲證：

（一）

　　丈　　單
　　淡字第壹佰零玖號合同
　　臺灣布政使司爲掣給丈單事。照得全台田園奉爵撫部院劉
　　奏明清丈陞科，今淡水縣丈報習字第十、十一、十三、十四號　業
　　田　番，田主陳石，坐落里　芝蘭二堡和尚洲莊，下則田園壹甲
　　貳分壹厘壹毫五絲八微，至並賦則由縣編造圖冊外，合行掣給丈
　　單永遠管業，嗣後倘有典賣，將丈單隨契流交推收過割。須單
　　右給　　縣　主陳石　收執。
　　光緒十三年十二月　　　日給
　　臺灣布政使司
　　淡字第壹佰零玖號
　　遵奉奏明隨收清丈經費番銀壹圓捌角壹辦陸尖六週二末。

（二）

　　丈　　單
　　淡字第陸千貳佰拾肆號合同
　　臺灣布政使司爲掣給丈單事。照得全台田園奉爵撫部院劉，同治
　　四年楊緩未賣奏明清丈陞科，今淡水縣丈報福字第十五號業　田
　　番，田主王貶，冊名偏，塵落里　芝蘭二堡河上洲莊，中則田園
　　甲貳分陸厘肆毫陸絲貳忽肆微，賦則由縣編造圖冊外，合行掣給

丈單永遠管業，嗣後倘有典賣，應將丈單隨契流□□□過割。須
單
右給　　縣　　　主王貶收執。
光緒拾肆年六月　日給
臺灣布政使司　　字第　號
遵奉奏明隨收清丈經費番銀元三角玖辦陸尖玖周三末陸皮。

　　以上官府頒發的丈單，是淡水縣奉命清丈後頒發的第一次丈單，完
全真實地反映了當時和尚洲田地清丈的實際情景。在這些丈單中不僅依
然載明該田園若干甲若干分若干厘外，而且其中的「甲」、「分」、「厘」
等，是由縣府統一印製的樣式，至於若干甲若干分若干厘等等實數，才
是根據各業主落實的情況，臨時填寫上去的。這也就是說，和尚洲在這
次清丈中未能實行劉銘傳「化甲為畝」的原旨，並不是和尚洲一地的臨
時性措施，而至少是淡水縣在即將進行清丈問賦時就已經決定的，否則
就不可能印製如此明確而統一的「丈單」樣紙，分發到各處以便填寫發
給。

　　從整體情景而言，光緒年間劉銘傳的清田問賦運動，也同自雍正年
間的歷次清賦一樣，在淡水縣和尚洲一帶的執行情況並不很理想。歷屆
官府對於和尚洲田地的徵賦，只能掌握一個不失「原額」的大體數位，
而這個大體數位與民間的實際耕作面積有較大的差距。而從民間這方面
來說，每年只要交納了官府所認可的「大體數字」的租賦之外，土地的
私下交易與租賦的轉移過割以及繼承等等，又自有其一套民間習慣法所
依循，這種民間所約定俗成的習慣法與官府的清田問賦是無法同一而言
的。比如民間在交易田產時，該田產所附帶的官府租賦的多寡，是這塊
田產評估價錢時的重要依據之一，政府租賦承擔比較重，這塊田產的價
錢可能就低賤一些；而政府租賦承擔較輕或者沒有附帶政府租賦，那麼
這塊田產的價錢就會相對高一些。某一塊田地經過多次交易之後，輾轉
多主，田產與業主、耕作者以及與原有的租賦相互脫離的現象也是屢見
不鮮。再如民間的分家析產，該業戶原來承擔的租賦，也都是根據自己

的意願而隨意分割處理，並無需報諸官府入案登冊。下面所引用的二紙
和尚洲居民的分家文書，其中就有這樣的內容：

（一）

　　立囑書字人李邪，竊謂孝弟忠信足頌於千古，父言母訓宜遵乎萬
年。邪前妻洪氏生有兩子，長機，次漢，俱已傳孫，不幸次男早
逝。後妻黃氏生有五子：日興、童年去世，日怡，日湖，漸已長
成；日祥、日樹，尚在幼稚。今邪愁病日臻，欲效九世之誼，恐
踏鬩牆之譏，念茲在茲，析居分爨，定規垂訓，方敦和睦於萬世。
邀請房親者德公仝場議，抽出存公長孫養老外，余田園厝宅家器
財物概作七房均分，祝告祖先拈鬮為定，各宜凜尊嚴訓，方得我
心之所同。並自今以始，爾等遇跡自身予一人以宵，倘滋生事端，
許房親公人繩愆糾謬，指斥其非。所有應份物業，開列於後，今
欲有憑，立囑書一式七紙，各執一紙永為存炤。
一批明長房忠字，拈得頭前園從南起首段炤。
一批明貳房孝字，拈得頭前園從南起貳段炤。
一批明三房仁字，拈得頭前園從南起三段炤。
一批明四房義字，拈得頭前園從南起四段炤。
一批明五房禮字，拈得頭前園從南起尾段炤。
一批明六房智字，拈得竹圍內園頭前田俱南勢炤。
一批明七房信字，拈得竹圍內園頭前田俱北勢炤。
一批明觀音山茅埔帶山一所，年稅銀九元，暨寮尾田一所，與闕
叔存公值年，依舊存公做七房輪流炤。
一批明暨寮園一段，年稅銀九元，為長孫自掌一批明大尾田一
段，年租四石，為邪養老終生，與三、四、五、六、七均分，長、
二房不得追求炤。
代筆人　林載清　功侄吉、瓶
場見人　功兄鉗、三喜
咸豐十一年桂月　日
立囑書人　李邪長男機、二房孫益、三房孫用、四男怡、五房湖、
六男祥、七男樹

（二）

全立合約字人李邦畿、乾再、五湖、銀漢、怡回、應祥、樹林仝承祖父鬮書應份分得園及田數段及厝宅家器什物等項，登載在上手鬮書內明白，又踏出長孫業，亦登在上手鬮書內明白。先前田園數段典過房親抵還債項，恐後代子孫找贖生端，畿兄弟承長房次貳房仝請房親在場公議，長次貳房就此典業對半均分，畿兄弟分得鴨母堀園東畔壹段，又分得竹圍後田壹段，又分得大垾園北畔壹半，即日就房親再議，七房兄弟定界均分，後來子孫不可爭長奪短，竹圍後田的稅銀捌元肆角，鴨母堀園的稅銀十五元，大垾園的稅銀陸元，共園田的稅銀貳拾玖元肆角，每房分得稅銀肆元貳角。將此田園踏截，憑拈鬮為定。口恐無憑，即仝立合約字七紙壹樣，各房各執壹紙付執存炤。
一批明長房係願分得竹圍後田南畔壹截的稅銀肆元貳角炤。
一批明次房係願分得竹圍後田北畔壹截的稅銀肆元貳角炤。
一批明三房係願分得鴨母堀園東畔首截壹段的稅銀三元，又大垾園東畔首截壹段的稅銀壹元貳角炤。
一批明四房係願分得鴨母堀園東畔次截壹段的稅銀三元，又大垾園東畔次截壹段的稅銀壹元貳角炤。
一批明五房係願分得鴨母堀園東畔第三截的稅銀三元，又大垾園東畔第三截的稅銀壹元貳角炤。
一批明六房係願分得鴨母堀園東畔第四截的稅銀三元，又大垾園東畔第四截的稅銀壹元貳角炤。
一批明七房係願分得鴨母堀園尾截的稅銀三元，又大垾園尾截的稅銀壹元貳角炤。
代筆人　水夫
知見人　伯叔三喜、鉗夫、瓶夫
同治三年拾壹月　日
仝立合約字人　李邦畿、乾再、五湖、應祥、樹林

在上引的第一張分家鬮書中，原業主李邪除了把各種田地房厝物產等盡可能公平地分析給七房兒子之外，還把該戶對官府所承擔的租稅，

也作了處理。其中七房兒子所分得的田、園均未負擔租稅，應屬於未登入官府冊籍的土地。而只有觀音山茅埔帶山一所，承擔有稅銀九元。這塊茅埔並不是李邪所有的全部財產，而是與其兄弟共有之物，其兄弟去世後，由李邪與姪兒閫所共有並輪流掌管。其稅銀的交納也由值輪掌管者負責。而現在李邪把這份產業分析給自己的七房兒子，這塊僅有一半產業的茅埔，也同樣留為公業而由七房兒子輪流值掌，其茅埔的值輪稅銀，再由這七房子孫值輪交納。這樣一來，這塊茅埔原先在官府冊籍中的登記業主，經過如此多層輪值之後，早已失去其原來的面目，從而使官府對於稅銀的掌控顯得更加艱難。

　　李邪的另一塊負有稅銀的土地是坐落在豎寮的園產，年納稅銀也是九元。這塊園產是屬於七房兒子分析之外的所謂「長孫田」。長孫是該家族得以延續發展的標誌，所以在福建、臺灣民間的分家析產過程中，往往都要抽出一定份額的田產作為「長孫田」，以示珍重。原業主李邪在分家時特地把這塊有稅銀的豎寮園留給長孫，並由長孫繼承其納稅的責任，這當然也包含有在官府冊籍中當家立戶的意味。清代的閩台農村社會，雖然一般的民眾盡可能地隱匿土地財產，規避對官府所承擔的納稅義務，但是完全在政府的冊籍中消失，游離在「編戶齊民」之外，也是一般的家族和家庭所不願意的，因為那樣也就意味著失去了在基層社會所應有持得的合法地位。而長孫將是家族中的未來輩份中地位最高的繼承人，長孫以某種名義在政府的冊籍中「當家立戶」是理所當然的。只不過這「當家立戶」的長孫不一定用自己的真名實姓去與官府發生關係，而往往像蘆州李氏家族的長孫李登輝那樣，另起一個「李長利」等等的名號來與官府發生聯繫。

　　在上引第二紙分家合約書中，其分析得產的兒子也是七房，所不同的是這七房兒子的分析得產是經過兩次而完成的。第一次由其父母輩立下分家囑書，經過若干年之後，其父母已經去世，上次分家囑書中遺留下來的一些問題，由這七房兒子邀請族長公親們前來協議公斷，再次立下分家合約文書。而在這些遺留下來的問題當中，最為突出的就是稅銀

的重新分配。當其父母在世時，這個李氏家族共承擔有官府的稅銀二十九元四角，每房剛好攤得四元二角。因此，不管這些兄弟所分的田地坐落何處、面積肥瘠如何、是否在官府的冊籍中登錄等等，一概平均攤派繼承。通過這樣的分家析產之後，原有的稅銀雖然被繼承了下來，但是這已經與原來所謂的「就田問賦」和「就戶問賦」意義上的賦稅不可同日而語了，這時的賦稅分析，猶如有些家族在分析時把所欠的債務也平均分配給兒子們繼承一樣，只是一種應納的數位而已。

上面這兩個家庭分家，畢竟還是把原來所承擔的官府租稅進行了分配處理，基本上保留了原來的數額，而我們所見到一紙道光二十年十二月和尚洲藍、田、水兄弟以及侄兒尚福等的分家合約書中，則明白地記載了這個家庭所應承擔的官府大租，已經有五年沒有主動交納了，該合約字略云：「一批明每房該開銀拾大圓還何人數項再炤。一批明早年欠振華數項，若是取討，該四份均還再炤。……一批明大路墘抽出山埔一所，典與家牌、家頓叔全蘇仕觀，佛銀拾大圓，後日若是取贖，照分應得均分再炤。一批明前五年大租未有經納，照份均納再炤。每年該開大租銀 6.375 分（原爲蘇州數碼）。……」這裡所注明的「前五年大租未有經納」，顯然是拖欠官府的大租銀，因爲在一般的情況下，私家的大租穀是不可能由佃耕農戶一拖而達五年之久。這個家庭之所以把這項欠銀也寫進分家文書，並不是爲了主動去交納這份大租銀，而是爲了預防萬一官府前來認真清算，繼承財產的子孫們才好有個心理準備。而在實際上，官府的大租已經拖欠五年，再經過這樣的分家之後，原來的業主一經去世，四房子孫相互推諉，官府的核查落實就更加困難了。這也是許多清代臺灣官吏經常籲欷錢糧不能如額的一個重要因素。

清代臺灣的清田問賦難以落實，許多論者都注意到大租戶、小租戶等一田多主現象的存在和土地物產的不斷典賣轉移等等因素，然而臺灣基層社會特別是家族組織的運作對於官府清田問賦的影響，也是應當引起注意的。上面所引述的民間社會的分家繼承等對於官府有效控制和管理田地租稅的負面影響就是一個重要的方面。而在另一方面，民間社會

家族組織所建立起來的祭祀系統及其公業財產等，同樣也在其中起到了阻隔官府與土地業主之間直接產生聯繫的作用。家族的公業因爲是屬於眾多族人所共有，要在官府的冊籍中詳細而如實地登記是十分困難的，勢不能把所有族人的名字都寫進官府的冊籍。再者，這些家族的公業田地，經過一代、二代以上的繼承、交易、輪值、分割之後，其土地的所有權關係就益加複雜，即使官府欲加以認真清理，也是無從措手，因此，在清代的和尚洲一帶，許多家族購置公業田產時，往往另外公議別立一個便以與官府發生聯繫的名號，政府需要清查登冊時，就把這個名號上報應付，日後官府催租徵課，也就與這個名號發生聯繫。我們在前面所引述的蘆洲李氏家族在光緒年間起用了「李長利」的名號，其最主要的作用就是與其他業主發生交易關係和與官府發生登冊納稅的關係。光緒年間劉銘傳在臺灣清理田賦時，給業主頒發丈單執照。這個沒有實在人物而只是李氏家族名號的「李長利」，同樣堂而皇之地領到了各種應有的丈單和執照。

這種情況不僅僅李長利的這個家族是這樣，其他的許多家族也往往有類似的情景，如在和尚洲的另外二支李氏家族，也分別取用了李合發、李合記的名號。關於李合發的情況，茲引一紙如下：

> 仝立杜賣盡根契字人李怡回，仝嗣男珠嬰、胞侄梧桐等，有鬮分應得四角仔坵埔園壹段，址在和尚洲大旗尾莊，東至李合發公業，西至胞弟界，南至標侄竹，北至李合發公業，四界明白，大租錢糧照份均納。今因乏銀費用，願將此四角仔坵埔園盡行出賣，先問至親人等不欲承受外，托中招引李長利出首承買，仝中三面議定值盡根價銀壹佰捌拾大圓正，銀即日仝中交怡回等親收足訖，園隨即踏明界址，交付買主前去起耕掌管收稅納課永為己業。自此一賣千休，四至之內並無留寸土，怡回等及日後子孫不敢言及找贖。保此業係是怡回仝珠嬰、梧桐等鬮分應得物業，與別房人等無干，亦無重張典掛他人及來歷不明為礙，如有不明，怡回仝花押人等出首抵擋。不干買主之事。此係兩願，各無反悔，口恐無憑，筆乃有據，立杜賣盡根契字壹紙並帶合約貳紙、丈單

壹紙，共肆紙付執為炤。

即日全中親收過盡根契字內佛銀壹佰捌拾大圓完足炤。

批明梧桐承三房半份額，抽出三分柒厘陸毫與四房。及珠嬰承三
房斗份額合賣長盡價銀玖元柒角柒點，係五房、六房、柒房公收
聲明炤。

為中人　族弟金鎗

場見人　胞弟五胡

光緒拾捌年拾壹月　日

仝立杜賣盡根契字人　李怡回　嗣男珠嬰　胞侄梧桐

這紙契約文書寫的雖然是李怡回仝嗣男、胞侄等出賣埔園給李長
利，但在其所記載的埔園四至界址上，「東至李合發公業，西至胞弟界，
南到標侄竹，北至李合發公業」，可以瞭解到李合發公業的田園不在少
數。而李合記的名號，則是李清祥、李長慮等父輩兄弟所起用的，到了
李清祥、李長慮這一輩，便把這個名號的財產進行分析管業，該分管合
約字是這樣的：

仝立分管合約字人李清祥、長慮等，緣祥先父與思合夥用李合記
名字買李南海等竹園內柑園貳段，歷管無異，若不立約分管，恐
致後日惹出事端，爰是拈鬮為定立約分管。清祥拈得南畔舊宅柑
園連曆地壹段，東至李家園，西至竹外陳家園，南至外路，此至
李家門口直透曆地壹半，帶李南海買李心等印契連司單壹紙。長
慮拈得北畔新宅柑園壹段，東至竹外溝，西至竹外陳家園，南至
李家，北至李緩竹腳溝，帶李合記買李南海等印契連司單壹紙。
自分之後，各業各管，不得爭竟混管，致傷和氣。此係兩願，各
無反悔，口恐無憑，筆乃有據，仝立分管合約壹式貳紙，各執壹
紙永遠存炤。

批明二比□據要用之日取出公看各不得刁難聲明炤。

代書人　李賓其

光緒十三年十一月　日

仝立分管合約字人　李清祥　長慮

用虛無的名號購置公業田產，即使把這個名號登記在官府的冊籍中，這個在冊的名號也不是真實的田地所有者，若干年之後，其子孫們再把這個虛無名號之下的田地進行分析或典賣之後、官府冊籍上的這個虛無的名號愈加顯得虛無飄渺了。

清代中期以來和尚洲的土地開墾取得了很大的進展，成爲臺北地區的一個很重要的農作物出產地。但是這一時期在官府土地冊籍中所反映出來的和尚洲土地業主數額，卻與實際情況存在著較大的差距。清代中期以來歷屆地方政府力圖對臺灣各地包括和尚洲在內的土地開墾和耕作情況進行清丈落實，但一直到光緒二十一年（1895 年）清政府把臺灣割讓給日本爲止，這一系列的清丈土地落實賦稅的措施都無法取得如願的結果，這種情況一方面對於國家政府對於臺灣的政治控制和財政管理來講，當然是很不理想的，也是無可奈何的失控。但從另一方面來講，清代國家政府不能十分有效地控制台灣基層社會，包括對於戶口、田地、賦稅的有效控制，對於加速臺灣的經濟開發和漢人家族社會的形成和拓展，卻未免不是一種可喜的現象。正是這種國家政府在一定程度上對於臺灣經濟開發的失控，遠涉重洋歷盡千辛萬苦而來到臺灣各地的貧民們，才能在整體租稅水準較低的情況下，經過辛勤的勞動，取得了比大陸故鄉更好一些的經濟收入，從而促進了清代中後期以來臺灣社會經濟的迅速發展。因此，我們在討論臺北蘆洲地區開發史的時候，對於清代中期以來這一地區的土地佔有關係及其與政治、社會、經濟等方面的聯繫，無疑應當引起足夠的重視。

三、日據時期的土地賦稅關係

光緒二十一年（1895 年，日本明治 28 年）以後，臺灣進入了日本佔據統治的時期。爲了實行對臺灣社會的有效統治，日本政府除了在臺灣推行一系列的統治措施包括許多高壓措施之外，針對清代中期以來臺灣基層社會土地關係複雜、租稅不清、冊籍混亂的局面，從明治三十一

年（1898 年）開始，日本臺灣當局頒發命令，在全台實行土地調查，落實租稅。當時有關土地調查的曉諭文書這樣寫道：

> 照得本島田土之制，從前無根冊繪圖完全留存，雖舊政府曾經清丈而但為征糧起見，是以簿冊所登明者田土之形狀及地勢之寬窄而已，至丈量方法絕少精詳，歷年田園交加變換業主之權，每不能自保全。我帝國政府有見及此，故於明治三十一年八月間頒發臺灣地籍章程並臺灣土地調查章程，欲用精良械器丈明田土，寸土無爭。而其調查方法等項悉載在章程內明白，其或敢捏造謠言蠱惑眾心不遵土地調查章程者，斷以國法論罪，即將業主之權一切歸屬於官，不稍寬貸。……
> 計開應遵要項：
> 一凡申告土地者應從所舉委員辦理清丈田土一切事宜
> 一凡申告書內應記業主真實姓名
> 一凡為業主並官租地之佃戶須先寫申告書於未到地踏查之時，經由委員呈繳土地調查局派出所。
> 一凡田園在典者要將業主典主各姓名聯寫申告書內詳報。
> （下略）[19]

在上引曉諭文書及日本臺灣當局的一系列土地調查文件中，最重要的一點，就是土地調查的業主必須是真實的姓名。因為只有出具業戶的真實姓名，才能有效地杜絕以往那種虛名詭寄、挪移隱匿的痼弊，真正達到田隨戶轉、賦由田出的效果。應當說，日本臺灣當局在明治三十一年所推行的土地調查，除了在丈量的技術方面較為先進之外，其他的許多條文，與光緒年間劉銘傳所推行的清丈問賦，並沒有太大的差別。所不同的是，中國的傳統政治是一個低效率和名實不相符的政治，任何良好的政治經濟改革條文，在施行的過程中沒有不大大走樣的，即使精幹如劉銘傳，也無法扭轉中國政治體制上的這一頹勢。而日本政府以武力佔據臺灣，推行高壓和懷柔相結合的統治政策，講求行政效率，故而明

---

[19] 引自江丙坤：《臺灣地租改正之研究》附影印圖片第 12，東京大學出版社，1974 年 3 月 25 日初版。

治年間的這次土地調查和清理地租賦稅的運動，取得了比較徹底的效果，據江丙坤等人的研究，到了日據大正年間（1912-1926 年）臺灣在冊的土地面積，已經達到日據之前的一倍以上。[20]

　　從和尚洲的情景來看，其土地調查的效果也是如此，那些並無實際人物的土地虛名代號，已經不復存在，如上面所講的李氏家族的李長利以及其他家族的所謂李合發、李合記等等的名號，斷然不能再出現在日本臺灣當局的土地冊籍上。從現在所見到的李氏家族的契約文書中，仍用李長利名號購置土地的契約文書截止於光緒二十五年（1899 年，明治三十二年）。其後該家族與他人交易土地等物產，只能以長子李登輝及稍的鄉紳李樹華的名字出現。如在明治三十五年（1902 年）和尚洲土地調查完成之後所頒發的「土地台帳謄本」中，重新登記的業主就是李登輝，而不是李長利。該土地台帳謄本字樣如下：

縣廳名	堡甲名	街莊社名	土名	地番名 五番號	則別	地目 田	租地　數甲	故事	明治三十五年九月二十日
台北縣	芝蘭二堡	和尚洲中路莊		零甲三分壹厘零絲				主業	主任官吏台北廳長菊池末太郎

書　內

名稱	甲數
仝堡仝莊	住所

書　外

名稱	甲數
李燈輝	氏名

再看明治三十七年（1904 年）李氏家族購買當地陳當、陳逞的田地，向日本臺灣地方當局登記在冊後所頒發給李樹華的契尾字樣：

大日本帝國政府

契尾			
番號	第二三六號	買受人 住所氏名	芝蘭二堡和尚洲中路莊十八番地　李樹華
		質入人 住所氏名	
年月日	明治三十七年十月廿四日	賣渡人	芝蘭二堡和尚洲水湳莊三三七番地
種目	買受	質取人	陳當　陳逞
位置	芝蘭二堡和尚洲南港仔莊	事項	
目的物	一〇五番田四分〇厘毫壹五絲		
金額	四百八拾圓		
稅金	拾四圓四拾錢也		
	根據明治三十年律令第四號契稅規則授予此契尾為照　明治三十七年十月二十九日臺北廳		

　　從上引土地台帳和土地買賣後所頒發的契尾中可以看出，雖然這時李氏家族所購入的田地仍然是屬於家族公有，但是其登記的名字必須是家族中有代表性的人物的真實姓名，而不能再以「李長利」之類含混登載。再者，從土地契尾的登記頒發時間看，李氏家族向陳當、陳逞購買土地是三十七年十月二十四日，而契尾的頒給時間是同年十月二十九

日，基本上是在土地交易之後立即就要向地方政府上報，不得任意拖延。相比之下，清代中後期和尙洲民間在土地交易過程中，契尾的登記往往是一拖再拖。如我們曾見到道光三年（1823 年）和尙洲李岩、李千兄弟購買楊君德的埔園一所，而其契尾的頒給時間卻是道光十年（1830 年）七月；田野美李氏家族曾用李長利的名義在光緒十七年（1837 年）向王秋氏購買埔園透田一所，其契尾的頒發時間也是在光緒十九年（1839 年）十月。土地交易與頒發契尾之間的時間越長，本身就說明了這項制度的執行很有問題。從民間交易的各方來說，最好是不用去官府登記領取契尾，則土地的私下交易和隱匿就更加方便。明清以來臺灣地區以及中國其他地區民間存在的大量沒有契尾的所謂「白契」，就是這種制度名不符實的實物體現。但是日據臺灣當局經過雷厲風行的土地調查和清理租賦之後，臺灣社會長期以來那種土地與業主、業主與租賦不相吻合的情況得到了比較徹底的改變。

即使是以往最容易混淆業權、規避租賦的民間家庭分析繼承等儀式過程，日據臺灣當局也予以比較嚴密的控制。一個家庭的分家析產，不再像以往那樣是單純地屬於個人的行為，而是與整個社會管理相聯繫的。因此當某一個家庭進行分家析產時，必須到有關的地方行政管理機構去報備和重新登記戶屬關係，而重新分配之後的財產歸屬，也很快在地方當局的冊籍中體現出來，如我們見到大正六年（1917 年）和尙洲李煙樹立「子孫係統證明願」，該證明願如下：

亡業主李煙樹，其子孫有如左記的系圖，並無其他別房近親者：
亡業主李煙樹：
長男　李源財
次男　李境叢
三男　李　炎
一業主李煙樹系大正六年六月二十八日死亡。
如右所記，並無不確之事，特頒以證明願為照
大正六年拾壹月　日
　　芝蘭二堡和尚洲水湳莊百四拾五番地

亡業主李煙樹相續人李源財
同所同番地
亡業主李煙樹相續人李境叢
同所同番地
亡業主李煙樹相續人李　炎
和尚洲區長蔡學韜
右願頒給，所記屬實，特此證明
大正六年十一月二十一日
和尚洲區長蔡學韜（印鑒）[21]

　　像此類親族子孫系統及其來往田地財產以及職業等等變動的登記和證實，已經成為一種嚴格的制度。這種制度得到嚴厲而切實的執行之後，民間的戶籍關係、土地關係、租賦關係自然就越來越清晰了。我們曾見到日據時期明治四十年（1970 年）和尚洲李連鳳等人的分家文書，其中對於土地財產的分析記載就十分明白了，該分家合約字如下：

　　仝立鬮分合約字人李連鳳、李水叢、李大蠢、暨侄李桔林等，有仝承四房叔清晃畑祀業，址在芝蘭二堡和尚洲樓仔厝莊二○四地番，一則畑七分四厘一毫正，歷管無異。實欲敦香煙於昌熾也，特恐不分經界靡有指歸，爰是鳩集分約，先踏出壹尺五寸闊畑，付水叢、大蠢掌管以貼其中先塋，余畑概付連鳳、水叢、大蠢、桔林四房並大均分。此係至公無私，自今以往各業各管，務要恢宏緒業，擴充門楣，則我先人在天之靈，與夫四房叔清晃亦必為之含笑也已。口恐無憑，筆則有據，即立鬮分合約字一樣四紙，各執一紙以為存炤。

謹將條目開列於左：

　　一踏出樓仔厝莊二○四地番壹尺五寸闊付水叢、大蠢二人對半掌管，以貼該煙三穴風水，此乃兩願，不得混占聲明炤。
　　一連鳳應得樓仔厝莊二○四地番西畔畑一段，東至桔林畑，西至

21　此「子孫系統證明願」係蘆洲文化工作室楊蓮福先生提供，特此致謝。該證明原為日文。

李家畑，南至楊家畑，北至路中並李家各為界，四至界址明白，
年配納地租金貳円三錢七厘五毫炤。
一水叢應得樓仔厝莊二〇四地番東畔畑一段，東至贍業，西至大
蠢畑，南至楊家畑，北至路中並李家各為界。四至界址明白，年
配納地租金貳円三錢七厘五毫炤。
一大蠢應得樓仔厝莊二〇四地番東畔畑一段，東到水叢畑，西桔
林畑，南至楊家畑，北至路中並李家各為界，四至界址明白，年
配納地租金貳円三錢五毫炤。
一桔林應得樓仔厝莊二〇四地番西畔畑一段，東至大蠢畑，西至
連鳳畑，南至楊家畑，北至路中並李家各為界，四至界址明白，
年配納地租金貳円三錢七厘五毫炤。
再批明言約贍業印契壹紙、謄本壹紙、新約字壹紙、嗣業四房司
單壹紙、謄本壹紙、丈單壹紙，新約字壹紙，議交五房財福收存，
要用之日取出公看，再炤。
李寅東再批。
族長並秉筆人　李寅東
房親人胞叔　　李財福
明治肆拾年丁未三月　日
仝立鬮分合約字人　李連鳳
水　　叢
大　　蠢
桔　　林[22]

　　在這紙分家文書中，四房各分得田業、界址、地番以及所應承擔的
地租金，都十分清楚地記載在上面，這與日據以前民間分家時模糊記述
的分家鬮書有所不同，因為這時的私人分家，其結果是要上報地方當局
並登記在冊取得合法證書的。我們在蘆洲就曾見到過這種因私人分家而
報備政府所取得的「共有物分割證」，該證書如下：

---

[22]　本鬮分合約文書影本藏臺灣中央研究院臺灣史研究所籌備處圖書館。

共有物分割證

陳能通、陳火生等共有之左記土地，今般相互協議，照左記分割，日後永無異言。茲將共有物分割取得土地表示列左：

新莊郡五股莊更寮字洲仔尾

貳百貳拾柒番之壹

一田壹分六厘三毫六絲。

全所貳百三拾四番

一田壹分七厘壹毫七絲。

右所有權陳能通取得。

新莊郡五股莊更寮字洲仔尾

貳百貳拾七番

一田九厘四毫四絲。

全所貳百三拾四番之壹

一田八厘七毫八絲。

右所有權陳火生取得。

在共有物分割證壹樣貳紙，各執壹紙存炤。昭和六年三月拾六日

共有物分割合約人　陳能通

同　陳火生

立公人　陳西嶺[23]

　　陳能通、陳火生兄弟取得這份「共有物分割證」，還須交納一定期數量的登記金。故在此證書的右上角還貼有交納登記金的印花票據。而在中國明清時期甚至更早的朝代中，作為民間私有的分家析產文書，無論是從政府的法律或者是民間的習慣法上，是沒有必要到官府及其相關的管理機構去登記印證的。

　　日據時期雖然對於臺灣地區的戶籍、田地財產及其交易、轉移、繼承等進行了嚴密的控制，但是由於民間家族組織的存在，家族組織所共有的物產也仍然比較普遍的存在，儘管說日據臺灣當局強調擁有這些公有物產的家族組織等，必須推舉具有真實姓名的族人作為這些物產的代

23　本「共有物分割證」由楊蓮福先生提供，特此致謝。

表人，但是這些家族公業的管理和運作，仍然存在著某些無法通過政治行政進行直線管理的方面。這些家族公業雖然有其真實姓名的代表人與日據臺灣當局發生直接的聯繫。但其內部的經營、管理、分配等，卻依然是遵循著傳統家族制度的那一套規範，而這些內部的運作即使是日據臺灣當局也是無法對其進行十分有效的瞭解和干預的。如我們前面所引的李連鳳、李水叢、李大蠢、李桔林等兄弟叔侄的分家合約文書，雖然都記載清楚各自所分得的田地物產以及所承擔的租稅等等，但是其中「踏出樓仔厝莊二〇四地番壹尺五寸闊，付水叢、大蠢二人對半掌管，以貼該煙三穴風水。」這裡所踏出的壹尺五寸土地，沒有附帶地租金，其地租金顯然已經分攤到分家的四房之中了。這種現象說明在這些家庭的分家過程中，其公業部分依然存留有某些田地與租金稅課相為脫離的情況。再舉和尚洲陳氏家族的情景，有陳火生、陳火用、陳錦溪、陳添福兄弟叔侄四人於日據大正九年（1920 年）分家，其所分得的財產中，就仍然有不少公業，該鬮分合約字略云：

> 仝立鬮分合約字人陳長房火生、次房火用、三房錦溪等兄弟三大房，竊念先父在日有抱養媳婦一口李氏查某長大，招贅與陳金寶入門結為夫婦，偶有生下長子名添福等，緣我兄弟甥四人，……不如自此分家，同請公人族長到家協議，悉將承祖父遺下建置之物業，先抽出原充仍為長孫之額，又抽出公業輪流，以及養贍連完婚諸費，其餘業產以及家俱畜類等件，各配踏分明，作四份均分。今當祖先神前焚香拈鬮為定，系是造化憑鬮掌管，日後子孫不能爭競長短。自分以後，各宜和好安分守己，國稅攤納，公務共理，不得推諉。此係至公無私，各房意願，各無後悔，口恐無憑，今欲有憑，仝立鬮書合約字壹樣式紙各執壹紙永遠存炤。
>
> 今將所分條目開列於後：
>
> 一批明更寮莊土名洲仔尾第貳五四番一田壹筆，又仝所第貳五九番一田壹筆，又仝所第貳百六拾番一田壹筆，又仝所第貳百六拾番之壹一田壹筆，計共四筆，仍舊以為充長之資，以付現在長房火生掌管，別房不能爭端混較，合批明伸炤。

一批明更寮莊土名洲仔尾第百貳拾番一田壹筆，又全前所第百貳拾番之壹一日壹筆，計共貳筆，與陳春等、陳振陣共業，將分應得壹半在北畔，均為公業，每年應作四份各房輪流，以做為亡父萬興夫妻二穴墳春秋祭獻幣資，火生應得辛酉年，添福應得壬戌年，火用應得癸亥年，錦溪應得甲子年，其餘照順序每年依例而行，合批明伸炤。

…………

一批明更寮莊土名洲仔尾第百貳拾五番一田壹筆，及全所第百貳拾五番之壹一田壹筆，計貳筆，乃是先父在日與陳水仙、春等、根陣四人分鬮之時踏作公業輪流，依照每年應得之額按作四房攤分，火生應得戊申年，添福應得癸未年，火用應得丙寅年，錦溪應得己巳年，其餘依例照順序而行聲明炤。

…………

一批明抽出更寮莊土名洲仔尾第八拾三番之內柑粒壹個年貳百斤，限自大正九年庚申起至全拾三年甲子止，共伍個年，每年至拾貳月年末之日交付添福收入清楚，其餘乃是火生兄弟三人之額，合批明伸炤。

…………[24]

　　在這份分家文書中，上代人的公業，至父輩時已經是與他人輪流掌業，而到陳火生叔侄分家時，又把這些輪流掌管的公業再細分為四份。如此複雜的公業業權關係，恐怕連日據臺灣當局未必能夠完全掌控清楚的。所以日據臺灣當局遇到此類家族公業交易時也頗為頭疼。我們曾見到一些有關和尚洲陳頭兄弟出賣公業給陳成興的文書，該交易雙方在完成土地買賣契約手續後向相關機構登記納稅，就因為這些土地原屬於家族公業，為了杜絕日後家族成員的物產糾紛以及產權不清的糾紛，只好把該公業所有者一併叫來，各署一份領收證。試舉二份領收證為例：

　　（一）

　　領　收　證

24　本鬮分合約字係楊蓮福先生提供，特此致謝。

一金百九圓也，但同年十月一日再領收金四十一円也。

左之金額係拙者所共有之業，只（址）在興直堡更寮莊土名洲仔尾百六拾三番之建物敷地全部，並全所百貳拾番之田，百貳拾番之壹田持分貳分之壹，以上計三筆。但建物敷地外西向之菜園壹段，並家屋浮沉磚石門窗戶扇以及草坪竹圍等件，以上共計價格金七百五拾圓，賣渡與貴殿。而百貳拾番之水田貳筆，亦系共有之業，因土地調查之時，僅報拙者一人之名義，今般以上土地全部賣與貴殿，共業價金七百五拾円，按作五房分攤，每房應得業價金壹佰五拾円。拙者一房份之額，僅領收前記之金円，余候至本年冬至日湊足清楚。決無異言，口恐無憑，時立證書壹通，依而如件。

大正七年　月　日

大加納堡三板橋莊土名莉仔埒三十七番地

陳頭（印鑒）

陳成興殿

（二）

領　收　證

一金貳圓也，再領收證百四八圓也。

右之金額係拙者所共有之業，只（址）在興直堡更寮莊土名洲仔尾百六拾三番之建物敷地，並全所百貳拾番之田，百貳拾番之壹田，以上計三筆。但建物敷地外西向之菜園壹段，並家屋浮沉磚石門窗戶扇以及草坪竹圍等件，而水田持分貳分之壹，計共價格金七百五拾圓，賣渡與貴殿。而百貳拾番之水田共貳筆，亦系拙者共有之業，因土地調查之時，僅報陳頭一人之名義，今般以上土地全部賣與貴殿，共業價金七百五拾圓，按作五房分攤，每房應得業價金壹佰五拾圓，拙者一房份之額，僅領收前記之金円，余候至本年冬至日湊足清楚，決無異言。口恐無憑，特立證書一通，依而如件。

大正七年　月　日

興直堡新莊土名新莊街三四二番地

陳雲梯

陳成興殿[25]

　　以上兩份領收證中，都提到這份出售給陳成興的五房共有田產物業，在明治三十年代土地調查之時，僅報陳頭一人之名義。這在當時進行土地調查時，強調要有真名實姓的族人來作為代表人去申告登記，已經達到了土地物產落實並加以課征租稅的目的。但是這些公業的業主並不是一成不變的，公業可能進行交易、分析和繼承，而當初登報的公業代表人可能會謝世，如李氏家族的代表人李登輝在土地調查過後不久就謝世一樣，因此，隨著時間的推移，日據臺灣當局對於民間家族公有土地物產的管理措施，在這方面的漏洞就顯現了出來。如上舉的領收證，陳頭、陳雲梯等五房兄弟叔侄出售的公業，不僅其本身的所有權屬五房均分，而且其中的水田壹筆，又與其他人所共有，這五房兄弟叔侄僅有這份水田「持分貳分之壹」。這種多層交錯的物權關係，遠不是在日據臺灣當局的冊籍中所登記的「陳頭一人之名義」所能解決的。因此可以說，日據時期對於臺灣民間家族公共土地物產等方面的管理和控制，大概是日據臺灣當局對於臺灣社會經濟進行管制中較為薄弱的一個環節吧。日據臺灣當局曾經試圖瓦解分化這種由中國傳統社會沿襲下來的臺灣民間家族組織，顯然與這種家族組織不利於強化日本人的統治不無關係。但從另外的一種角度看，中國傳統社會裡的家族制度及其衍生出來的家族組織，有著比較根深蒂固的延續力，它的演變和轉型，並不是一種突然的事變所能截然切斷的，而是需要一個長時段的漸進轉化的過程。儘管如此，從整體上看，日據時期日本臺灣當局對於戶籍、田地和租稅的管理和控制還是達到了相當嚴密的程度。這是自清代中期以來清朝臺灣地方官府試圖切實清賦而一直無法做到的事情，而到了日據時期在外力的管制下實現了。

　　這裡還值得一提的是，由於日據時期日本臺灣當局十分重視對於土地、戶口、租稅等變動情況的登記落實，這又使得臺灣地區沿襲了近三

―――――――――――――――――

[25] 以上領收證係楊蓮福先生提供，特此致謝。

百年的民間土地買賣契約文書的簽訂形式及文書格式發生了某些變化。從中國民間契約文書發展史的角度來說，至少從宋代以來，民間土地等物產交易時所簽訂的契約文書格式基本上沒多大的變化。因此在明清時期，各地還出現了不少關於如何簽訂契約文書及各類契約文書格式的書籍，以方便民間仿效抄用。由於中國內陸省份沒有出現臺灣地區這樣的日據時期嚴密的清賦運動，故而內陸省份民間的契約文書簽訂格式，一直延續至二十世紀五十年代中華人民共和國成立以後才逐漸消失。中華人民共和國成立後，土地山林等物產已屬國有，民間無法進行土地所有權的交易，土地交易契約文書的簽立失去了其存在的經濟基礎。但據我們從福建各地調查的情況看，民間在進行其他一些物產的交易過程中，私下所簽訂的契約文書，還依然是沿襲了明清以來的那種格式。但是在日據時期的臺灣地區就不同了。一方面日本臺灣當局施行了嚴密的落實土地租稅政策，民間私下交易土地山林等物產，必須經過政府的認可。另一方面出於日本統治的長期目標考慮，地方政府在辦理民政、行政等事務時，基本上是引進了日本國內的通行文本格式，這就不能不使臺灣民間在簽訂各類文書的過程中，受到官府文書的影響，從而在某種程度上改變了傳統的形式，去適應新統治者對於民政、行政管理的需求。

　　日據時期臺灣和尚洲地區民間簽訂土地等物產交易時的契約文書，其較為明顯的形式變化有二點。一是較多地出現了土地買賣的預約定頭契約文書。所謂預約定頭，就是當某業主要把一塊土地出賣給某買主時，由於某買主擔心這塊土地的所有權可能出現糾紛，或者是無法得到日據臺灣當局的認可登記，故在進行這塊土地的交易時，先簽訂預約定頭文書，並過手一定數量的交易價，而等到這宗買賣在日據臺灣地方當局那裡登記落實妥當後，再交足其他的交易價，正式簽立杜賣文書，並完成相關的契約過戶手續等。在此我們引用李氏家族李樹華兄弟及陳成興承買的二紙土地杜賣定頭文書為例：

　　（一）

立杜賣盡根定頭字人李奇，有自己明買過□□天助等早田壹所，
坵數不計，內帶水堀通流，址在和尚洲王爺宮莊。東至大路為界，
西至內外塭溝為界，南至王祖田為界，北至李緒田為界，四至明
白。其大租載明買契內，甲數載明丈單內。今因乏銀費用，願將
此早田進行出賣，先問至親人等不欲承受外，托中招引李樹華兄
弟等出首承買，三面議定依時價盡根價龍銀壹仟壹佰大圓正。奇
即日全中親收過定頭銀壹佰貳拾大圓正。保此業系是奇自己明買
物業，與別人無干，自今收定頭銀以後，斷不敢貪價別售。如有
貪價別售，願受罰小禮銀陸百大圓，不敢異言。此係仁義交關，
二比甘願，各無反悔，口恐無憑，□□有據，立杜賣盡根定頭字
壹紙付執為炤。
即日全中親收過定頭字內龍銀壹佰貳拾大圓完足炤。
場見並代書人　李瑞
為中人　李堅
明治三十五年壬寅十一月　日　立杜賣盡根定頭字人　李奇

（二）

立杜賣田定頭銀字人陳水交，有承管亡祖父遺下應得田畑分作三
段，合為壹所，坐落興直堡更寮莊土名洲仔尾。其第壹段田，東
至陳五賽田，西至陳泡、添田，南至大水溝底，北至陳石溪田為
界。其貳段田，東至橫路，西至陳金淦田，南至陳泡、添田，北
至陳石溪田為界。其三段畑，東至大路，西至橫路，南至陳泡、
添畑，北至陳老閣畑為界。四至界址俱各明白，奉憲丈明第貳佰
五拾四番田四厘六毫九絲，第貳佰五拾九番田壹分五厘六毫五
絲，第貳佰六拾番貳分六毫七絲正。原帶水溝港水通流灌溉充
足，地租逐年配納歷管無異，今圖乏銀別創，願將此三段田畑一
切盡行出賣，先問至親人等不欲承受外，托中引就向與陳成興出
首承買，當日全中三面言定依時值杜賣業價龍銀五佰大圓正，但
因未屆立契之期，水交親先收過定額龍銀貳拾四大圓正。其銀候
至本年舊曆冬至前起耕立契登記明白，兩相交清。保此業係是水
交承管亡祖父遺下之額，與別房親疏人等無干，並無重張典掛他

人財物以及上手來歷交加不明各等情為礙，如有不明為礙，水交
出首一力抵擋，不干買主之事。此係仁義交接，二比兩願，各無
反悔翻變，口恐無信，筆乃有據，立杜賣田畑定頭銀字壹紙並繳
業主權保存登記濟壹通付執為炤。
即日水交全中親收過定額字內龍眼貳拾四大圓正足訖炤。
代筆人　陳煌
為中人　陳老閣
明治三拾九年拾月貳拾貳日立杜賣田畑定頭銀字人　陳水交。[26]

　　正如上引契約文書中所明白寫著，交易雙方交納接受過買賣定頭銀
後，其他的價銀，「候至本年舊曆冬至前起耕立契登記明白」，也就是說
已經得到官府的認可才正式生效，如果沒有出現物權不清的問題，業主
不能隨意把這塊土地再出賣給其他人。再者，從定頭銀的數量看，以上
這二紙契約文書中地價銀與定頭銀分別是一千一百圓比一百二十圓，五
百圓比二十四圓，定頭銀約為地價銀的百分之五至百分之十左右。

　　日據時期臺灣和尚洲民間契約文書的另一點變化是其格式在一定
程度上受到日本官府文書的影響，從而與中國傳統的契約文書格式產生
差異。關於這一點。我們在前面所引述的許多日據時期的民間文書中已
有所反映，這裡再引二紙有關物產交易時的預約承諾文書如下以作進一
步的說明：

（一）

　　登記承諾書
　　八里坌堡小八里坌莊土名風櫃斗湖第三拾三番，
　　一池沼，六分貳毛
　　全所，三拾五番
　　一池沼，貳分四厘九毛三絲
　　右土地向貴殿持分賣買預約。
　　大正六年九月二一日
　　芝蘭二堡和尚洲水湳莊百九拾六番地賣渡預約人　李端立

---

26 第二紙契約文書係楊蓮福先生提供，特此致謝。

仝所仝番地，仝　李端藝
仝所仝番地，仝　李端方
仝所仝番地，仝　李端子
仝所仝番地，仝　李端岩
仝所仝番地，仝　李端聚
仝所仝番地，仝　李端古
仝所仝番地，仝　李　回
林維淡　林典殿
林竹　林元堆殿

（二）

土地賣買預約證書
新莊郡五股莊更寮字洲仔尾
貳佰貳拾七番
一田貳分五毫八毛
仝所，貳百三拾四番
一田貳分厘九毛五絲
以上土地持分三分之壹，預約賣渡也。
此預約賣買代金九百拾三円九拾錢也，
但貳貳七番每甲價格金六千円，貳三四番每甲價格金四千六百
円，等之預約倘甲數有變之時，依甲數計算之事炤。
右之土地拙者所有，今般以前記之代金為賣買之預約，當日親先
收過定頭金壹百円正，殘額金八百拾三円九拾錢，俟至本年舊曆
冬至前再立賣渡證申請賣買登記之時找足清楚之約。如賣主違約
者，願賠償違約金五百円，如買主違約者，願將定頭金沒收，及
再罰違約金四佰円，計五百円，各不得異議。此係雙方喜悅，各
無反悔，口恐無憑，特立土地賣買預約證書壹通付執為炤。
昭和四年九月二拾六日
預約賣渡人　陳氏幼
為中人　　　杜來旺
一批明本件賣買於買主要提出中人料金貳拾円與中人之事。批明

炤。

預約買受人　陳火生[27]

　　上舉諸如此類的契約文書，其格式可以說是中國傳統的民間文書與日本文書的相互結合。在文字的表達方面也是如此，既保留了許多中國傳統民間文書的文字表達方式，如「此係雙方喜悅，各無反悔，口恐無憑，特立……爲炤」等等，又參插了一部分日本文字的習慣用語如「貴殿」、「賣渡」、「買受」，以及一些日文的語法結構等。即使是有些所謂用日文表述的契約文書，其中也仍然是以漢字爲主。這種「中日合成」的民間契約文書的格式變化，正體現了日據時期臺灣民間的時代特徵。

四、蘆洲開發史上的租佃關係

　　在清代以來和尙洲的民間契約文書資料中，有一個不太尋常的現象，即是較少能夠見到有關佃耕土地的文書，也就是人們通常所說的「佃約」、「佃批」或「租佃文書」。

　　清代中期以來臺灣民間的土地關係比較複雜，大租主、小租主、佃戶等等之間的界限有時很難分清，諸種身份兼而有之的現象也相當普遍。但是從我們實地調查的情況來看，清代以來和尙洲地區存在著租佃關係這是毫無疑問的。不用說李氏家族的李長利記的田地，有相當部分出租給其他農民耕種，從而收取大量租穀。即以我們前面所引述的各類契約文書中也已有不少記載著「其田園交付買主前去起耕掌管招佃耕作收稅納課」，透露出招佃耕作或贌佃耕作的消息。這裡再引一紙光緒九年（1883 年）的分家文書，裡面就是有關公業贌佃收租穀的記載，該分家鬮書如下：

　　　全立鬮書約字人長房侄紅、次房侄求、三房水源、肆房景致、五房守家、六房侄通、柒房鳳進兄弟叔侄等。惟願華萼連輝，豈料

---

[27] 以上契約文書系楊蓮福先生提供，特此致謝。有些契約文書原爲日文，爲閱讀方便，由筆者直接翻譯成中文。

荊樹忽瘁。茲同治戊辰年間遵承母命邀請族親將家器財帛田業厝宅什物等件踏起瓦厝壹座，以及護厝稻埕竹圍為公厝，又抽起南港仔水田壹段，契壹宗，作公業以及長孫田租在內。余田業厝宅財帛等項作七份均分，拈鬮立約為憑，各房各管無異。迨於光緒壬年年家慈已逝、慎終難免，爰是七房將所存租穀及佛銀公仝費用明白，尚剩銀壹佰肆拾圓，亦作七房均分，每房應得銀貳拾圓，毋許爭競。前約所踏出水田壹段、瓦厝全座、稻埕竹圍等件以為祖宗永遠煙祀以紹後世，年節忌辰七房輪流值東，編作「萬紫千紅總是春」七記，合記鬮書約字柒本壹樣，各記執壹本存炤。

一批明公厝分居，其中為公所，長房居左大房，連過水二間；二房居右大房，連過水二間；三房右護厝，連角間二間；四房左護厝，連角間二間；五房右護厝中二間；六房左護厝中二間；七房左護厝尾一間，右護厝尾一間，共二間。不論何房□□□□□□□□房之人，每間全年稅銀□角貳點，逐年六月完納。其厝倘被風雨損壞，該房管之額，自當修理聲明炤。

一批明公竹圍分七房照顧，每房分一節，切當塗糞時時培植，毋許旦旦斧斤砍伐，左右竹圍茂盛以助公厝威風炤。

一批明南港仔公業贌佃，宜當七房相商妥議，不許一房擅便而行，七房子孫亦不許自耕，公訂炤。

一批明南港仔公租作八份，扣長孫租一份，實七份。訂四拾五石又貳石香灼（燭）穀，共四拾七石，每年交值東之人支收祭祀費用，余尚伸租穀多少，以防公事費用，公訂炤。

一批明前約記憶體公銀四百元，生放利銀，利穀及公租，家母在日作衣裳甘旨並作九十一旬生誕，至於開喪費明白以外，尚伸銀壹佰肆拾元，作七房均分，每房應得銀貳拾元是實，聲明炤。

一批明我七房拈鬮分定明白，皆以喜悅，礙因長、二、六房人眾繁多，不能齊備花押，是以各房僉舉一人花押。倘日後異言生端，花押之人出首抵擋，批明再炤。

一批明買江益灶水田契一宗四紙總連司單，又買王源廣公厝契壹紙連司單，交五房守家收存。倘日後若要轉交別房，柒房相商妥議，不許私相受授炤。

　　場見人表弟　鄭江泉
　　代筆並知見人宗侄惟源
　　光緒玖年三月　日
　　仝立鬮書約字人　長房侄紅　二房侄神求　三房水源　肆房景
　玖　伍房守家　陸房侄通義　柒房鳳進[28]

　　這紙分家文書的主人有些類似於蘆洲田野美李氏家族，也是七房分家，擁有一座規模頗大的公厝，以及數量不小的公業田產。該田產分爲八份，除一份屬「長孫租」之外，其餘的七房各一份。每年僅交給值東之人用以開支祭祖費用的租穀就多達四十七石。由此可以推見這個家族擁有不少的田地。值得注意的是，該家族對於這數量不小的公業田產，完全實行租佃管理，分家文書中明白規定：「南港仔公業瞨佃，宜當七房相商妥議，不許一房擅便而行，七房子孫亦不許自耕」。這種情況在明清時期的福建、臺灣一帶所在多有。那些擁有較大規模族田、族產的民間家族，爲了防止族人們侵佔族田的租穀，以及一旦族田的租穀被族人拖欠，一時也難以撕破情面而進行強制索討，所以往往規定族田不得由族人自耕，也不得由族人承佃。而只有那些經濟基礎比較薄弱、公業無多的小家族，則對族田等採用輪流值耕的方式。因此從清代和尙洲的情景來看，固然有一部分公業也是由族人輪流值耕，但是隨著清代中後期和尙洲及其周邊區域農田開墾的迅速發展和移民家族社會的逐漸形成，不少家族對於公有田產進行瞨租管理而不允許族人自耕，應當也是清代和尙洲基層社會和家族社會形成過程的一種趨向。一般的自耕農戶固然不能把大量的土地出租給外人耕種，但是這些已經具有一定規模諸如蘆洲田野美李氏家族和上引的陳氏家族等等的家族組織，以及一部分經濟實力比較雄厚的大租主們，有一定數量的土地進行出租瞨耕，這是理所當然的。我們曾見有在日據時期蘆洲聲名頗爲顯赫的李聲元、李調元家族的收租帳簿，裡面所記載的每年租穀和租銀收入，其數量都在數

---

[28] 本鬮書影本現藏臺灣中央研究院臺灣史研究所籌備處圖書館。

百石、數千圓以上。[29]根據昭和七年（1932年）《鷺洲莊要覽》的記載，鷺洲莊的總耕地面積是一千八百八十甲七分六厘，其中租佃的土地面積是一千一百二十五甲，租佃面積約占總耕地面積的百分之六十左右。在農業人口中，自耕農有七百六十五戶，佃農有三百四十四戶，而自耕農兼佃農者有五百六十六戶。[30]可見租佃耕作是清代以來蘆洲地區農業生產的一種重要形式。

　　然而清代以來和尚洲農村的租佃關係，很少在民間的契約文書中反映出來，其原因可能有二：一是和尚洲的土地出租業者既然是以具有一定經濟實力和人口規模的家族為主，以及那些有較好的社會關係而取得向官府報墾納賦資格的大戶人家，他們相對於佃戶來講，已經有了不平等的優勢。土地贌佃與否的主動權掌握在業主一邊，業佃雙方自然也就沒有必要鄭重其事地簽訂契約文書。其二是由於業佃雙方的不平等地位自清代以來一直未能得到明顯的改變，民間贌佃土地無須簽訂契約文書逐漸就成為一種習慣，民間習慣法的影響力是十分頑強的，人們對贌佃土地時以口頭為約也就習以為常了。

　　但是隨著時間的推移和社會的變遷，業主和佃戶之間的關係，不可能全都處於相安無事的良好狀態。佃戶一方雖然由於社會地位和經濟地位的不平等而無法與業主進行公平議約，但他們也可能進行消極的反抗，例如不關心土地改良、勒奪地力等等，甚至也發生某些抗租事件。這對於農業生產的進一步優化是相當不利的。因此到了清代後期，和尚洲的業佃各方開始注意到這個問題，他們試圖通行制定「莊規禁約」的方式，協調業主和佃戶之間的關係，該禁約稱：

> 各莊佃戶，無論大租小租，均應在約定期限內向業主交清，不得抗缺。倘有延不交納，須先向總董莊正副告訴，俟查明屬實，飭即還清。如不遵行，即稟官廳，視其事實而予追究。但在佃戶抗缺之時，業主不得肆行搶奪。若因兩造控爭，而未完納租穀，則

29 李調元家族收租簿，承楊蓮福先生提供，特此致謝。

30 《鷺洲莊要覽、昭和七年》，新莊郡鷺洲莊役場昭和七年十一月一日發行。現由臺北成文出版社有限公司1985年3月以《臺北州街莊要覽輯存》印行出版。

應暫時存放廳庫，聽侯審決後處理。但不許有藉口侵吞情事，違
者惟總董等是問。如有借貸銀錢不遵約期清償情事，得照同法辦
理。[31]

日據時期，這種帶有某些地方自治組織雛形的總董莊正等，完全被
摧毀解散，地方行政事務幾乎一攬於日本官廳及其所屬官吏。然而民間
的租佃問題依然存在，必須得到較好的協調。日據臺灣政府從落實戶籍
田地租稅的角度出發，也不希望業主和佃戶之間無法形成一種合作的良
好關係。因此，從日據大正年間開始，由日本人控制的諸如農會等所謂
的民間組織開始出現。日據大正八年（1919 年），由和尚洲鄉紳李火生
先生籌組創設的「和尚洲信用組合」成立，這是本鄉農會的最原始組織。
日據昭和六年（1931 年）又改組為「鷺洲信用購買販賣利用組合」，昭
和十八年（1943 年）正式改稱為「鷺洲莊農業會」。[32]這些組織以推進
農業生產合作、協調各方關係為主要宗旨。其間，和尚洲的一些上層人
物，還倡議成立了專門協調業主和佃戶關係的「業佃會」。業佃會最主
要的工作，就是試圖改變和尚洲以往業佃雙方未能簽訂契約關係的習
俗，大力推行業主和佃戶之間較為平等的契約合作關係，昭和七年（1932
年）四月十二日新莊郡業佃會的佈告云：

贌耕契約締結勸誘之件
從來吾台農家對其土地之耕作法，概取掠奪主義，例如施肥深耕
改良，不但乏其觀念，亦失研究，於地方產業改良增收政策上之
弊害不少。查其主因，元來業、佃各存偏意，見解有異，於是業
佃紛爭，事件發生時有所聞。督府當局以及地方有識之士均視此
為大問題，研究對策方法。是以近年來到處業佃會林立。本役場
亦應時世要求，特別計上預算。創設本會以來雖經過未久，頗得
大部分贊同，現今管內業主曾已契約者十分之八，而管外諸位業
主理解本會之主旨，契約件數者亦屬不少。此番本會更欲普及斯

[31] 蘆洲鄉公所編：《蘆洲鄉志》四，《政事篇》第二章，《民政》。1993 年 12 月出版，第 68
頁。
[32] 《蘆洲鄉志》伍，《經濟篇》，第一章，《農業》，第 202 頁。

途目的，別紙呈上契約條文，以便供覽。後當派員造府拜訪，詳
細說明，祈勿見卻是幸。此佈。[33]

在這些地方上層士紳的努力下，大致從日據昭和年間（昭和元年爲
1926 年）開始，臺北和尙洲及周邊的地區，租佃關係實行長期契約合
同制，得到了一定程度的推廣。據昭和十年（1935 年）編修的《鷺洲
莊要覽》記載：「書式長期契約，昭和四年鷺洲小作協調會（業佃會）
成立後，勸說實行書式長期契約，現在已有契約件數五百四十七件，其
面積五百八十一甲八分五厘，爲總佃耕面積一千一百二十六甲的五成七
弱。小作協調會成立以來，調停業佃糾紛事件五件。」[34]關於業佃會成
立後推廣的租佃契約，在此再舉日據昭和八年（1933 年）的一紙「贌
耕契約字」如下爲例：

> 立贌耕契約字人李統，外六名，今因乏耕作，托中招得孚佃人張
> 萬春，外貳名，自備種子耕牛農具，前去耕種其土地，小作料並
> 年限一切之章程，列明於後。
> 一爲贌耕土地表示：
> 淡水郡八里莊大八里坌字噶瑪蘭坑九二番，
> 一山林，九甲五分四絲。
> 仝所，九二番之壹，
> 一山林，貳厘壹毫壹絲。
> 仝所，九二番之三，
> 一山林，三分壹厘二毫。
> 仝所，九二番之五，
> 一山森，五分四毫。
> 仝郡，仝莊小八里坌字堺仔頭一六四番，
> 一山林，貳甲壹分七厘八毫。
> 仝郡，仝莊小八里坌字櫃斗湖貳三番之壹，

---

[33] 本佈告由楊蓮福先生提供，特此致謝。
[34] 《鷺洲莊要覽、昭和十年》，新莊郡鷺洲莊役場昭和十一年二月十五日發行。現由臺北成文
出版社有限公司 1985 年 3 月以《台北州街要覽輯存》印行出版。

一山林，五厘貳毫。

仝所，貳五六番，

一山林，貳甲六分三厘九毫。

右記山林內想思樹及什木等，協議喜悅付與張萬春外貳名觀看，日後想思樹雙成之時，佃人拾分四利益取得。此系雙方成諾各無反悔。再立即條件左記遵行：

一批明存續期間自昭和八年壹月末日起至於昭和三拾年壹月間止。

一批明右記山林內有栽菓子，及水田計有三所，全部付與張萬春自己耕作，於別佃無干，此系雙方協議喜悅，每年張萬春應備金三円約納業主人，協期之時，每年舊十二月末日納清不敢拖欠。此事兩方聲明炤

一批明水田日後官廳有出地租之時，歸張萬春自己備出納清，不敢異言。

一批明山林內若有空埔無想思（樹）之地，張萬春外貳名備出人夫補載想思（樹），聲明炤。

一批明菓子內經過滿三年之時，切要補栽想思（樹），聲明炤。

一批明前記之土地業主人或要變更地所，不論何時，隨要業主應用，與佃人無干。

一批明山林樹木菓子，個人不得採伐，若有損害之處，將其損害之個人名義取消，聲明炤。

一批明並冬條件雙方喜悅，日後各無反悔，今日即立贌耕契約字式通，各執壹通存炤。

昭和八年壹日

鷺洲莊和尚洲字水湳一〇六番地

        業主人   李統

仝所   業主人   李智月

桃園郡蘆竹莊坑字頂社一七五

        業主人   林惟淡

仝所   業主人   林竹

```
仝所　　　業主人　　　　林典
淡水郡八里莊字楓櫃斗湖汛塘埔
　　　　業主人　　　　　翁北辰
仝字楓櫃斗湖三　佃人張萬春
仝　　仝字二四　　佃人張情和
仝　　仝字二〇　　佃人張永元
```

一批明前記之地番內若有有荒地現時無想思（樹）之地，限至昭和拾年十二月末日張萬春外貳名備出人夫工資全部載種完成，倘有林死，須當補載炤。

一批明前記之地番內浮深石頭，而佃人決不可出賣，要出（賣）業主人出賣炤。

一批明滿限之年月日，尚有幼小之想思樹及雜木等，佃人不敢亂伐，概要無償歸業主，而個人不得異議請求分配炤。

一批明其土地或有官稅，照業佃得利均攤完納炤。[35]

　　以上這紙贌耕契約字中所注明的條文，比起明清兩代中國農村較為通行的租佃文書來，是要詳細的多，然而仔細地分析這些條文，還是存在著明顯的業佃雙方的不平等傾向，也就是說贌耕契約字內對於佃戶的約束條文多，對於業主的約束條文少。在這些約束條文中，最引人注目的還是如我們前面所引述的「贌耕契約締結勸誘之件」中所指出的那樣，防止佃戶對土地的耕作和使用，「概取掠奪主義」，因此在對佃戶的約束條文中，屢屢提到諸如不得任意砍伐樹木，對空埔之所須及時補栽，相思樹、林木有死亡者當如數補栽等等，這些條文對於保護土地的生產資源以及保護業主的經濟利益是有益處的。但從佃戶一方面而言，卻沒有因簽訂贌耕契約合同後，處境有什麼太多的改善。事實上，由於業主和佃戶在生產資料的佔有上處於明顯的不平等地位，業主又往往有地方社會的家族組織作為後援，有些業主甚至還擁有管理和控制基層社會的一部分權力，這就使得佃戶的處境，基本上還只能是劣勢的狀態。《蘆洲鄉志》記載民國三十八年（1949年）前的農村租佃關係時說：「租

35　本贌耕契約字由楊蓮福先生提供，特此致謝。

佃制度，在我國已具有悠久之歷史，因其爲人民之私權行爲，政府向採放任態度，任其自由發展，不予限制。在地廣人稀之時，尚無流弊發生，迄至人口密度日漸增高，土地供應失去均衡，地主遂利用佃農亟需土地以謀生活，在佃權既無保障，租約更無定期之情形下，予取予求，使佃農終年辛勤之收穫大部爲地主所有。例如本省租率之最高者爲「七三分」制，即業主得收穫物之七成，佃農僅得三成，佃農既須支出肥料、種子、農具等生產費用及投入所有勞力，又要支付如此高額地租，使佃農終年呻吟於貧窮困苦之中，此高額地租即爲過去租佃制度上之最大弊病。其它尚有一些不合理之租佃制度附帶條件，例如，所謂錢租（即無論耕地收穫豐歉），亦不論有何原因，佃農均須照約定租額繳付地主，押租金、保證金、預收地租及及包租轉佃等，對佃農極盡剝削。」[36]

因此，清代以來臺灣地區及和尚洲佃農真正較有實質性的改善其艱難處境應當是在 1945 年光復以來，國民黨政府爲了穩定其在臺灣的社會政治統治，實行了一系列的土地政策。特別是民國三十八年（1949年）推行耕地的「三七五」減租，即以耕地主要作物正產品全年收穫總量千分之三百七十五爲最高租額。佃農們因而大大減輕了地租的負擔，增強了經濟自我再生的能力。其後，國民黨政府又推行了「公地放領」、「耕者有其田條例」以及實施「都市平均地權」等，[37]這些措施的施行，使沒有土地的農民們得到了一份土地，在一定程度上滿足了農民特別是佃農們對於土地的追求欲望，緩解了長期以來由於土地佔有不均而引發的種種社會矛盾。再加上五、六十年代以來工商業經濟的新興發展，傳統的農業耕作在臺北郊區的經濟結構中所占的比例逐步下降，人們從事生業的道路日趨多樣化。這樣，和尚洲地區的農村土地關係和租佃關係得到了某種程度的解決，和尚洲的經濟開發也日益走上都市化，逐漸與大臺北經濟圈的形成融爲一體。

---

[36] 《蘆洲鄉志》肆，《政事篇》第七章，《地政》1993 年版，第 141 頁。
[37] 參見《蘆洲鄉志》肆，《政事篇》第七章，《地政》1993 年版第 141-144 頁。

國家圖書館出版品預行編目資料

陳支平臺灣史研究名家論集/陳支平　著者. -- 初版. –
臺北市：蘭臺, 2016.7
面；　公分
ISBN 978-986-5633-35-6　(精裝)
1.臺灣史　2.文集
733.2107　　　　　　　　　　　　　　　　105009075

陳支平臺灣史研究名家論集

著　　　者：陳支平
主　　　編：卓克華
編　　　輯：高雅婷
封面設計：塗宇樵
出 版 者：蘭臺出版社
發　　　行：蘭臺出版社
地　　　址：台北市中正區重慶南路 1 段 121 號 8 樓之 14
電　　　話：(02)2331-1675 或(02)2331-1691
傳　　　真：(02)2382-6225
E—MAIL：books5w@yahoo.com.tw 或 books5w@gmail.com
網路書店：http://bookstv.com.tw/、http://store.pchome.com.tw/yesbooks/、
　　　　　　http://www.5w.com.tw、華文網路書店、三民書局
經　　　銷：成信文化事業有限公司
電　　　話：(02)2219-2080　　　　傳　真：(02)-2219-2180
地　　　址：台北市中正區重慶南路 1 段 121 號 5 樓之 11 室
劃撥戶名：蘭臺出版社　帳號：18995335
網路書店：博客來網路書店 http://www.books.com.tw
香港代理：香港聯合零售有限公司
地　　　址：香港新界大蒲汀麗路 36 號中華商務印刷大樓
　　　　　　C&C Building, 36,Ting, Lai, Road, Tai,Po, New,Territories
電　　　話：(852)2150-2100　　　傳真：(852)2356-0735
總 經 銷：廈門外圖集團有限公司
地　　　址：廈門市湖裡區悅華路 8 號 4 樓
電　　　話：(592)2230177　　　　傳　真：(592)-5365089
出版日期：2016 年 7 月初版
定　　　價：新臺幣 2000 元整　　（全套新台幣 28000 元正，不零售）
ISBN：978-986-5633-35-6